TRÍPTICO

AUGUSTO MONTERROSO

TRÍPTICO

MOVIMIENTO PERPETUO

LA PALABRA MÁGICA

LA LETRA E

FONDO DE CULTURA ECONÓMICA

MÉXICO

Primera edición, 1995
Primera reimpresión, 1996

Movimiento perpetuo, primera edición, 1972 (Joaquín Mortiz); segunda edición 1991 (Ediciones Era); *La palabra mágica,* primera edición, 1983 (Ediciones Era), y *La letra e,* primera edición, 1987 (Ediciones Era).

D. R. © 1995, Fondo de Cultura Económica
Carretera Picacho-Ajusco, 227; 14200 México, D. F

ISBN 968-16-4613-4

Impreso en México

INTRODUCCIÓN GENERAL

Augusto Monterroso: el humor que muerde

JUAN ANTONIO MASOLIVER RÓDENAS

EL TEMA de discusión planteado en una de las sesiones del homenaje que el Instituto de Cooperación Iberoamericana dedicó en 1991 a Monterroso, "El humor que muerde", se basa en una cita de Isaac Asimov: "Los pequeños textos de *La oveja negra y demás fábulas,* de Augusto Monterroso, en apariencia inofensivos, muerden si uno se acerca a ellos sin la debida cautela y dejan cicatrices y precisamente por eso son provechosos. Después de leer 'El mono que quiso ser escritor satírico', jamás volveré a ser el mismo".

La verdad es que no sé cómo era Asimov antes de leer esta fábula; supongo que menos sabio. De todos modos, hay que leer la cita con cuidado: Asimov no nos invita a que seamos cautos, sino por el contrario, a que participemos en el "juego" monterrosiano, si es que puede hablarse de juego o solamente de juego, precisamente para que dejemos de ser tontos. Diga lo que diga, lo importante es que —morder, mordisco, mordida— la palabra ya está acuñada, la prueba es que la estamos utilizando aquí como una aseveración.

Gabriel García Márquez también necesita acudir a imágenes de violencia: "Este libro hay que leerlo con las manos arriba. Su peligrosidad se funda en la sabiduría solapada y la belleza mortífera de su falta de seriedad". Pese a la acentuada tendencia de García Márquez al deslumbramiento efectista, se insinúan aquí dos verdades que no son sino dos caras de una misma verdad: la mordacidad de Monterroso (como escritor satírico es inevitablemente moralista) y un sentido del humor que lo redime de la seriedad del moralista. De nuevo, lo solapado y mortífero afecta a los tontos, aunque aquí no como una invitación, sino como una advertencia.

UN SUTIL ALFANJE

Finalmente, el poeta Luis Cardoza y Aragón, guatemalteco como Monterroso y como Monterroso residente en México por razones obvias, escribe: "La zarpa de Monterroso me recuerda el sutil alfanje del verdugo que con diestro e insensible tajo decapita. El condenado le implora cumplir sin tardanza su labor. El verdugo le recomienda mover los hombros. Los mueve y rueda la cabeza". Cardoza y Aragón añade así una nueva dimensión: no sólo sucumbe el lector incauto, sino todo lector. Aunque yo añadiría un matiz: entre las cabezas que ruedan, si es que alguna rueda, está la del propio escritor.

No sólo humor que muerde, pues, sino que puede ser peligrosamente mortal, zarpazo o feroz golpe de sable. En todo caso, sugiere siempre agresividad solapada o no, extrema violencia. ¿Puede decirse esto de Monterroso? Dejo la respuesta para el final. Pero hay algo más: estas citas sugieren también que Monterroso, con su "amenazadora" escritura, se propone modificar algo y que, desde luego, lo consigue. Si Asimov, el más afortunado de todos, nos dice que tras la lectura de un breve texto "jamás volveré a ser el mismo" y García Márquez tiene que leerlo con las manos arriba (forma de leer un tanto difícil, aunque por suerte muchos textos de Monterroso sólo tiene una página y hasta una sola línea), Cardoza y Aragón, con la cabeza rodando por los suelos, ya no podrá volver a leerlo jamás.

UNA FALSA AMBIGÜEDAD

Puesto que ya está escrita, dejemos que nos dé la respuesta el propio Monterroso: "Los buenos libros son buenos libros y sirven para señalar los vicios, las virtudes y los defectos humanos. Pero no para cambiarlos". Ésta es una cita aislada que tomo de *La palabra mágica* y toda cita aislada, sobre todo en el caso de Monterroso, es una trampa o una verdad a medias. Su pleno significado lo expresa su *alter ego* Eduardo Torres en *Lo demás es silencio* al reseñar *La oveja negra y demás fábulas*: "El autor, ya conocido por su falsa ambigüedad de todo género [...]"; una falsa ambigüedad que sin embargo le permite afirmar, en *La palabra mágica:* "Para un latinoamericano que un día será escritor las tres cosas más importantes del mundo son: las nubes, escribir y, mientras puede, esconder lo que escribe. Entendemos que escribir es un acto pecaminoso, al principio contra los grandes modelos, en seguida contra nuestros padres, y pronto, indefectiblemente, contra las autoridades".

Ambas afirmaciones, aparentemente contradictorias, son igualmente válidas si conseguimos contestar a unas preguntas tan elementales que casi me sonrojo al formularlas: en el caso de que sea cierto que la escritura de Monterroso hiera (ya que me niego a pensar que es capaz de morder o de matar), ¿por qué hiere, a quién hiere y cómo hiere? Preguntas que no han contestado, porque ni siquiera se las han hecho, los tres autores de las citas que he mencionado al principio, y que tenemos que resolver aquí antes de acusar a Monterroso de delitos que tal vez no ha cometido.

En los datos biográficos de Monterroso encontramos referencias personales, políticas y literarias que pueden ayudarnos a entender las razones tanto por las que muerde como por las que no muerde. En Monterroso no hay contradicción alguna cuando por un lado habla del compromiso político, que nace de sus propias experiencias como centroamericano, y por el otro del compromiso literario. En efecto, puedo adelantar ya cuáles son los tres centros que constituyen la naturaleza de su escritura y que están subrayados por las abundantes reflexiones sobre la escritura, reflexiones que se sitúan en un terreno casi infinito de posibilidades ya que están vistas desde los infinitos géneros que el autor, siguiendo el modelo del *Quijote,* ha cultivado: el cuento breve, el cuento largo, la novela (o lo que tenga de novela *Lo demás es silencio),* la fábula, las memorias ficticias, la erudición ficticia, el diario, el ensayo, la digresión, el fragmento e incluso la conversación.

Estos tres centros son: el abiertamente crítico, producto de sus experiencias como ciudadano guatemalteco en su país y en el exilio, que dirige sus dardos (¡bueno, ahora resulta que son dardos!) contra la política y los políticos: el escéptico, que se expresa como una pesimista visión de la humanidad, en general afligida por la tontería (y es aquí donde aparece un sentimiento no sólo opuesto a la agresividad, sino que yo diría dominante en la obra de Monterroso: el de la ternura); y, finalmente, está su pasión por la literatura o, mejor dicho, su pasión por la verdad literaria, que explica su identificación con escritores como Cervantes, Quevedo, Shakespeare, Montaigne, Swift, Kafka o Joyce (¡autores no necesariamente de obra breve!)

DESPLAZAMIENTOS

Una digresión o aclaración, pues, antes de pasar al primer aspecto: toda la escritura de Monterroso nace *1)* de la relación entre lo obvio y lo sorprendente: lo obvio revela los aspectos más sorprendentes de la realidad y viceversa; *2)* del sentido común; y *3)* de los distintos matices del humor: la sátira, el sarcasmo, la mordacidad y, en parte, la ironía dominarán en los temas políticos y sociales; pero el humor nunca desaparecerá y el malhumor, la agresividad o la intolerancia rara vez se dejarán ver. La razón es tan sencilla que hasta puede pasar inadvertida: Monterroso se dirige siempre a un lector cómplice con el que habla de sí mismo o del propio lector en tono festivo y de quienes no son sus lectores en tono sarcástico, pero sin perder la cordialidad con el lector a quien se dirige. Curiosa o sintomáticamente en un escritor que desplaza continuamente, en el interior de un mismo y de libro a libro, sus centros de atención (lo que explica su fascinación por la mosca, aunque desde luego no por las moscas), la crítica política y social es una constante, aunque puede oscilar entre el comentario objetivo que apenas si tolera el humor, el sarcasmo y la benevolencia.

TEMAS RECURRENTES

Entre los temas recurrentes que apenas tolera el humor está el de la guerra. Ya en "Primera dama", de *Obras completas (y otros cuentos)* se nos dice que "los hombres se hacían la guerra unos a otros y perdían los débiles y ganaban los malos". Relacionados con la guerra hay una serie de temas que no sólo toleran la burla, sino que la acogen gozosamente, entre ellos el del patriotismo. Así, en "La jirafa que de pronto comprendió que todo es relativo" de *La oveja negra y demás fábulas*, los contendientes "caían con un gesto estúpido, pero que en su caída consideraban que la historia iba a recoger como heroico, pues morían por defender su bandera; y efectivamente la historia recogía esos gestos como heroicos, tanto la historia que recogía los gestos del uno como la que recogía los gestos del otro, ya que cada lado escribía su propia historia". No es de extrañar, pues, que, en "Cómo me deshice de quinientos libros" de *Movimiento perpetuo*, el escritor, en un texto que nos recuerda el escrutinio de la librería de don Quijote y que anuncia el espíritu que anima todo el quijotesco *Lo demás es silencio*, al hacer el censo de su biblioteca, comprueba que hay, entre otros, "política (en el mal sentido de la palabra, toda vez que no tiene otro), unos 50; sociología y economía, alrededor de 49; geografía general e historia general, 2; geografía e historia patrias, 48; literatura mundial, 14; literatura hispanoamericana, 86; estudios norteamericanos sobre literatura latinoamericana, 37".

Lo que nos lleva a otro tema recurrente: América Latina y la relación entre América Latina y Estados Unidos. A propósito del poder, Eduardo Torres rechaza los honores que le ofrecen unas autoridades que identificamos como mexicanas para reflexionar que "cualquier poder acarrea consigo una responsabilidad a todas luces ajena al ejercicio del pensamiento". Pero hay unas referencias que son muy específicas. Baste mencionar "Mister Taylor" o "Primera Dama" de *Obras completas (y otros cuentos)*, "La exportación de cerebros" de *Movimiento perpetuo*, "Llorar orillas del río Mapocho" o "Novelas sobre dictadores" de *La palabra mágica*, la entrevista con Graciela Carminatti en *Viaje al centro de la fábula* y las numerosas referencias a Cuba, Centroamérica y sobre todo dentro de Centroamérica, a Nicaragua en *La letra e*, con una abierta defensa de la revolución sandinista, de "nuestros amigos en lucha, nuestros muertos; un día más en sus vidas y en sus muertes por una causa que tampoco es la de los norteamericanos".

PASIÓN LITERARIA

Otro aspecto de la "agresividad" de Monterroso está relacionado con su pasión por la literatura y con lo que la literatura representa de iluminación de la verdad: "En cuanto a mí, trato de ver en lo que he escrito, y apenas, aquí y allá, como a escondidas, he dejado deslizar alguna verdad, un testimonio sincero de tal o cual experiencia vivida o, siquiera, pensada por mí. Y entonces, ¿a qué tanta palabrería?", nos dice en *La letra e*. Adviértase que este compromiso no es necesariamente de tipo político. En *Movimiento perpetuo* repite lo que ha dicho ya antes y volverá a reiterar después: "Los problemas del escritor no son siempre, como a veces se quiere pensar, de desarrollo o subdesarrollo del país en que uno vive, de riqueza o pobreza"; en todo caso, escribe en *La palabra mágica*, "los buenos libros son buenos libros y sirven para señalar los vicios, las virtudes y los defectos humanos. Pero no para cambiarlos" y, dirá más tarde, "sólo la forma de contarlo diferencia a los buenos escritores de los malos". El ataque central de Monterroso será, pues, contra la solemnidad y la palabrería, es decir, contra los peores enemigos de la sinceridad y la autenticidad.

Un escéptico esencial

El saber que nos ofrecen los libros no es, en todo caso, "sino el repetido testimonio de la ignorancia o la ingenuidad humanas". Monterroso señala constantemente los defectos del ser humano que todos tenemos, nos dice, "en grado superlativo". De entre estos defectos destaca la envidia, la calumnia, la curiosidad, el chisme, la vanidad y, en general, la tontería o la estupidez. Por eso cree, y así lo hace constar en *Lo demás es silencio*, que el epigrama es el mejor género (aunque en su caso no sea el único) para señalar toda clase de vicios, personas y lugares, para añadir: "La naturaleza humana es siempre la misma; el hombre no cambia, al contrario de lo que los progresistas quieren hacernos creer y creen, y los errores que el hombre comete hoy son los mismos que los que cometió ayer".

Ha llegado el momento de hacer algunas precisiones que nos precipiten a una conclusión: Monterroso es esencialmente un escéptico, convencido de que la literatura no puede alterar el destino de la humanidad. Cree, sin embargo, que la literatura sí sirve para desenmascarar y poner al descubierto nuestros defectos para que dejemos de una vez por todas de confundirlos con virtudes o, peor todavía, de hacerlos pasar por virtudes.

Para desenmascarar dichos defectos (que ahora poco tienen que ver con el carácter transitorio de la injusticia social, ésta sí modificable) ha creado, por un lado, una obra absolutamente personal y, por el otro, ha aplicado rigurosa y sistemáticamente una de las armas más difíciles de utilizar en literatura: la del sentido común, que provoca toda una cadena de reacciones contra el lugar común.

Unas veces el lugar común basta con nombrarlo para que se desenmascare y ridiculice por sí mismo: "El león estremeció la selva con sus rugidos, sacudió la melena majestuosamente como era su costumbre [...]" *(La oveja negra y demás fábulas);* "como es sabido, una de las octavas de su famoso 'Polifemo' incluido en sus *Obras completas*" o "antes de la Historia puede decirse que todo era Prehistoria" *(Lo demás es silencio);* otras veces, un comentario entre paréntesis del propio escritor es el que desenmascara la estupidez de lo que, de tan obvio, carece ya de significado, como no sea el de su propia ridiculez: "algunas fotografías (que no siempre tienen que ser borrosas)", o "confundidos con las primeras sombras, como se decía antes, del crepúsculo" *(Movimiento perpetuo),* para llegar a la parodia (como en la presentación que se nos hace de Eduardo Torres en *Lo demás es silencio:* "descansa muellemente sentado un hombre a todas luces incómodo, cuya edad debe de andar con seguridad alrededor de los cincuenta y cinco años, si bien a un observador poco atento podría parecerle quizás más o menos mayor, por la indudable fatiga"), que culmina en el absurdo o "nonsense"; e, inevitablemente, por pudor, tengo que negarme a mencionar aquí su cuento más famoso para acudir a otros ejemplos menos descaradamente dirigidos al lector de obras breves: así, en *La oveja negra,* al Gallo notablemente dotado para el ejercicio amoroso, "el nunca interrumpido ejercicio de su habilidad lo llevó a la tumba, cosa que le debe de haber causado no poca amargura" y, en *Lo demás es silencio,* dice a propósito de la diligente Hormiga: "Habéis observado [...] cuando lleva en los debilitados hombros una carga desproporcionada a sus fuerzas, cómo sufre, cuál cae aquí y allá, cuál se agita y gime y suda y a veces se duerme dulcemente acariciando quién sabe qué sueños [...]"

Humor, máscaras

Este humor ciertamente desenmascara y ridiculiza, pero no necesariamente muerde. Pero el humor no sirve solamente para desenmascarar. En *Movimiento perpetuo* hay un comentario revelador: "El humor y la timidez generalmente se dan juntos. Tú no eres una excepción. El humor es una máscara y la timidez otra". ¿Qué es lo que enmascara Monterroso, si aceptamos este término como una figura retórica? Lo que enmascara Monterroso, es decir, lo que finge enmascarar, es la ternura, sin la cual el humor no pasaría de ser una simple anécdota: burlarse de la humanidad es compadecerse de ella. Por eso escribe en *Movimiento perpetuo* que "el humorismo es el realismo llevado a sus últimas consecuencias. Excepto mucha literatura humorística, todo lo que hace el hombre es risible y humorístico". Lo que ha hecho Monterroso es negarse a llegar a la ternura a través de la expresión de los sentimientos, de la misma forma que rechaza la naturaleza pese a que sus libros están poblados de animales. Así, en "Los juegos eruditos" de *La palabra mágica* escribe: "He lamentado siempre, pero sobre todo en esta ocasión, no haber visto nunca un pastor, sino de lejos, desde el tren; y no creo recordar haber estado nunca cerca de una encina, pero por lo menos las he visto dibujadas o descritas en los diccionarios, y sé que tienen ramas". Y sin embargo, ¿no es ternura lo que inspira esta vaca de *Obras completas (y otros cuentos)?*: "una vaca muerta muertita sin quien la enterrara ni quien le editara sus obras completas ni quien le dijera un sentido y lloroso discurso por lo buena que había sido y por todos los chorritos de humeante leche con que contribuyó a que la vida en general y el tren en particular siguieran su marcha".

El uso del aguijón

Ciertamente es una vaca literaria, como literaria es la mosca monterrosiana o la pluma que se convierte en un aguijón. El propio Eduardo Torres, en *Lo demás es silencio*, al reseñar *La oveja negra y demás fábulas* nos habla, a propósito de Monterroso, del "sosegado ritmo con que trabaja y *exprime* (como se dice en francés) sus textos, para extraerles inmisericorde ese dulzor amargo propio de ciertos cítricos con que clava el aguijón de su sátira en las costumbres o *mores* más inveteradas para castigarlas *ridendo".

Así que, amigos míos, mi conclusión es ésta porque no puede ser otra: Augusto Monterroso, el feliz autor de lúcidas fábulas negras, cuentos completos, palabras mágicas, letras de misterioso significado y este moderno *Don Quijote* contemporáneo que es *Lo demás es silencio,* no nos amenaza con pistola para que nos pongamos manos arriba ni con un alfanje para decapitarnos, pues ésta es tarea de dictadores, ni con mordiscos o "mordidas", pues esto es privilegio de la autoridad.

Su tarea es utilizar el aguijón (y recuérdese que en inglés, esta lengua que tanto ha servido a Monterroso para leer a muchos maestros de la novela, el cuento, el ensayo o las memorias, "to bite" es "morder", pero también "picar"); sí, el aguijón del humor en sus más diversas expresiones para aguijonear con su desprecio a los dictadores y a la autoridad y para reírse con indulgencia de sí mismo y del resto de la humanidad, incluidos los animales y excluidos, por supuesto, los detentadores del poder.

Suplemento *Cultura y Arte* del periódico *La Vanguardia,* Barcelona, 3 de marzo de 1992.

Movimiento perpetuo

MONTERROSO:
LO BUENO, SI BREVE...

José Miguel Oviedo

ENTRE el primer libro del guatemalteco Augusto Monterroso —*Obras completas (y otros cuentos)*, 1959— y el segundo —*La oveja negra y demás fábulas*, 1969— median 10 años; entre el segundo y el tercero —*Movimiento perpetuo**—, apenas dos años. Se trata de todo un récord en la velocidad de producción de este insólito escritor por largo tiempo residente en México, que ha hecho de la reticencia y de la irónica elusividad dos virtudes de su arte depurado de prosista. En realidad, la tendencia al laconismo que rige el humor de Monterroso ha ido intensificándose al mismo tiempo que renunciaba a la juguetona variedad de temas: de las fantasías puras y de las invenciones gratuitas de sus falsas Obras completas, el autor evolucionó a una concepción moral de lo cómico y centró su imaginación en su quehacer de escritor humorístico, en su angustia intelectual frente al reto prestigioso de la literatura, en sus propios defectos humanos y en las mezquindades de los otros, tan débiles como él. La ironía se vuelve contra él mismo y se convierte en autosarcasmo, en mueca tensa que no se decide entre el dolor y la risa. Como las más sangrientas burlas de Monterroso son las que tienen por objeto a Monterroso, su humor se parece a una punición, a esas lúgubres admoniciones de Swift, su indudable maestro. El autor escribe como con un cauterio, poseído a la vez por un sentimiento de fatalidad e inutilidad.

Movimiento perpetuo es un libro desconcertante. Primero, son dos, o casi dos libros: uno, más evidente, es el formado por el conjunto de páginas escritas por Monterroso mismo; otro, más furtivo, es la serie de citas literarias, recogidas con paciente y fanática pasión de coleccionista, dedicadas a la mosca, animal que ya figuraba entre las fábulas de *La oveja negra*.

---

* A. Monterroso: *Movimiento perpetuo*, México, Joaquín Mortiz, 1972.

La mosca es un símbolo del terror menudo e inexplicable de la sinrazón cotidiana, quizá de la muerte. Monterroso lo declara en el primer texto del libro titulado precisamente "Las moscas". "Hay tres temas: el amor, la muerte y las moscas. Desde que el hombre existe, ese sentimiento, ese temor, esas presencias lo han acompañado siempre. Traten otros los dos primeros. Yo me ocupo de las moscas, que son mejores que los hombres, pero no que las mujeres... Son las vengadoras de no sabemos qué; pero tú sabes que alguna vez te han perseguido y, en cuanto lo sabes, que te perseguirán siempre". Este texto une las dos líneas que se advierten en el libro: la que lo fija en un tema y la que le permite revolotear formando una miscelánea. Movimiento perpetuo, en efecto.

Luego el libro adopta formas, niveles, géneros que no caben en ningún casillero. El libro ya constituye una burla de lo que es un libro: quiere ser prescindible, no quiere ser un libro. Ni antología sobre la mosca, ni conjunto orgánico de textos; no admite ninguna seriedad, ninguna superstición. Curiosamente, los mejores textos no son aquellos que parecerían más "importantes", más consistentes, por ejemplo, el cuento (o casi cuento) que da título al libro, no da plenamente en el blanco; algo desdibuja o resiente su funcionamiento narrativo. El arte de Monterroso brilla principalmente en esas páginas breves o mínimas (que pueden llegar a ser no más largas que una frase), o en esos textos astutamente casuales que cuentan una trivialidad o que esconden su objetivo preciso; allí, en los escuetos límites que se impone, Monterroso lanza sus cargas de profundidad y nos deslumbra con ese extraño humor suyo que consiste en decir algo terrible o siniestro sin perder el estado de candor e irresponsabilidad. Detrás del humorista, hay un hombre que quiere confesarse, dramáticamente, ante nosotros. Nos dice: "No hay escritor tras el que no se esconda, en última instancia, un tímido. Pero es infalible que hasta el más pusilánime tratará siempre, aun por los más oblicuos e inesperados modos, de revelar su pensamiento, de legarlo a la Humanidad, que espera, o supone, ávida de conocerlo" ("De atribuciones"); "El humor y la timidez generalmente se dan juntos. Tú no eres una excepción. El humor es una máscara y la timidez otra. No dejes que te quiten las dos al mismo tiempo ("Te conozco, mascarita"); "El humorismo es el realismo llevado a sus últimas consecuencias. Excepto mucha literatura humorística, todo lo que hace el hombre es risible o humorístico ("Humorismo").

En "A lo mejor sí" hay una ácida alusión al escritor que ya no puede escribir por culpa de su éxito, temor que siempre acosa a Monterroso y que se reitera en el escritor esterilizado por su propio ingenio de "Rosa tierno"; también se burla de su concisión, tan celebrada por todos (incluyendo a este crítico); en "Fecundidad" logra la apoteosis irónica de reducir todo a una simple frase ("Hoy me siento bien, un Balzac; estoy terminando esta línea"); pero en "La brevedad" añora a los que escriben textos "interminablemente largos" y vencen la tiranía del punto, "ese punto que en este instante me ha sido impuesto por algo más fuerte que yo, que respeto y que odio". Pero el auto-sarcasmo nunca es más cruel ni más sobrecogedor (a la vez que incontenIblemente cómico) que en el texto titulado "Estatura y poesía", en el cual Monterroso se mofa, ya no de su imagen pública de escritor, sino de su escasa altura física; el retrato es feroz, lapidario: "Sin empinarme, mido fácilmente un metro sesenta. Desde pequeño fui pequeño. Ni mi padre ni mi madre fueron altos. Cuando a los quince años me di cuenta de que iba para bajito me puse a hacer cuantos ejercicios me recomendaron, los que no me convirtieron ni en más alto ni en más fuerte, pero me abrieron el apetito".

Y otras instancias que desencadenan su humor preciso y sutil: la sátira sobre la exportación de cerebros (que aprovecha para jugar con Miguel Ángel Asturias y su Premio Nobel, la relación de ventajas y desventajas que trae leer a Borges, la relación de los asombrosos palindromas ("Onís es asesino") que él, Juan José Arreola y otros escritores se especializan en inventar, el grotesco problema de deshacerse de libros que no interesan, o para designar calles con nombres de poetas, etc. En todos esos extremos, Monterroso es fiel a su divisa: "El verdadero humorista pretende hacer pensar, y a veces hasta hacer reír. Pero no se hace ilusiones y sabe que está perdido. Si cree que su causa va a triunfar deja en el acto de ser humorista", como dice en "Solemnidad y excentricidad". Esa amargura y esa alegría, sabiamente equilibradas, reinan en este libro que disimula muchas páginas de prosa excepcional en nuestra lengua.

La Cultura en México, suplemento de *Siempre!*, México, 30 de mayo de 1973.

LA VIDA no es un ensayo, aunque tratemos muchas cosas; no es un cuento, aunque inventemos muchas cosas; no es un poema, aunque soñemos muchas cosas. El ensayo del cuento del poema de la vida es un movimiento perpetuo; eso es, un movimiento perpetuo.

Quiero mudar de estilo y de razones.

Lope de Vega

LAS MOSCAS

Hay tres temas: el amor, la muerte y las moscas. Desde que el hombre existe, ese sentimiento, ese temor, esas presencias lo han acompañado siempre. Traten otros los dos primeros. Yo me ocupo de las moscas, que son mejores que los hombres, pero no que las mujeres. Hace años tuve la idea de reunir una antología universal de la mosca. La sigo teniendo.* Sin embargo, pronto me di cuenta de que era una empresa prácticamente infinita. La mosca invade todas las literaturas y, claro, donde uno pone el ojo encuentra la mosca. No hay verdadero escritor que en su oportunidad no le haya dedicado un poema, una página, un párrafo, una línea; y si eres escritor y no lo has hecho te aconsejo que sigas mi ejemplo y corras a hacerlo; las moscas son Euménides, Erinias; son castigadoras. Son las vengadoras de no sabemos qué; pero tú sabes que alguna vez te han perseguido y, en cuanto lo sabes, que te perseguirán siempre. Ellas vigilan. Son las vicarias de alguien innombrable, buenísimo o maligno. Te exigen. Te siguen. Te observan. Cuando finalmente mueras es probable, y triste, que baste una mosca para llevar quién puede decir a dónde tu pobre alma distraída. Las moscas transportan, heredándose infinitamente la carga, las almas de nuestros muertos, de nuestros antepasados, que así continúan cerca de nosotros, acompañándonos, empeñados en protegernos. Nuestras pequeñas almas transmigran a través de ellas y ellas acumulan sabiduría y conocen todo lo que nosotros no nos atrevemos a conocer. Quizá el último transmisor de nuestra torpe cultura occidental sea el cuerpo de esa mosca, que ha venido reproduciéndose sin enriquecerse a lo largo de los siglos. Y, bien mirada, creo que dijo Milla (autor que por supuesto desconoces pero que gracias a haberse ocupado de la mosca oyes mencionar hoy por primera vez), la mosca no es tan fea como a primera vista parece. Pero es que a primera vista no parece fea, precisamente porque nadie ha visto nunca

* A lo largo de este libro verán una pequeña muestra, absolutamente insuficiente.

una mosca a primera vista. Toda mosca ha sido vista *siempre*. Entre la gallina y el huevo existe la duda de quién fue primero. A nadie se le ha ocurrido preguntarse si la mosca fue antes o después. En el principio fue la mosca. (Era casi imposible que no apareciera aquí eso de que en el principio fue la mosca o cualquier otra cosa. De esas frases vivimos. Frases mosca que, como los dolores mosca, no significan nada. Las frases perseguidoras de que están llenos nuestros libros.) Olvídalo. Es más fácil que una mosca se pare en la nariz del papa que el papa se pare en la nariz de una mosca. El papa, o el rey o el presidente (el presidente de la república, claro; el presidente de una compañía financiera o comercial o de productos equis es por lo general tan necio que se considera superior a ellas) son incapaces de llamar a su guardia suiza o a su guardia real o a sus guardias presidenciales para exterminar una mosca. Al contrario, son tolerantes y, cuando más, se rascan la nariz. Saben. Y saben que la mosca también sabe y los vigila; saben que lo que en realidad tenemos son moscas de la guarda que nos cuidan a toda hora de caer en pecados auténticos, grandes, para los cuales se necesitan ángeles de la guarda de verdad que de pronto se descuiden y se vuelvan cómplices, como el ángel de la guarda de Hitler, o como el de Johnson. Pero no hay que hacer caso. Vuelve a las narices. La mosca que hoy se posó en la tuya es descendiente directa de la que se paró en la de Cleopatra. Y una vez más caes en las alusiones retóricas prefabricadas que todo el mundo ha hecho antes. Pues a pesar tuyo haces literatura. La mosca quiere que la envuelvas en esa atmósfera de reyes, papas y emperadores. Y lo logra. Te domina. No puedes hablar de ella sin sentirte inclinado a la grandeza. Oh, Melville, tenías que recorrer los mares para instalar al fin esa gran ballena blanca sobre tu escritorio de Pittsfield, Massachusetts, sin darte cuenta de que el Mal revoloteaba desde mucho antes alrededor de tu helado de fresa en las calurosas tardes de tu niñez y, pasados los años, sobre ti mismo cuando en el crepúsculo te arrancabas uno que otro pelo de la barba dorada leyendo a Cervantes y puliendo tu estilo; y no necesariamente en aquella enormidad informe de huesos y esperma incapaz de hacer mal alguno sino a quien interrumpiera su siesta, como el loquito Ahab. ¿Y Poe y su cuervo? Ridículo. Tú mira la mosca. Observa. Piensa.

Linneo ha podido decir que tres moscas consumen un cadáver tan aprisa como un león.

HENRI BARBUSE, *El infierno*

MOVIMIENTO PERPETUO

Papé Satán, papé Satán aleppe!

DANTE, *Infierno*, VII

—¿TE ACORDASTE?

Luis se enredó en un complicado pero en todo caso débil esfuerzo mental para recordar qué era lo que necesitaba haber recordado.

—No.

El gesto de disgusto de Juan le indicó que esta vez debía de ser algo realmente importante y que su olvido le acarrearía las consecuencias negativas de costumbre. Así siempre. La noche entera pensando no debo olvidarlo para a última hora olvidarlo. Como hecho adrede. Si supieran el trabajo que le costaba tratar de recordar, para no hablar ya de recordar. Igual que durante toda la primaria: ¿Nueve por siete?

—¿Qué te pasó?

—¿Que qué me pasó?

—Sí; cómo no te acordaste.

No supo qué contestar. Un intento de contraataque:

—Nada. Se me olvidó.

—¡Se me olvidó! ¿Y ahora?

¿Y ahora?

Resignado y conciliador, Juan le ordenó o, según después Luis, quizá simplemente le dijo que no discutieran más y que si quería un trago.

Sí. Fue a servirse él mismo. El *whisky* con agua, en el que colocó tres cubitos de hielo que con el calor empezaron a disminuir rápidamente aunque no tanto que lo hiciera decidirse a poner otro, tenía un sedante color ámbar. ¿Por qué sedante? No desde luego por el color, sino porque era *whisky*, *whisky* con agua, que le haría olvidar que tenía que recordar algo.

—Salud.

—Salud.

—Qué vida —dijo irónico Luis moviéndose en la silla de madera y mirando con placidez a la playa, al mar, a los barcos, al horizonte; al horizonte que era todavía mejor que los barcos y que el mar y que la playa, porque más allá uno ya no tenía que pensar ni imaginar ni recordar nada.

Sobre la olvidadiza arena varios bañistas corrían enfrentando a la última luz del crepúsculo sus dulces pelos y sus cuerpos ya más que tostados por varios días de audaz exposición a los rigores del astro rey. Juan los miraba hacer, meditativo. Meditaba pálidamente que Acapulco ya no era el mismo, que acaso tampoco él fuera ya el mismo, que sólo su mujer continuaba siendo la misma y que lo más seguro era que en ese instante estuviera acariciándose con otro hombre detrás de cualquier peñasco, o en cualquier bar o a bordo de cualquier lancha. Pero aunque en realidad no le importaba, eso no quería decir que no pensara en ello a todas horas. Una cosa era una cosa y otra otra. Julia seguiría siendo Julia hasta la consumación de los siglos, tal como la viera por primera vez seis años antes, cuando, sin provocación y más bien con sorpresa de su parte, en una fiesta en la que no conocía casi a nadie, se le quedó viendo y se le aproximó y lo invitó a bailar y él aceptó y ella lo rodeó con sus brazos y comenzó a incitarlo arrimándosele y buscándolo con las piernas y acercándosele suave pero calculadoramente como para que él pudiera sentir el roce de sus pechos y dejara de estar nervioso y se animara.

—¿Te sirvo otro? —dijo Luis.

—Gracias.

Y en cuanto pudo lo besó y lo cercó y lo llevó a donde quiso y le presentó a sus amigos y lo emborrachó y esa misma noche, cuando aún no sabían ni sus apellidos y cuando como a las tres y media de la mañana ni siquiera podía decirse que hubieran acabado de entrar en su departamento —el de ella—, sin darle tiempo a defenderse aunque fuera para despistar, lo arrastró hasta su cama y lo poseyó en tal forma que cuando él se dio cuenta de que ella era virgen apenas se extrañó, no obstante que ella lo dirigió todo, como ese y el segundo, el tercero y el cuarto año de casados, sin que por otra parte pudiera afirmarse que ella tuviera nada, ni belleza, ni talento, ni dinero; nada, únicamente aquello.

—El hielo no dura nada —dijo Luis.

—Nada.

Únicamente nada.

Julia entró de pantalones, con el cabello todavía mojado por la ducha.

—¿No invitan?

—Sí; sírvete.

—Qué amable.

—Yo te sirvo —dijo Luis.

—Gracias. ¿Te acordaste?

—Se le volvió a olvidar; qué te parece.

—Bueno, ya. Se me olvidó y qué.

—¿No van a la playa? —dijo ella.

Bebió su *whisky* con placer: no hay que dejar entrar la cruda. Los tres quedaron en silencio. No hablar ni pensar en nada. ¿Cuántos días más? Cinco. Contando desde mañana, cuatro. Nada. Si uno pudiera quedarse para siempre, sin ver a nadie. Bueno, quizá no. Bueno, quién sabía. La cosa estaba en acostumbrarse. Bien tostados. Negros, negros.

Cuando la negra noche tendió su manto pidieron otra botella y más agua y más hielo y después más agua y más hielo. Empezaron a sentirse bien. De lo más bien. Los astros tiritaban azules a lo lejos en el momento en que Julia propuso ir al Guadalcanal a cenar y bailar.

—Hay dos orquestas.

—¿Y por qué no cuatro?

—¿Verdad?

—Vamos a vestirnos.

Una vez allí confirmaron que tal como Juan lo había presentido para el Guadalcanal era horriblemente temprano. Escasos gringos por aquí y por allá, bebiendo tristes y bailando graves, animados, aburridos. Y unos cuantos de nosotros alegrísimos, cuándo no, mucho antes de tiempo. Pero como a la una principió a llegar la gente y al rato hasta podía decirse, perdonando la metáfora, que no cabía un alfiler. En cumplimiento de la tradición, Julia había invitado a Juan y a Luis a bailar; pero después de dos piezas Juan ya no quiso y Luis no era muy bueno (se le olvidaban afirmaba los pasos y si era mambo o *rock*). Entonces, como desde hacía uno, dos, tres, cuatro años, Julia se las ingenió para encontrar con quién divertirse. Era fácil. Lo único que había que hacer consistía en mirar de cierto modo a los que se quedaban solos en las otras mesas. No fallaba nunca. Pronto vendría algún joven (nacional, de los nuestros) y al verla rubia le preguntaría en inglés que si le permitía, a lo que ella respondería dirigiéndose no a él sino a su marido en demanda de un consentimiento que de antemano sabía que él no le iba a negar y levantándose y tendiendo los brazos a su invitante, quien más o menos riéndose iniciaría rápidas disculpas por haberla confundido con una norteamericana y se reiría ahora desconcertado de veras cuando ella le dijera que sí, que en efecto era norteamericana, y pasaría aún otro rato cohibido, toda vez que a estas alturas resultaba obvio que ella vivía desde muchos años antes en el país, lo que convertía en francamente ridículo cualquier intento de reiniciar la plática sobre la manoseada base de si llevaba mucho tiempo en México y de si le gustaba México. Pero entonces ella volvería a darle ánimo mediante la infalible táctica de presionarlo con las piernas para que él comprendiera que de lo que se trataba era de bailar y no de hacer preguntas ni de atormentarse esforzándose en buscar temas de conversación, pues, si bien era bonito sentir placer físico, lo que a ella más le agradaba era dejarse llevar por el pensamiento de que su marido se hallaría sufriendo como de costumbre por saberla en brazos de otro, o imaginando que aplicaría con éste ni más ni menos que las mismas tácticas que había usado con él, y que en ese instante estaría lleno de resentimiento y de rabia sirviéndose otra copa, y que después de otras dos se voltearía de espaldas a la pista de baile para no ver la archisabida maniobra de ellos consistente en acercarse a intervalos prudenciales a la mesa separados más de la cuenta como dos inocentes palomas y hablando casi a gritos y riéndose con él para en seguida alejarse con maña y perderse detrás de las parejas más distantes y abrazarse a su sabor y besarse sin cambiar palabra pero con la certeza de que dentro de unos minutos, una vez que su marido se encontrara completamente borracho, estarían más seguros y el joven nacional podría llevarlos a todos en su coche con ella en el asiento delantero como muy apartaditos pero en realidad más unidos que nunca por la mano derecha de él buscando algo entre sus muslos, mientras hablaría en voz alta de cosas indiferentes como el calor o el frío, según el caso, en tanto que su

marido simularía estar más ebrio de lo que estaba con el exclu-
sivo objeto de que ellos pudieran actuar a su antojo y ver hasta
dónde llegaban, y emitiría de vez en cuando uno que otro gruñido para que Luis lo creyera en el quinto sueño y no pensara
que se daba cuenta de nada. Después llegarían a su hotel y su
marido y ella bajarían del coche y el joven nacional se despe-
diría y ofrecería llevar a Luis al suyo y éste aceptaría y ellos
les dirían alegremente adiós desde la puerta hasta que el coche
no arrancara, y ya solos entrarían y se servirían otro *whisky* y
él la recriminaría y le diría que era una puta y que si creía que
no la había visto restregándose contra el mequetrefe ése, y ella
negaría indignada y le contestaría que estaba loco y que era
un pobre celoso acomplejado, y entonces él la golpearía en la
cara con la mano abierta y ella trataría de arañarlo y lo insul-
taría enfurecida y empezaría a desnudarse arrojando la ropa
por aquí y por allá y él lo mismo hasta que ya en la cama, em-
pleando toda su fuerza, la acostaría boca abajo y la azotaría
con un cinturón destinado especialmente a eso, hasta que ella
se cansara del juego y según lo acostumbrado se diera vuelta
y lo recibiera sollozando no de dolor ni de rabia sino de placer,
del placer de estar una vez más con el único hombre que la había poseído y a quien jamás había engañado ni pensaba enga-
ñar jamás.

—¿Me permite? —dijo en inglés el joven nacional.

Tanta fuerza tiene la mosca al picar, que rasga no solamente la piel del hombre sino aun la del caballo y la del buey; y aun al elefante le causa dolor cuando se le introduce en las arrugas, y con su trompita, según la posibilidad de su tamaño, lo hiere. En cuanto a unirse unas con otras tienen las moscas muy gran libertad, y el macho no deja inmediatamente a la hembra como el gallo, sino que se le une por largo tiempo y la hembra lo soporta y aun lo carga en su vuelo y se va juntamente con el macho, sin que esto los perturbe.

LUCIANO, "Elogio de la mosca"

ES IGUAL

MANDARLO todo al diablo, volverse cínico o afirmarse como cínico o escéptico, renegar de la Humanidad, proponer que los caballos son mejores que los hombres. Por supuesto, después de Swift uno no sería el primero en afirmar esto último; pero se necesita demasiado talento para hacerlo sin convertirse en un mero resentido. Por otra parte, los problemas del escritor no son siempre, como a veces se quiere pensar, de desarrollo o subdesarrollo del país en que uno vive, de riqueza o pobreza. En países pobres o ricos, ¿en qué condiciones escribieron sus obras Dostoievski, Vallejo, Laxness, Quiroga, Thomas, Neruda, Joyce, Bloy, Arlt, Martí?

Estas cosas giran en torno a mí igual que moscas,
en mi garganta como moscas en un frasco.

JAIME SABINES, *Recuento de poemas*

DE ATRIBUCIONES

No HAY escritor tras el que no se esconda, en última instancia, un tímido. Pero es infalible que hasta el más pusilánime tratará siempre, aun por los más oblicuos e inesperados modos, de revelar su pensamiento, de legarlo a la Humanidad, que espera, o supone, ávida de conocerlo. Si determinadas razones personales o sociales le impiden declararse en forma abierta, se valdrá del criptograma o del seudónimo. En todo caso, de alguna manera sutil dejará la pista necesaria para que más tarde o más temprano podamos identificarlo. Existen los que tiran la piedra y esconden la mano, como Christopher Marlowe, el bardo inglés que escribió las obras de Shakespeare; o como el mismo Shakespeare, que escribió las obras de Bacon; o como Bacon, que escribió las que los dos primeros publicaron con el nombre de Shakespeare.

La timidez de Bacon es desde luego explicable, pues pertenecía a la nobleza y escribir comedias era (y sigue siendo) plebeyo. Que Shakespeare haya permitido sin alarma que sus *Ensayos* llegaran hasta nosotros firmados por Bacon ya es menos claro, a no ser que ése fuera el convenio. En cuanto a Marlowe, ¿no es autor él mismo de excelentes tragedias? ¿Por qué entonces creyó indispensable atribuir sus sonetos a Shakespeare? Pero dejemos a los ingleses.

Entre los españoles, gente individualista, ruda y enemiga de sacar del fuego, como ellos dicen, la castaña con mano ajena, las cosas no van por el mismo camino. Entre éstos, pues, no hay quien crea que alguien pueda llamarse Cide Hamete Benengeli o Azorín; y constituyen probablemente el único pueblo en que los escritores escogen seudónimos para no atreverse después a usarlos del todo, como si temieran que por cualquier azaroso siniestro el mundo no llegara a conocer en definitiva su verdadera identidad. Así vemos que se dice: Leopoldo Alas *Clarín*, o Mariano José de Larra *Fígaro*. Nada de Colette o Vercors. Juan Ramón Jiménez, poco antes de morir, se veía perseguido por esta duda: "Pablo Neruda, ¿por qué no Neftalí Reyes;

Gabriela Mistral y no Lucila Godoy?" Todos saben quiénes son desde el autor del *Lazarillo de Tormes* hasta el de los más modestos anónimos que llegan por el correo. Y nadie acepta ya que el autor del *Quijote* de Avellaneda sea otro que Cervantes, quien finalmente no pudo resistir la tentación de publicar la primera (y no menos buena) versión de su novela, mediante el tranquilo expediente de atribuírsela a un falso impostor, del que incluso inventó que lo injuriaba llamándolo manco y viejo, para tener, así, la oportunidad de recordarnos con humilde arrogancia su participación en la batalla de Lepanto.

¿Qué se propone uno con la filosofía? Enseñar a la mosca a escapar del frasco.

LUDWIG WITTGENSTEIN, *Investigaciones filosóficas*

HOMENAJE A MASOCH

Lo QUE acostumbraba cuando se acababa de divorciar por primera vez y se encontraba por fin solo y se sentía tan contento de ser libre de nuevo, era, después de estar unas cuantas horas haciendo chistes y carcajeándose con sus amigos en el café, o en el coctel de la exposición tal, donde todos se morían de risa de las cosas que decía, volver por la noche a su departamento nuevamente de soltero y tranquilamente y con delectación morosa ponerse a acarrear sus instrumentos, primero un sillón, que colocaba en medio del tocadiscos y una mesita, después una botella de ron y un vaso mediano, azul, de vidrio de Carretones, después una grabación de la Tercera Sinfonía de Brahms dirigida por Felix Weingartner, después su gordo ejemplar empastado Editorial Nueva España, S. A., México, 1944, de *Los hermanos Karamazov;* y en seguida conectar el tocadiscos, destapar la botella, servirse un vaso, sentarse y abrir el libro por el capítulo III del Epílogo para leer reiteradamente aquella parte en que se ve muerto al niño Ilucha en un féretro azul, con las manos plegadas sobre el pecho y los ojos cerrados, y en la que el niño Kolya, al saber por Aliocha que Mitya su hermano es inocente de la muerte de su padre y sin embargo va a morir, exclama emocionado que le gustaría morir por toda la humanidad, sacrificarse por la verdad aunque fuese con afrenta; para seguir con las discusiones acerca del lugar en que debía ser enterrado Ilucha, y con las palabras del padre, quien les cuenta que Ilucha le pidió que cuando lo hubiera cubierto la tierra desmigajara un pedazo de pan para que bajaran los gorriones y que él los oiría y se alegraría sintiéndose acompañado, y más tarde él mismo, ya enterrado Ilucha, parte y esparce en pedacitos un pan murmurando: "Venid, volad aquí, pajaritos, volad gorriones", y pierde a cada rato el juicio y se desmaya y se queda como ido y luego vuelve en sí y comienza de nuevo a llorar, y se arrepiente de no haber dado a la madre de Ilucha una flor de su féretro y quiere ir corriendo a ofrecérsela, hasta que por último Aliocha, en un rapto de inspiración, al lado de la gran piedra donde Ilucha quería ser enterrado, se dirige a los condiscípulos de éste y pronuncia el discurso en que les dice aquellas esperanzadas cosas relativas a que pronto se separarán, pero que de todos modos, cualesquiera que sean las circunstancias que tengan que enfrentar en la vida, no deben olvidar ese momento en que se sienten buenos, y que si alguna vez cuando sean mayores se ríen de ellos mismos por haber sido buenos y generosos, una voz dirá en su corazón: "No, no hago bien en reírme, pues no es esto cosa de risa", y que se los dice por si llegan a ser malos, pero no hay motivo para que seamos malos, verdad muchachos, y que aun dentro de treinta años recordará esos rostros vueltos hacia él, y que a todos los quiere, y que de ahí en adelante todos tendrán un puesto en su corazón, con la final explosión de entusiasmo en que los niños conmovidos gritan a coro ¡viva Karamazov!; lectura que desarrollaba a un ritmo tal y tan bien calculado que los vivas a Karamazov terminaban exactamente con los últimos acordes de la sinfonía, para volver nuevamente a empezar según el efecto del ron lo permitiera, sobre todo que permitiera por último apagar el tocadiscos, tomar una copa final e irse a la cama, para ya en ella hundir minuciosamente la cabeza en la almohada y sollozar y llorar amargamente una vez más por Mitya, por Ilucha, por Aliocha, por Kolya, por Mitya, por Ilucha, por Aliocha, por Kolya, por Mitya.

Gastó su vida en arrojar puños de moscas en todas las copas del vino del elogio, el entusiasmo o
la alegría.

Francisco Bulnes

EL MUNDO

Dios todavía no ha creado el mundo; sólo está imaginándolo, como entre sueños. Por eso el mundo es perfecto, pero confuso.

Al tiempo que vivo estás viviendo.
Mosca, mi dueña, ya colmada
por sus bodas obscenas; ya en el muro
con su macho a la espalda. Y hierve y sube
un verano podrido, y ya prospera,
paño de larvas, la familia
a quien soy herencia desde ahora.

RUBÉN BONIFAZ NUÑO, *Siete de espadas*

LA EXPORTACIÓN DE CEREBROS

EL FENÓMENO de la exportación de cerebros ha existido siempre, pero parece que en nuestros días empieza a ser considerado como un problema. Sin embargo, es un hecho bastante común, y suficientemente establecido por la experiencia universal, que todo cerebro que de veras vale la pena o se va por su cuenta, o se lo llevan, o alguien lo expulsa. En realidad lo primero es lo más usual; pero en cuanto un cerebro existe, se encuentra expuesto a beneficiarse con cualquiera de estos tres acontecimientos.

Ahora bien, yo considero que la preocupación por un posible *brain drain* hispanoamericano nace del planteamiento de un falso problema, cuando no de un desmedido optimismo sobre la calidad o el volumen de nuestras reservas de esta materia prima. Es lógico que estemos cansados ya de que países más desarrollados que nosotros acarreen con nuestro cobre o nuestro plátano en condiciones de intercambio cada vez más deterioradas; pero cualquiera puede notar que el temor de que además se lleven nuestros cerebros resulta vagamente paranoico, pues la verdad es que no contamos con muchos muy buenos. Lo que sucede es que nos complace hacernos ilusiones; pero, como dice el refrán, el que vive de ilusiones muere de hambre. Sospechar que alguien está ansioso de apropiarse de nuestros genios significa suponer que los tenemos y, por tanto, que podríamos seguir permitiéndonos el lujo de no importarlos.

Pero hay que examinar las cosas más a fondo.

Si en los próximos censos generales lográramos en Hispanoamérica computar unos 200 cerebros de primera, dignos de y dispuestos a ser atraídos por las vanas tentaciones del dinero del exterior, deberíamos darnos por contentos, pues ya es hora de ver las cosas con objetividad y de reconocer que mientras sigamos exportando solamente estaño o henequén nuestras economías permanecerán en su deplorable estado actual.

El cerebro es una materia prima como cualquier otra. Para refinarlo se necesita enviarlo afuera para que algún día nos sea devuelto elaborado, o bien transformarlo nosotros mismos; pero, como en tantos otros campos, por desgracia las instalaciones con que contamos para esto último o son obsoletas, o de segunda, o sencillamente no existen.

Como alguien podría suponer que todo lo dicho hasta aquí ha sido dicho en broma, es bueno acudir a los ejemplos.

La exportación de cada racimo de plátanos le ha estado produciendo a Guatemala alrededor de un centavo y medio de dólar, que la United Fruit Company paga como impuesto, y que sirve sobre todo al gobierno para mantener la tranquilidad social y el orden policiaco que hacen posible producir otra vez sin tropiezos ese mismo racimo de plátanos. Los racimos se exportan por miles cada año, es cierto, pero hay que reconocer que aparte de aquel orden, los beneficios obtenidos han sido más bien escasos, si uno no toma en cuenta el agotamiento de la tierra sometida a esta siembra. ¡Qué diferencia cuando se exporta un cerebro! Es evidente que la exportación del cerebro de Miguel Ángel Asturias le ha dejado a Guatemala beneficios más notables, un premio Nobel incluido. Por otra parte, muchos otros cerebros han salido de ese país sin que, por lo menos que se sepa, la estructura de éste se haya resquebrajado en lo mínimo; antes por el contrario, sin ellos parece estar cada vez mejor y progresando como nunca.

¿A qué debemos dedicarnos entonces? ¿A producir plátanos o cerebros? Para cualquier persona que maneje medianamente el suyo, la respuesta es obvia.

Examinemos un ejemplo más.

Durante la segunda Guerra Mundial y los años subsiguientes, México exportó braceros en escala considerable. Aun cuando no faltó en ese tiempo, por razones humanitarias, quien impugnara las ventajas de esta exportación, o *arm drain*, lo cierto es que cada uno de estos braceros aportaba al país un promedio de 300 dólares anuales que enviaba a su familia. Hoy nadie puede negar que estas remesas contribuyeron en gran medida a resolver los problemas de divisas que México enfrentó en los últimos años para lograr el impresionante desarrollo económico que ahora experimenta. Si esto se logró con la contribución de los humildes y sencillos campesinos, la mayoría de las veces analfabetos, imagínese lo que significaría la exportación anual de unos 26 000 cerebros. La relación de pago de unos a otros es casi sideral. Cabe, entonces, preguntarse de nuevo: ¿qué vale más exportar: brazos o cerebros?

Planteémonos, pues, el problema, o el falso problema, con toda claridad.

1. A nuestros cerebros no se los lleva nadie o, si esto sucede, es en mínima escala. Cuando buenamente pueden, nuestros cerebros simplemente se van, en la mayoría de los casos porque su consumo en Hispanoamérica está lejos todavía de ser importante.

2. La historia muestra en buena medida que la fuga de determinado cerebro beneficia mayormente al país que lo deja marcharse que su permanencia en éste. Joyce hizo más por la literatura irlandesa desde Suiza que desde Dublín; Marx fue más útil para los obreros alemanes desde Londres que desde su patria; es probable que si Martí no hubiera vivido en los Estados Unidos y en otros países la Revolución cubana no tendría en él a tan grande ideólogo; Andrés Bello transformó la gramática española desde Inglaterra; Rubén Darío hizo lo mismo con el verso español desde Francia; y no quisiera mencionar a Einstein, por lo de la bomba atómica. Son casos aislados, se dirá; sí, pero qué casos. Si Hispanoamérica cree tener en la actualidad unos 20 cerebros como éstos, y no los deja escapar, se estará jugando torpemente su destino.

3. Quedan los expulsados. Lo único positivo que los gobiernos dictatoriales de Hispanoamérica han hecho por esta región es expulsar cerebros. A veces se equivocan de buena fe y expulsan a muchos que no lo merecen; pero cuando aciertan y destierran a un buen cerebro están haciendo más por su país que los Benefactores de la Cultura, que convierten a los talentos de la localidad en monumentos nacionales incapaces de decir una frase o dos que no se parezcan peligrosamente al lugar común o, en el mejor de los casos, al rebuzno, que, viéndolo bien, no ofende nunca a nadie y a veces puede incluso embellecer la caída de la tarde.

Finalmente, y si es que la preocupación es correcta, como en muchas ocasiones la solución está a la mano y nadie la ve, quizá porque choca con nuestros moldes mentales en materia económica: por cada cerebro exportado importemos dos.

Por eso suplicamos a Dios que nos libre de Dios, y que concibamos la verdad y gocemos eternamente de ella, allí donde los ángeles supremos, la mosca y el alma son semejantes.

MEISTER ECKHART, *Sermo Beati pauperes spiritu*

EL INFORME ENDYMION

ALEJANDRO PAREJA, ecuatoriano; Julio Alberto Restrepo, colombiano; Julio Alberto Murena, argentino; Carlos Rodríguez, venezolano, cada uno fuera de su respectivo país por razones políticas, y Federico Larraín, chileno y simple viajero sentimental, se encontraron el 22 de enero de 1964, a las diez y media de la noche, en la ciudad de Panamá, en una cervecería, o como se llamara, en la que por puro azar descubrieron que todos eran poetas, que todos admiraban a Dylan Thomas y que entre todos lo sabían y lo podían prácticamente todo. Al calor de unos vasos de la cerveza más mala del mundo recordaron o descubrieron asimismo otras cosas; a saber: que en abril se inauguraba la Feria Mundial de Nueva York; que (como a las tres de la mañana) entre los cinco podían reunir el dinero suficiente para comprar un auto usado y (cerca ya de la madrugada) que, por lo que se verá adelante, deberían estar a toda costa en aquella ciudad el día mismo de la inauguración. Entonces se fueron a dormir. Una semana después eran dueños del auto y, a pesar de su borroso historial político y de su oficio de poetas —si mejores o peores que la mayoría no hace al caso—, de los permisos de turista necesarios para dirigirse a la que más tarde el soldado nicaragüense que los detuvo designaría, adelantándose a su tiempo, como la Babel de Hierro. En Costa Rica permanecieron poco a causa de las cenizas que en esos días arrojaba el volcán Irazú; en Nicaragua, como es lógico, fueron atendidos ruidosamente por unos amigos del poeta Ernesto Cardenal y más en reserva por el director de uno de los varios cuerpos de policía, general Chamorro Lugo, quien después de cuatro horas y media de diálogo y fatigado ya de barajar ágilmente con ellos diversos temas relacionados con su paisano metapense y casi podía decir que protegido de su padre, Rubén Darío, a quien según probó se sabía de memoria, los envió con suficiente brutalidad y escolta a la frontera de Honduras, no sin antes confesarles que como compatriota de aquél se consideraría siempre amigo de Platón y de la poesía, pero más de su difícil cargo; en Honduras les sucedió algo parecido, mas Restrepo, hábil, suavizó y aun salvó la situación declarándose pariente cercano y por supuesto admirador del poeta Porfirio Barba Jacob, de grata memoria allí, y alabando con firmeza los pinos, extremos ambos a los que los jefes policiacos de aquel país responden siempre con entusiasmo y sensibilidad; en El Salvador, milagrosamente, no fueron molestados por ningún género de gendarmes, si bien en cambio recibieron la sorprendente visita de un tipo raro a quien las autoridades y la mayoría de los escritores libres perseguían con entusiasmo después de que esas autoridades y esos escritores le habían otorgado un premio por uno de los mejores libros de cuentos producidos en el país después de los de Salarrué, pero aun cuando simpatizaron con él nunca llegaron a saber si su extraño visitante estaba loco, pues lo único que hacía era reírse de sus perseguidores; en Guatemala, por supuesto, la policía también los detuvo, aunque a decir verdad no por otra causa sino porque en la capital unos guerrilleros acababan de exterminar a tiros en medio de la calle por la que ellos iban a no sabían qué sangriento esbirro, sólo que aquí el jefe de la Guardia, o lo que fuera, después de los interrogatorios de rigor y con la refinada hipocresía de estas gentes les dijo que podían continuar su camino, que él era uno de los mejores amigos de la poesía y de Platón, y que odiaba con toda el alma aquella cruz (su empleo, se entiende) con que Dios y el gobierno habían querido castigarlo; en México asistieron a un encuentro continental de poetas que se celebraba allí en esos días, en el cual el que menos se declaró amigo de Platón y de la poesía aunque ninguno lo fuera en realidad de sus colegas (lo que no les pareció tan insólito), pero en el que no obstante lo pasaron de lo mejor discutiendo en el suntuoso Club de Periodistas y leyéndose unos a otros sus cosas en el bosque más bello de la ciudad. Una vez en Nueva York, a donde arribaron con toda felicidad el 21 de abril, día de inauguración de la Feria, se dirigieron sin perder un minuto a Greenwich Village, y de manera precisa al número 557, Hudson Street, donde se encuentra The White Horse Tavern, en la que el dicho Dylan Thomas acostumbraba emborracharse un día tras otro (taberna que por cierto no hay que confundir con el Woody's Bar and Grill, en el que Thomas ingirió la desolación de los dieciocho *whiskies* solos y finales que

lo llevaron directamente al *delirium tremens*, de éste a la Calle
Once y la Séptima Avenida, St. Vincent's Hospital, y de aquí a la
tumba; bar, dicho sea de paso, hoy derrumbado, pero que en
sus días de gloria se hallaba en la esquina de la Sexta Avenida,
llamada también Avenida de las Américas, con la Calle Nueve) y, previa la ceremoniosa libación de varias copas en memoria del poeta, pidieron permiso al encargado, quien resultó ser
amigo de Platón, de la poesía y, no faltaba más, del *poor* Dylan,
para colocar en cualquier rincón del establecimiento una pequeña placa de cuero conmemorativa de ese sencillo acto de
homenaje al poeta, una vez aceptado y efectuado el cual paga-
ron de buena gana sus copas y emprendieron la salida de la
ciudad no sin antes declarar en forma inequívoca al periodista* y al fotógrafo** que sin falta aparecen allá por casualidad
en el lugar y en el momento oportunos, que el homenaje no
consistiría tan sólo en eso, sino además en abandonar en ese
mismo instante la ciudad y el país, negándose expresamente a
poner un pie en nada que ni de manera lejana pudiera parecerse a cualquier feria mundial de ninguna parte del mundo,
pero en particular de Nueva York, ciudad siempre digna de mejor suerte; todo lo cual, ilustrado con dos fotografías, puede
leerse más por extenso en el No. 32, May-June, 1964, pp. 14 y
siguientes, de la revista literaria *Endymion*, que Walter Alcott
y Louis Uppermeyer, amigos tanto de Platón y de la poesía como de la verdad, publican desde hace ocho años, con no pocas
fatigas, en Saint Louis Missouri, USA.

* Benny Albert, de *The New York Times* (*Endymion*, May-June, 1964).
** Don Mulligan, de la Associated Press, *ibid.*

4 Kan, Piedra Preciosa, será el día en que decline el Katún 5 Ahau. Será el tiempo en que se amontonen las calaveras y lloren las moscas en los caminos vecinales y en los descansaderos de los caminos vecinales.

El libro de los libros de Chilam Balam

TE CONOZCO, MASCARITA

EL HUMOR y la timidez generalmente se dan juntos. Tú no eres una excepción. El humor es una máscara y la timidez otra. No dejes que te quiten las dos al mismo tiempo.

Lo que prohíbe a las torpes moscas lamer tus almuerzos
de un ave eximia fue la soberbia cola.

MARCIAL, *Epigramas*

BENEFICIOS Y MALEFICIOS
DE JORGE LUIS BORGES

CUANDO descubrí a Borges, en 1945, no lo entendía y más bien me chocó. Buscando a Kafka encontré su prólogo a *La metamorfosis* y por primera vez me enfrenté a su mundo de laberintos metafísicos, de infinitos, de eternidades, de trivialidades trágicas, de relaciones domésticas equiparables al mejor imaginado infierno. Un nuevo universo, deslumbrante y ferozmente atractivo. Pasar de aquel prólogo a todo lo que viniera de Borges ha constituido para mí (y para tantos otros) algo tan necesario como respirar, al mismo tiempo que tan peligroso como acercarse más de lo prudente a un abismo. Seguirlo fue descubrir y descender a nuevos círculos: Chesterton, Melville, Bloy, Swedenborg, Joyce, Faulkner, Woolf; reanudar viejas relaciones: Cervantes, Quevedo, Hernández; y finalmente volver a ese ilusorio Paraíso de lo cotidiano: el barrio, el cine, la novela policial.

Por otra parte, el lenguaje. Hoy lo recibimos con cierta naturalidad, pero entonces aquel español tan ceñido, tan conciso, tan elocuente, me produjo la misma impresión que experimentaría el que, acostumbrado a pensar que alguien está muerto y enterrado, lo ve de pronto en la calle, más vivo que nunca. Por algún arte misterioso, este idioma nuestro, tan muerto y enterrado para mi generación, adquiría de súbito una fuerza y una capacidad para las cuales lo considerábamos ya del todo negado. Ahora resultaba que era otra vez capaz de expresar cualquier cosa con claridad y precisión y belleza; que alguien nuestro podía contar nuevamente e interesarnos nuevamente en una aporía de Zenón, y que también alguien nuestro podía elevar (no sé si también nuevamente) un relato policial a categoría artística. Súbditos de resignadas colonias, escépticos ante la utilidad de nuestra exprimida lengua, debemos a Borges el habernos devuelto, a través de sus viajes por el inglés y el alemán, la fe en las posibilidades del ineludible español.

Acostumbrados como estamos a cierto tipo de literatura, a determinadas maneras de conducir un relato, de resolver un poema, no es extraño que los modos de Borges nos sorprendan y que desde el primer momento lo aceptemos o no. Su principal recurso literario es precisamente eso: la sorpresa. A partir de la primera palabra de cualquiera de sus cuentos, todo puede suceder. Sin embargo, la lectura de conjunto nos demuestra que lo único que podía suceder era lo que Borges, dueño de un rigor lógico implacable, se propuso desde el principio. Así en el relato policial en que el detective es atrapado sin piedad (víctima de su propia inteligencia, de su propia trama sutil), y muerto, por el desdeñoso criminal; así en la melancólica revisión de la supuesta obra del gnóstico Nils Runeberg, en la que se concluye, con tranquila certidumbre, que Dios, para ser verdaderamente hombre, no encarnó en un ser superior entre los hombres, como Cristo, o como Alejandro o Pitágoras, sino en la más abyecta y por lo tanto más humana envoltura de Judas.

Cuando un libro se inicia, como *La metamorfosis* de Kafka, proponiendo: "Al despertar Gregorio Samsa una mañana, tras un sueño intranquilo, encontróse en su cama convertido en un monstruoso insecto", al lector, a cualquier lector, no le queda otro remedio que decidirse, lo más rápidamente posible, por una de estas dos inteligentes actitudes: tirar el libro, o leerlo hasta el fin sin detenerse. Conocedor de que son innumerables los aburridos lectores que se deciden por la confortable primera solución, Borges no nos aturde adelantándonos el primer golpe. Es más elegante o más cauto. Como Swift, que en los *Viajes de Gulliver* principia contándonos con inocencia que éste es apenas tercer hijo de un inofensivo pequeño hacendado, para introducirnos a las maravillas de "Tlön" Borges prefiere instalarse en una quinta de Ramos Mejía, acompañado de un amigo, tan real, que ante la vista de un inquietante espejo se le ocurre "recordar" algo como esto: "Los espejos y la cópula son abominables, porque multiplican el número de los hombres". Sabemos que este amigo, Adolfo Bioy Casares, existe; que es un ser de carne y hueso, que escribe asimismo fantasías; pero si así no fuera, la sola atribución de esta frase justificaría su existencia. En las horrorosas alegorías realistas de Kafka se parte de un hecho absurdo o imposible para relatar en seguida todos los efectos y consecuencias de este hecho con lógica sosegada, con un realismo difícil de aceptar sin la buena fe o sin la credulidad previa del lector; pero siempre tiene uno la

convicción de que se trata de un puro símbolo, de algo necesariamente imaginado. Cuando se lee, en cambio, "Tlön, Uqbar,
Orbis Tertius", de Borges, lo más natural es pensar que se está
ante un simple y hasta fatigoso ensayo científico tendiente a
demostrar, sin mayor énfasis, la existencia de un planeta desconocido. Muchos lo seguirán creyendo durante toda su vida.
Algunos tendrán sus sospechas y repetirán con ingenuidad lo
que aquel obispo de que nos habla Rex Warner, el cual, refiriéndose a los hechos que se relatan en los *Viajes de Gulliver*, declaró valerosamente que por su parte estaba convencido de que
todo aquello no era más que una sarta de mentiras. Un amigo
mío llegó a desorientarse en tal forma con *El jardín de senderos que se bifurcan*, que me confesó que lo que más lo seducía
de "La biblioteca de Babel", incluido allí, era el rasgo de ingenio que significaba el epígrafe, tomado de la *Anatomía de la
melancolía*, libro según él a todas luces apócrifo. Cuando le
mostré el volumen de Burton y creí probarle que lo inventado
era lo demás, optó desde ese momento por creerlo todo, o nada en absoluto, no recuerdo. A lograr este efecto de autenticidad contribuye en Borges la inclusión en el relato de personajes reales como Alfonso Reyes, de presumible realidad como
George Berkeley, de lugares sabidos y familiares, de obras menos al alcance de la mano pero cuya existencia no es del todo
improbable, como la Enciclopedia Británica, a la que se puede
atribuir cualquier cosa; el estilo reposado y periodístico a
la manera de De Foe; la constante firmeza en la adjetivación,
ya que son incontables las personas a quienes nada convence
más que un buen adjetivo en el lugar preciso.

Y por último, el gran problema: la tentación de imitarlo era
casi irresistible; imitarlo, inútil. Cualquiera puede permitirse
imitar impunemente a Conrad, a Greene, a Durrell; no a Joyce,
no a Borges. Resulta demasiado fácil y demasiado evidente.

El encuentro con Borges no sucede nunca sin consecuencias.
He aquí algunas de las cosas que pueden ocurrir, entre benéfi-
cas y maléficas.

1. Pasar a su lado sin darse cuenta (maléfica).
2. Pasar a su lado, regresarse y seguirlo durante un buen tre-
cho para ver qué hace (benéfica).

3. Pasar a su lado, regresarse y seguirlo para siempre (maléfica).

4. Descubrir que uno es tonto y que hasta ese momento no se le había ocurrido una idea que más o menos valiera la pena (benéfica).

5. Descubrir que uno es inteligente, puesto que le gusta Borges (benéfica).

6. Deslumbrarse con la fábula de Aquiles y la Tortuga y creer que por ahí va la cosa (maléfica).

7. Descubrir el infinito y la eternidad (benéfica).

8. Preocuparse por el infinito y la eternidad (benéfica).

9. Creer en el infinito y la eternidad (maléfica).

10. Dejar de escribir (benéfica).

Entre la provocación del hambre y la sobreexcitación del odio, la Humanidad no puede pensar en el infinito. La Humanidad es como un gran árbol lleno de moscas que zumban irritadas bajo un cielo tempestuoso y, en medio de este zumbido de odio, no puede oírse la voz profunda y divina del universo.

JEAN JAURÈS, "Sobre Dios"

FECUNDIDAD

Hoy me siento bien, un Balzac; estoy terminando esta línea.

Los antiguos gentiles, ya se sabe que adoraron los
más despreciables y viles brutos. Fue deidad de
una nación la cabra, de otra la tortuga, de otra el
escarabajo, de otra la mosca.

FEIJOO, *Teatro crítico universal*

TÚ DILE A SARABIA QUE DIGO YO QUE LA NOMBRE Y QUE LA COMISIONE AQUÍ O EN DONDE QUIERA, QUE DESPUÉS LE EXPLICO

A la memoria de los hermanos Wright

ERA un poco tarde ya cuando el funcionario decidió seguir de nuevo el vuelo de la mosca. La mosca, por su parte, como sabiéndose objeto de aquella observación, se esmeró en el programado desarrollo de sus acrobacias zumbando para sus adentros, toda vez que sabía que era una mosca doméstica común y corriente y que entre muchas posibles la del zumbido no era su mejor manera de brillar, al contrario de lo que sucedía con sus evoluciones cada vez más amplias y elegantes en torno del funcionario, quien viéndolas recordaba pálida pero insistentemente y como negándoselo a sí mismo lo que él había tenido que evolucionar alrededor de otros funcionarios para llegar a su actual altura, sin hacer mucho ruido tampoco y quizá con menos gozo y más sobresaltos pero con un poquito de mayor brillo, si brillo podía llamarse sin reticencias lo que lograra alcanzar antes de y durante su ascenso a la cumbre de las oficinas públicas.

Después, venciendo el bochorno de la hora, se acercó a la ventana, la abrió con firmeza, y mediante dos o tres bruscos movimientos del brazo, el antebrazo y la mano derechos hizo salir a la mosca. Fuera, el aire tibio mecía con suavidad las copas de los árboles, en tanto que a lo lejos las últimas nubes doradas se hundían definitivamente en el fondo de la tarde.

De vuelta a su escritorio, agotado por el esfuerzo, oprimió uno de cinco o seis botones y cómodamente reclinado sobre el codo izquierdo merced al hábil mecanismo de la silla giratoria ondulatoria esperó a oír

—¿Mande licenciado?

para ordenar casi al misn.o tiempo

—Que venga Carranza,

a quien pronto vio entre serio y sonriente

empujando
la puerta hacia dentro
entrando
y volviendo después la espalda delicadamente inclinado sobre
el picaporte para cerrarla otra vez con el cuidado necesario a
fin de que ésta no hiciera ningún ruido, salvo el mínimo e inevitable clic propio de las cerraduras cuando se cierran y girando en seguida como de costumbre para escuchar

—¿Tienes a mano la nómina C?

y responder

—No tanto como a mano, pero te la puedo traer en cinco minutos; te veo cansadón, ¿qué te pasa? y regresar en menos de
tres con una hoja más ancha que azul, sobre la que el funcionario pasó la mirada de arriba abajo sin entusiasmo para elevar-
la después hasta el cielo raso, como si quisiera remontarse más
allá, más arriba y más lejos, e irse empequeñeciendo hasta perder su corbata y su forma cotidiana y convertirse en una man-
chita del tamaño de un avión lejanísimo, que es como el de una
mosca, y más tarde en un punto más pequeño aún, y volverla
finalmente al llamado Carranza, su amigo y colaborador, cuando éste le preguntara intrigado si había algún problema y oírse
contestar

—No, dile a la señorita Esperanza que mañana va a venir la
señorita Lindbergh por el asunto de la vacante, que le diga que
vaya a Personal y que vea a Sarabia. Tú dile a Sarabia que digo
yo que la nombre y que la comisione aquí o en donde quiera,
que después le explico.

Es tan lista que ve el viento correr y oye toser a las moscas.

J. y W. Grimm, *Elsa la lista*

HOMO SCRIPTOR

EL CONOCIMIENTO directo de los escritores es nocivo. "Un poeta —dijo Keats— es la cosa menos poética del mundo." En cuanto uno conoce personalmente a un escritor al que admiró de lejos, deja de leer sus obras. Esto es automático. Por lo que se refiere a las obras mismas, una idea sensata, y que ahora comienza a ponerse en práctica, es publicar al mismo tiempo en diversos países de América las mejores, o por lo menos las más resonantes, que también pueden ser buenas. Las muy malas deben ser editadas por el Estado a todo lujo, empastadas en piel y con ilustraciones, para hacerlas prohibitivas a los pobres y, a la vez, tener contentos a la mayoría de los poetas y novelistas.

El poder de las moscas: ganan batallas, impiden
que nuestra alma obre, comen nuestro cuerpo.

Blas Pascal, *Pensamientos*

ONÍS ES ASESINO

Nuestro idioma parece ser particularmente propicio para los juegos de palabras. Todos nos hemos divertido con los de Villamediana (diamantes que fueron antes / de amantes de su mujer); con los más recatados, si bien más insulsos (di, Ana, ¿eres Diana?), de Gracián, quien, hay que reconocerlo, escribió un tratado bastante divertido, la *Agudeza y arte de ingenio*, para justificar esa su irresistible manía; con los de Calderón de la Barca (apenas llega cuando llega a penas); etcétera. Es curioso que sea difícil recordar alguno de Cervantes. Muchos años después Arniches (imagínate, mencionarlo al lado de éstos) llega a la cumbre. Como es natural, nosotros heredamos de los españoles este vicio que, entre los escritores y poetas o meros intelectuales, se convierte en una verdadera plaga. Hay los que suponen que entre más juegos de palabras intercalen en una conversación (principalmente si ésta es seria) los tendrán por más ingeniosos, y no desperdician oportunidad de mostrar sus dotes en este terreno. Es dificilísimo sacar a un maniático de éstos de su error. Personaje digno de La Bruyère, no hay quien no lo conozca. A dondequiera que vaya es recibido con auténtico horror por el miedo que se tiene a sus agudezas, que sólo él celebra o que los demás le festejan de vez en cuando para ver si se calma. ¿Lo visualizas y te ríes? Pues tú también tendrías que releer un poco tu Horacio.

Son más raros los que llevan sus hallazgos a lo que escriben, aunque, por supuesto, mucho más soportables. Shakespeare aterra con sus juegos de palabras a los traductores (su merecido, por traidores), quienes no tienen más remedio que recurrir a las notas a pie de página para explicar que tal cosa significa también otra y que ahí estaba el chiste. Proust, tú sabes, los dosifica majestuosamente. En las traducciones de Proust las notas casi desaparecen: cuando habla de las preciosas radicales no se necesita ser muy listo para darse cuenta de que está aludiendo a las preciosas ridículas de Molière. Joyce lleva las cosas a extremos demoniacos, por lo cual no se traduce *Finne-*

gan's Wake. Entre nosotros, recuerdo, han sido buenos para esto Rubén Darío:

> Kants y Nietzsches y Schopenhauers
> ebrios de cerveza y azur
> iban, gracias al *calembour*,
> a tomarse su *chop* en Auer's

y más cerca aún, Xavier Villaurrutia:

> Y mi voz que madura
> y mi bosque madura
> y mi voz quemadura
> y mi voz quema dura.

Pero lo anterior no tiene casi nada que ver con que Onís sea asesino, o con que amen a Panamá, o con que seamos seres sosos, Ada.

Ahora te lo explico. La otra noche me encontré al señor Onís, hijo del señor Onís, en una reunión de intelectuales. En cuanto me lo presentaron le dije viéndolo fijamente a los ojos: ¡Onís es asesino! Cuando noté que, aterrado, estaba a punto de decirme que sí, de confesarme algo horrible, me apresuré a explicarle que se trataba de un simple palindroma. Qué gusto sentí al notar que el alma le volvía al cuerpo. Recuerda que palindromas son esas palabras o frases que pueden leerse igual de izquierda a derecha que de derecha a izquierda, según declara valientemente la Academia de la Lengua, aunque llamándolas palíndromos, como si no fuera mejor del otro modo. Los vimos en la escuela: ANILINA. DÁBALE ARROZ A LA ZORRA EL ABAD. ANITA LAVA LA TINA, etcétera.

Y es aquí donde los asesinos de salón que hacen juegos de palabras para acabar con las conversaciones se encontrarían con una verdadera dificultad. Pruébenlo. Hace ya varios años nos entregábamos a este inocente juego (lo más que requiere es un poco de silencio y mirar de cuando en cuando al techo con un papel y un lápiz en la mano) un grupo de ociosos del tipo de Juan José Arreola, Carlos Illescas, Ernesto Mejía Sánchez, Enrique Alatorre, Rubén Bonifaz Nuño, algún otro y yo. Durante tardes enteras o noches a la mitad tomábamos nuestros papelitos, trabajábamos silenciosos y allá cada vez nos comunicábamos con júbilo nuestros hallazgos.

Estas cuatro o cinco cuartillas quieren ser un homenaje y un reconocimiento al talento (entre otros) para el palindroma de Carlos Illescas, positivo monstruo de este deporte, quien de pronto levantaba la mano, pedía silencio y decía, como hablando de otra cosa: Aman a Panamá, o Amo la paloma, o sea AMAN A PANAMÁ O AMO LA PALOMA por cualquier lado que los mires o quieras amarlos; mientras nosotros, yo por lo menos, nos debatíamos repitiendo ROMA AMOR ROMA AMOR, para que él nos saliera al rato con algo tan humillante como esto: ADELA, DIONISO: NO TAL PLATÓN, O SI NO, ID A LEDA, lo que acababa de sumirnos en la desesperación y la impotencia.

Posteriormente leímos los famosos que el gran mago Julio Cortázar trae en "Lejana", de *Bestiario:*

> Salta Lenin el atlas
> Amigo, no gima
> Átale, demoniaco Caín, o me delata
> Anás usó tu auto, Susana.

Y recordábamos uno muy pobre o muy tímido de Joyce o que Joyce usó:

> Madam, I'm Adam

y alguno que otro del idioma inglés (no muy bueno para esto, según entiendo):

> A man, a plan, a canal: Panama.

Más tarde Bonifaz Nuño aportó la declaración antisinestésica:

> Odio la luz azul al oído

y Enrique Alatorre el existencialista:

> ¡Río, sé saeta! Sal, Sartre, el leer tras las ateas es oír;

y Arreola:

> Etna da luz azul a Dante;

en tanto que Illescas, como diligente araña, sacaba sus hilitos de tejer y destejer:

Somos laicos, Adán; nada social somos;

o el admonitorio

Damas, oíd: a Dios amad;

o el acusatorio

Onís es asesino;

o el preventivo y definitivo y ahora en plan de suave melodía de égloga virgiliana:

Si no da amor alas, sal a Roma, Adonis.

Después venían otros suyos sumamente extraños, ya dentro de la embriaguez en que se pierden los sentidos (que es la buena) y África y Grecia se abrazan en misterioso contubernio, como

Acata, sale, salta, acude, saeta afromorfa;
ateas educa, Atlas, el as ataca.

o lo que él llamaba palindroma de palindromas:

Somos seres sosos, Ada; sosos seres somos,

en el que cada palabra es también palindroma; o el palindroma *ad infinitum*:

O sale el as o... el as sale... o sale el as... o;

o, por fin, el palindroma político, en el que alguien pregunta: "¿Qué es la OIT (Organización Internacional del Trabajo)?", y se le responde:

Tío Sam más OIT,

para rematar con algo que ya no le creíamos porque somos naturalmente desmemoriados y eso de Evemón se nos hacía sospechoso:

¿No me ve, o es ido Odiseo, Evemón?

y nos tenía que explicar que Evemón no era otro que Tésalo (ah, así sí), padre de Eurípilo (claro), como fácilmente se podía ver en *Ilíada* II, 736; V, 79; VII, 167; VIII, 265; y XI, 575.

Ahora yo tengo que confesar que jamás pude ni he podido posteriormente hacer o encontrar un solo palindroma que vaya más allá de los ya dados por la madre naturaleza: oro, ara, ama, eme, etcétera, excepto uno que me costó horas de esfuerzo pero tan escatológico, para vergüenza mía, que me apresuro a ponerlo aquí: ¡Acá, caca! Sospecho que Mejía Sánchez tampoco, pues finalmente, cuando empezamos, por incapacidad manifiesta, a buscar un nuevo género, o sea los falsos palindromas (ejemplo: Don Odón, que suena pero no es), salió con uno falsísimo pero que a todos en un momento dado nos pareció auténtico, pues en esos días se hablaba del premio Nobel para Alfonso Reyes:

Alfonso no ve el Nobel famoso,

que no se lee de atrás para adelante ni de broma; en tanto que Illescas, algo cansado de su facilidad, aceptaba con entusiasmo mi modesta proposición de estructurar una larga frase en español que, leída de derecha a izquierda, dijera lo mismo, pero en inglés, o en el idioma que en ese momento le pareciera mejor, o más difícil.

La mosca que zumba en este momento a mi alrededor, si se duerme por la noche para recomenzar después su zumbido; o si muere esta noche y en la primavera otra mosca, salida de algún huevo de la primera, se pone a zumbar, todo es en sí la misma cosa.

A. SCHOPENHAUER, *El mundo como voluntad y representación*

BAJO OTROS ESCOMBROS

Vemos a ese hombre que se pasea agitado ante la puerta del hotel de paso en la calle París de Santiago de Chile, y que vigila. Sospecha. Durante los últimos días no ha hecho otra cosa que sospechar. La ha visto a los ojos y ha sospechado. Ha notado que su mujer le sonríe en forma demasiado natural, que todo le parece correcto o no, y que ya no le discute tanto como antes, o que le discute más que antes, y ha sospechado. Cualquiera lo haría. Estas situaciones son así. De pronto sientes en la atmósfera algo raro, y sospechas. Los pañuelos que regalaste empiezan a ser importantes, y siempre falta uno y nadie sabe en dónde está; sencillamente nadie sabe en dónde está. Entonces este caballero, armándose de valor, ha ido al hotel. Al fin se ha decidido a acabar con sus dudas, a ser lo bastante hombrecito para aguardar a verlos salir y atraparlos, furtivos y seguramente practicando ese gesto de despreocupación que adopta el temor a ser sorprendido. Y ahora, mientras espera, ha cruzado quién sabe cuántas veces el amplio portón abierto, para aquí, para allá, le molesta saber que a ratos ya casi sin rencor, mecánicamente. Bueno, quizá ustedes hayan pasado algún día por esto y yo esté cometiendo una indiscreción al recordárselos, o al traerles a la memoria una cosa ya suficientemente enterrada bajo otros escombros, bajo otras ilusiones, otras películas, otros hechos, mejores o peores, que han ido borrando aquello que en un momento dado les pareció como el fin del mundo y que hoy, lo saben bien, recuerdan hasta con una sonrisa. O se ha apoyado en la pared azul opuesta. Este individuo era un hombre alto, medio cano, bien parecido, de unos cuarenta años, no importa. Estábamos en verano, iba vestido de lino y transpiraba. Nosotros lo observábamos desde la ventana de un segundo piso de la casa de enfrente. Resultaba divertido fisgar desde allí la llegada de parejas. Señores viejos con jovencitas. Nunca señores viejos con señoras viejas, por qué será. Hombres maduros con mujeres maduras, tranquilos. Hombres experimentados con especies de criaditas francamente asustadas.

Hombres liberados con mujeres liberadas que entraban riéndose abiertamente, felices, qué envidia. A veces nos pasábamos
toda una tarde de domingo Enrique, Roberto, Antonio y yo,
viéndolos acercarse desde las calles laterales y entrar. O no entrar. Apostábamos. Éstos entran. Éstos no entran. Uno perdía,
o ganaba, pues los que parecía que iban a entrar, y a los·cua-
les uno les apostaba, pasaban de largo, para regresar y entrar
después de diez pasos en que se suponía que la virtud iba a ob-
tener una de sus más sensacionales victorias, y era felizmente
derrotada. Pero volviendo a este hombre, cómo nos apenó. Este
hombre sufría. Atisbaba nervioso la salida falsamente confia-
da de cada pareja, temeroso de que fuera la que él esperaba y de
que en un descuido se le escaparan, confundidos con las primeras sombras, como se decía antes, del crepúsculo. Véanlo
ahora cómo estira el cuello, cómo se empina, cómo se inquieta
cuando alguien sale y cómo se agita cuando alguien se atravie-
sa en el momento en que alguien sale. Va a esta esquina, a la
otra, para volver rápidamente, excitado. Quizá crea que en ese
segundo ellos han logrado escapar. Es una cosa tremenda. El
hombre nos comienza a dar lástima. Si esto no hubiera sido
nuestro acostumbrado juego no habríamos tenido la paciencia de seguirlo desde esa cómoda ventana durante más de dos
horas (porque ya son las siete) sin ningún interés real en lo
que sucedía adentro. Pero a él sí le interesa lo que sucede adentro e imagina y sufre y se tortura y se propone sangrientos actos
de venganza ante la idea de los cuales se detiene y tiembla sin
que él mismo pueda decir si de coraje o de miedo, aunque en el
fondo sepa que es de coraje. Y tú con tus amigos desde tu confortable mirador acechas y sufres y no estás seguro de lo que
en este instante esté pasando con tu propia mujer y quizá por
eso te inquiete tanto ese hombre que podría ser tú y podría ser
ustedes, mientras el crepúsculo que apareció más arriba se
vuelve decididamente noche y los empleados que anhelan regresar, nadie sabe por qué, a sus casas, aumentan y corren la-
boriosos tras los autobuses y los tranvías que pasan allí cerca
repletos hasta que. Por fin, de pronto, descubren en él una agi-
tación mucho más intensa, un nerviosismo, una angustia y comprenden que el esperado momento supremo ha llegado y vuelven rápidamente la mirada a la puerta del hotel y ven que los
amantes salen y que se han dado cuenta de lo que ocurre, es de-

cir, de que él está allí, y que simulando calma aprietan el paso mirando para atrás con la imaginación, y apresurándose y agarrados del brazo dan vuelta en la esquina de San Francisco y ustedes bajan rápido de su mirador para no perderse lo que suceda y todavía encuentran al hombre en la avenida O'Higgins y lo hallan demudado, mirando para un lado y para otro, apartando bruscamente a la gente, dándose vuelta, girando sobre su eje, buscando, viendo para acá, para allá, ansioso, desconcertado; pero ahora sí seguro de que mañana, o el próximo sábado, o el lunes, o cuando sea, tendrá la oportunidad de vigilar de manera menos distraída, menos torpe que esta tarde en que a lo mejor no eran ellos.

Una ingrávida mosca que danzaba... era otrora
suficiente para llenar tu corazón hasta el des-
borde con ensueños que nadie conocía sino tú.

W. B. YEATS, *El país de nuestros anhelos*

DEJAR DE SER MONO

EL ESPÍRITU de investigación no tiene límites. En los Estados Unidos y en Europa han descubierto a últimas fechas que existe una especie de monos hispanoamericanos capaces de expresarse por escrito, réplicas quizá del mono diligente que a fuerza de teclear una máquina termina por escribir de nuevo, azarosamente, los sonetos de Shakespeare. Tal cosa, como es natural, llena a estas buenas gentes de asombro, y no falta quien traduzca nuestros libros, ni, mucho menos, ociosos que los compren, como antes compraban las cabecitas reducidas de los jíbaros. Hace más de cuatro siglos que fray Bartolomé de las Casas pudo convencer a los europeos de que éramos humanos y de que teníamos un alma porque nos reíamos; ahora quieren convencerse de lo mismo porque escribimos.

El misántropo: El sol no sirve más que para hacer
revivir las moscas que me chupan la sangre.

JULES RENARD, *Diario*

CÓMO ME DESHICE DE QUINIENTOS LIBROS

Poeta: no regales tu libro; destrúyelo tú mismo.

Eduardo Torres

Hace varios años leí un ensayo de no recuerdo qué autor inglés en el que éste contaba las dificultades que se le presentaron para deshacerse de un paquete de libros que por ningún motivo quería conservar en su biblioteca. Ahora bien, en el curso de mi existencia he podido observar que entre los intelectuales es corriente oír la queja de que los libros terminan por sacarlos de sus casas. Algunos hasta justifican el tamaño de sus mansiones señoriales con la excusa de que los libros ya no los dejaban dar un paso en sus antiguos departamentos. Yo no he estado, y probablemente no lo estaré jamás, en este último extremo; pero nunca hubiera podido imaginar que algún día me encontraría en el del ensayista inglés, y que tendría que luchar por desprenderme de quinientos volúmenes.

Trataré de contar mi experiencia. De pasada diré que es probable que esta historia irrite a muchos. No importa. La verdad es que en determinado momento de su vida o uno conoce demasiada gente (escritores), o a uno lo conoce demasiada gente (escritores), o uno se da cuenta de que le ha tocado vivir en una época en que se editan demasiados libros. Llega el momento en que tus amigos escritores te regalan tantos libros (aparte de los que generosamente te pasan para leer aún inéditos) que necesitarías dedicar todos los días del año para enterarte de sus interpretaciones del mundo y de la vida. Como si esto fuera poco, el hecho es que desde hace veinte años mi afición por la lectura se vino contaminando con el hábito de comprar libros, hábito que en muchos casos termina por confundirse tristemente con la primera. Por ese tiempo di en la torpeza de visitar las librerías de viejo. En la primera página de *Moby Dick* Ismael observa que cuando Catón se hastió de vivir se suicidó arrojándose sobre su espada, y que cuando a él le sucedía hastiarse, sencillamente tomaba un barco. Yo, en cambio, durante años tomé el camino de las librerías de viejo. Cuando uno empieza a sentir la atracción de estos establecimientos llenos de polvo y penuria espiritual, el placer que proporcionan los libros ha empezado a degenerar en la manía de comprarlos, y ésta a su vez en la vanidad de adquirir algunos raros para asombrar a los amigos o a los simples conocidos.

¿Cómo tiene lugar este proceso? Un día está uno tranquilo leyendo en su casa cuando llega un amigo y le dice: ¡Cuántos libros tienes! Eso le suena a uno como si el amigo le dijera: ¡Qué inteligente eres!, y el mal está hecho. Lo demás ya se sabe. Se pone uno a contar los libros por cientos, luego por miles, y a sentirse cada vez más inteligente. Como a medida que pasan los años (a menos que se sea un verdadero infeliz idealista) uno cuenta con más posibilidades económicas, uno ha recorrido más librerías y, naturalmente, uno se ha convertido en escritor, uno posee tal cantidad de libros que ya no sólo eres inteligente: en el fondo eres un genio. Así es la vanidad ésta de poseer muchos libros.

En tal situación, el otro día me armé de valor y decidí quedarme únicamente con aquellos libros que de veras me interesaran, hubiera leído, o fuera realmente a leer. Mientras consume su cuota de vida, ¿cuántas verdades elude el ser humano? Entre éstas, ¿no es la de su cobardía una de las más constantes? ¿A cuántos sofismas acudes diariamente para ocultarte que eres un cobarde? Yo soy un cobarde. De los varios miles de libros que poseo por inercia, apenas me atreví a eliminar unos quinientos, y eso con dolor, no por lo que representaran espiritualmente para mí, sino por el coeficiente de menor prestigio que los diez metros menos de estanterías llenas irían a significar. Día y noche mis ojos recorrieron una y otra vez (como decían los clásicos) las vastas hileras, discriminando hasta el cansancio (como decimos los modernos). ¡Qué increíble cantidad de poesía, qué cantidad de novelas, cuántas soluciones sociológicas para los males del mundo! Se supone que la poesía se escribe para enriquecer el espíritu; que las novelas han sido concebidas, cuando menos, para la distracción; y aun, con optimismo, que las soluciones sociológicas se encaminan a solucionar algo. Viéndolo con calma, me di cuenta de que en su mayor parte la primera, o sea la poesía, era capaz de empobrecer el espíritu más rico, las segundas de aburrir al más alegre y las terceras de embrollar al más lúcido. Y no obstante, qué consideraciones hice para descartar cualquier volumen, por insignificante que pareciera. Si un cura y un barbero me hubieran ayudado sin yo saberlo, ¿habrían dejado en mis estantes más de cien? Cuando en 1955 visité a Pablo Neruda en su casa de Santiago me sorprendió ver que escasamente poseía treinta o cuarenta libros, entre novelas policiales y traducciones de sus propias obras a diversos idiomas. Acababa de donar a la Universidad una cantidad enorme de verdaderos tesoros bibliográficos. El poeta se dio ese gusto en vida; único estado, viéndolo bien, en que uno se lo puede dar.

No haré aquí el censo de los libros de que estaba dispuesto a desprenderme; pero entre ellos había de todo, más o menos así: política (en el mal sentido de la palabra, toda vez que no tiene otro), unos 50; sociología y economía, alrededor de 49; geografía general e historia general, 3; geografía e historia patrias, 48; literatura mundial, 14; literatura hispanoamericana, 86; estudios norteamericanos sobre literatura latinoamericana, 37; astronomía, 1; teorías del ritmo (para que la señora no se embarace), 6; métodos para descubrir manantiales, 1; biografías de cantantes de ópera, 1; géneros indefinidos (tipo *Yo escogí la libertad),* 14; erotismo, 1/2 (conservé las ilustraciones del único que tenía); métodos para adelgazar, 1; métodos para dejar de beber, 19; psicología y psicoanálisis, 27; gramáticas, 5; métodos para hablar inglés en diez días, 1; métodos para hablar francés en diez días, 1; métodos para hablar italiano en diez días, 1; estudios sobre cine, 8; etcétera.

Pero esto constituía nada más el principio. Pronto descubrí que eran pocas las personas que querían aceptar la mayor parte de los libros que yo había comprado cuidadosamente a través de los años perdiendo tiempo y dinero. Si bien esto me reconcilió algo con el género humano al descubrir que el mero afán de acumular no era una aberración tan generalizada, me causó las molestias consiguientes, por cuanto una vez decidido a ello, deshacerme de esos libros se convirtió en una necesidad espiritual apremiante. Un incendio como el de la Biblioteca de Alejandría, al que están dedicados estos recuerdos, es el camino más llano, pero resulta ridículo y hasta mal visto quemar quinientos libros en el patio de la casa (suponiendo que la casa lo tuviera). Y se acepta que la Inquisición quemara gente, pero la mayoría se indigna de que quemara libros. Ciertas personas aficionadas a estas cosas me sugirieron donar todos esos volúmenes a tales o cuales bibliotecas públicas; pero una solución tan fácil le restaba espíritu aventurero al asunto y la idea me aburría un poco, además de que estaba convencido de que en las bibliotecas públicas serían tan inútiles como en mi casa o en cualquier otro sitio. Tirarlos uno por uno a la basura no era digno de mí, de los libros, ni del basurero. La única solución eran mis amigos. Pero mis amigos políticos o sociólogos poseían ya los libros correspondientes a sus especialidades, o eran enemigos de ellos en gran cantidad de casos; los poetas no querían contaminarse con nada de contemporáneos suyos a quienes conocieran personalmente; y el libro sobre erotismo era una carga para cualquiera, aun despojado de sus ilustraciones francesas.

Sin embargo, no quiero hacer de estos recuerdos una historia de falsas aventuras supuestamente divertidas. Lo cierto es que de alguna manera he ido encontrando espíritus afines al mío que han aceptado llevarse a sus casas esos fetiches, a ocupar un lugar que restará espacio y oxígeno a los niños, pero que darán a los padres la sensación de ser más sabios e incluso la más falaz e inútil de ser los depositarios de un saber que en todo caso no es sino el repetido testimonio de la ignorancia o la ingenuidad humanas.

Mi optimismo me llevó a suponer que al terminar estas líneas, comenzadas hace quince días, en alguna forma justificaría cabalmente su título; si el número de quinientos que aparece en él es sustituido por el de veinte (que empieza a acortarse debido a una que otra devolución por correo), ese título estará más apegado a la verdad.

[...] y también por las moscas, que estaban ejecutando en mi presencia, y en su reducido concierto, una música, que era como la música de cámara del estío.

MARCEL PROUST, *En busca del tiempo perdido*

LAS CRIADAS

Amo a las sirvientas por irreales, porque se van, porque no les gusta obedecer, porque encarnan los últimos vestigios del trabajo libre y la contratación voluntaria y no tienen seguro ni prestaciones ni; porque como fantasmas de una raza extinguida llegan, se meten a las casas, husmean, escarban, se asoman a los abismos de nuestros mezquinos secretos leyendo en los restos de las tazas de café o de las copas de vino, en las colillas, o sencillamente introduciendo sus miradas furtivas y sus ávidas manos en los armarios, debajo de las almohadas, o recogiendo los pedacitos de los papeles rotos y el eco de nuestros pleitos, en tanto sacuden y barren nuestras porfiadas miserias y las sobras de nuestros odios cuando se quedan solas toda la mañana cantando triunfalmente; porque son recibidas como anunciaciones en el momento en que aparecen con su caja de Nescafé o de Kellog's llena de ropa y de peines y de mínimos espejos cubiertos todavía con el polvo de la última irrealidad en que se movieron; porque entonces a todo dicen que sí y parece que ya nunca nos faltará su mano protectora; porque finalmente deciden marcharse como vinieron pero con un conocimiento más profundo de los seres humanos, de la comprensión y la solidaridad; porque son los últimos representantes del Mal y porque nuestras señoras no saben qué hacer sin el Mal y se aferran a él y le ruegan que por favor no abandone esta tierra; porque son los únicos seres que nos vengan de los agravios de estas mismas señoras yéndose simplemente, recogiendo otra vez sus ropas de colores, sus cosas, sus frascos de crema de tercera clase ocupados ahora con crema de primera ahora un poquito sucia, fruto de sus inhábiles hurtos. Me voy, les dicen vigorosamente llenando una vez más sus cajas de cartón. Pero por qué. Porque sí. (Oh libertad inefable.) Y allá van, ángeles malignos, en busca de nuevas aventuras, de una nueva casa, de un nuevo catre, de un nuevo lavadero, de una nueva señora que no pueda vivir sin ellas y las ame; planeando una nueva vida, negándose al agradecimiento por lo bien que las trataron cuando

se enfermaron y les dieron amorosamente su aspirina por temor de que al otro día no pudieran lavar los platos, que es lo
que en verdad cansa, hacer la comida no cansa. Amo verlas llegar, llamar, sonreír, entrar, decir que sí; pero no, siempre resis-
tiéndose a encontrar a su Mary Poppins-Señora que les resuel-
va todos sus problemas, los de sus papás, los de sus hermanos
menores y mayores, entre los cuales uno las violó en su oportunidad; que por las noches les enseñe en la cama a cantar
do-re-mi, do-re-mi hasta que se queden dormidas con el pensamiento puesto dulcemente en los platos de mañana sumergi-
dos en una nueva ola de espuma de detergente fab-sol-la-si, y les
acaricie con ternura el cabello y se aleje sin hacer ruido, de puntillas, y apague la luz en el último momento antes de abandonar la recámara de contornos vagamente irreales.

Polillas inmarchitables, moscas inmortales
y el gusano que no muere nunca.
Y en ese cielo de todo su deseo,
no habrá más tierra, dicen los peces.

RUPERT BROOKE, "Cielo"

SOLEMNIDAD Y EXCENTRICIDAD

A la memoria del Dr. Atl, excéntrico

No HACE mucho tiempo un grupo de escritores y artistas emprendió en México una batalla contra la solemnidad, batalla que, por supuesto, como muchas batallas perdidas de ahora y de siempre, se ganó en el acto. Los que no eran solemnes (entre los cuales me coloqué aceleradamente) se reían más que nunca en todas partes señalando con el dedo cosas y personas. Los que se creían solemnes declaraban con sonrisa forzada que no lo eran, o por lo menos que sólo lo eran cuando no había que serlo. Como la ambigüedad y la hipocresía ambientes no tienen límites, pronto los primeros encontraron el modo de hacer creer a sus contrincantes que eran de su bando, en tanto que éstos hacían creer a aquéllos que les habían creído, que en efecto todo era una broma, y que pertenecían al de ellos. Poco después ya nadie supo a quién representaba ni le importó. Una vez más las palabras o las definiciones ocuparon el lugar de los hechos, se olvidó la esencia de las cosas, y el estado de éstas continuó siendo el mismo. Se olvidó también que cada uno puede defender sus ideas jocosamente o con solemnidad; pero que lo importante son las ideas que se defienden (en caso de que se tenga alguna) y tal vez un poco menos el modo de hacerlo. Se afirma que Cristo nunca se rió, ni mucho menos dijo jamás un chiste. Era un gran solemne. Pero sus ideas son indestructibles o muy difíciles de destruir riéndose simplemente de ellas, quizá por el hecho de que nadie las sigue. Parece que la parte más débil de la lucha contra lo que se llamaba solemnidad fue no contar con algo mejor que ésta, como podremos ver.

Si haberla ganado demasiado pronto fue una razón para perder esta guerra, otra fue imaginar alegremente que el enemigo podía ser derrotado mediante el humorismo, que no es necesariamente lo contrario de la solemnidad. El verdadero humorista pretende hacer pensar, y a veces hasta hacer reír. Pero no se hace ilusiones y sabe que está perdido. Si cree que su causa va a triunfar deja en el acto de ser humorista. Sólo cuando pierde triunfa. La razón es por lo general de quien cree no tenerla. Pero éstas son paradojas fáciles.

Bien. Ya se sabe que si uno repite rápidamente y muchas veces una palabra ésta termina por perder su sentido. Quizá sea esto lo que pasó con el tal concepto de solemnidad. Ahora veo que lo que en realidad se estaba combatiendo era la "falsa" solemnidad que, como todo lo falso, es casi sin duda imperecedera y representa la conformidad con lo establecido, el temor al ridículo, el rechazo de lo que no se conoce, el acatamiento respetuoso de las costumbres, el afán de seguridad, la falta de imaginación.

¿Qué es, pues, planteado de este modo, ser un "falso" solemne? Hay actos solemnes. Comportarse solemnemente sin estar presidiendo un acto solemne no es ser solemne. Es ser tonto. Si te preguntan la hora y contestas con solemnidad que las tres y cuarto (y son las tres y cuarto) no eres solemne. Eres tonto. Pero no es necesario exagerar. Si caminas con solemnidad sin encabezar una procesión del Santo Entierro probablemente eres solemne; pero bien pudiera ser que al mismo tiempo fueras pensando en un buen argumento contra la falsa solemnidad. No hay que fiarse de las apariencias. Como dijo Batres Montúfar:

> Si sumerjo en un líquido una caña
> y la miro quebrada desde afuera,
> entonces digo que la vista engaña
> porque sé que la caña estaba entera.

Y para entrar de una vez en el otro extremo del título, yo creo que una actitud válida contra la falsa solemnidad y la tontería no es el simple humorismo sino que podría ser la excentricidad en todos sus grados, la excentricidad que suele ser solemne y sublime. Anoten, por ejemplo: en el prólogo a los *Primeros libros proféticos* de William Blake (UNAM, 1961) Agustí Bartra registra que el primer biógrafo del poeta cuenta lo siguiente:

Butt, al visitar un día a los Blake, encontró a los esposos sentados en un pequeño pabellón que se levantaba a un extremo de su jardín y completamente despojados de esos molestos disfraces que han estado de moda desde la Caída. "¡Entre usted! —le gritó Blake—; sólo tiene ante sus ojos a Adán y Eva." Marido y mujer se disponían a recitar desnudos algunos pasajes del *Paraíso perdido* de Milton.

Habría que señalar que entre nosotros la mera lectura del *Paraíso perdido* sería ya bastante excentricidad.

Puestos en plan de recordar excéntricos, vean algunos casos de extravagantes ingleses que aparecieron en una revista *Du* de hace varios años. Tal vez se decidan ustedes a seguir su ejemplo y den así su propia batalla contra la "falsa" solemnidad:

Edward Lear, fundador del *nonsense*, se llamaba a sí mismo Lord Procurador de Galimatías y Absurdos, Grande y Magnífico Asno Peripatético y Luminaria Productora de Tonterías. Nació en 1812, el menor de 21 hermanos. La base de sus disparatadas composiciones consistía en jugar con las palabras y la ortografía inglesas. Lo fascinaban las más fantásticas extravagancias del ingenio verbal, especialmente las combinaciones de sonido y sentido. Sin embargo, aparte de su valor como diversión, todo este absurdo literario representaba para Lear algo más profundo: constituía una válvula de escape para sus conflictos internos, provenientes de sus sufrimientos y tristezas. Por otra parte, tal vez pensaba haber creado la clase de literatura digna de la gran mayoría de los humanos que, con muy pocas excepciones (entre las cuales por supuesto se contaba él) eran todos idiotas.

Francis Henry Egerton, octavo conde de Bridgewater (1756-1829), tampoco sentía ningún amor por el prójimo; pero sí por los libros y los perros. Si alguna vez pedía prestado un libro, lo devolvía en un carruaje especial escoltado por cuatro lacayos vestidos con suntuosas libreas. Asimismo, su carruaje podía verse ocupado exclusivamente por perros calzados tan ricamente como el mismo Egerton, quien cada día usaba un nuevo par de zapatos. Su mesa estaba siempre puesta para una docena de sus perros favoritos. Los zapatos, colocados en esmeradas hileras, le servían para llevar la cuenta de su edad.

Squire Mytton (1796-1894), quien desde su juventud hasta su muerte fue la encarnación de la extravagancia y el disparate, murió por último de alcoholismo crónico, después de haber intentado llevar a su caballo por el mismo camino. En efecto, este caballo fue su más entrañable compañero de bebida, y compartió con él vaso tras vaso de oporto. En cierta ocasión Mytton prendió fuego a su camisón de dormir para curarse un ataque de hipo. Pronto se recuperó de las quemaduras, para morir luego de *delirium tremens*. (Seguir este ejemplo se recomienda especialmente a los "falsos" solemnes.)

Charles Waterton fue el más grande y el más genial excéntrico de todos. Era un naturalista y taxidermista de primer orden y dueño de un gran talento para subir a los árboles. En el verano pasaba la mayor parte del tiempo en las copas de los más altos de su jardín, en los que durante horas estudiaba las costumbres de los pájaros. Le encantaba rascarse la nuca con los dedos del pie derecho. Entre sus hábitos estaba el de caminar en cuatro patas debajo de la mesa cuando tenía invitados, en tanto ladraba y gruñía como un perro. Cuando decidió dedicarse al estudio de los orangutanes, se encerró a sí mismo en la jaula de un enorme representante de esta especie, a fin de cultivar una relación más estrecha. Fue un amor a primera vista. Los dos se abrazaron y besaron en un rapto de incomparable alegría. Este sabio dormía siempre en el suelo, con un pedazo de tronco por almohada. Se levantaba a las tres y media de la madrugada, permanecía una hora en la capilla de su casa y luego comenzaba su trabajo científico del día.

Johann Heinrich Füssli (1741-1825) es ejemplo del excéntrico que se deleita con todo aquello que pueda acarrearle la reputación entre el público (siempre dispuesto a creer cualquier cosa) de ser singularmente peligroso y malvado. Este hombre pequeño, de cara leonina, llevaba una vida sobria y era dueño de una energía poco común para el trabajo; pero sorprendía a sus visitas presentándose de pronto como un horrible espectro, con el canasto de costura de su esposa en la cabeza.

Volviendo a lo nuestro, quizá sólo existan, pues, dos cosas que puedan poner en ridículo a la "falsa" solemnidad (no vencerla, porque la falsa solemnidad es una tontería y ésta es invencible): la verdadera solemnidad y la excentricidad.

La Rochefoucauld definió la solemnidad como "un recurso del cuerpo para ocultar las fallas de la inteligencia". Eso está bien. Pero no sé si a base de ser una frase solemne, como casi todo lo que este gran solemne decía.

Lo importante es no ser un falso solemne uno mismo, y dejar

que los falsos solemnes se entierren entre sí, y que los que sean auténticos solemnes ("solemne —dice la Real Academia, falsa solemne a fondo— en su cuarta acepción significa formal, grave, firme, válido") lo sean con valentía y verdad. Tal vez en más de alguno de ellos se esconda, sin que hasta ahora lo sepa, un excéntrico en potencia, capaz de mandarse momificar como Jeremy Bentham, cuya momia de cuerpo entero puede verse hoy en una vitrina en la Universidad de Londres; o, como añade la revista citada, el mártir Tomás Moro, quien siempre se consideró un bromista; o como Robert Burton, autor de la *Anatomía de la melancolía;* o como Laurence Sterne, autor del descabellado *Tristram Shandy* (que los falsos solemnes no se han atrevido jamás a traducir al español); o, para terminar, como John Stuart Mill, de quien son estas palabras, hoy más vigentes que nunca:

En estos tiempos, el mero ejemplo de la inconformidad, la mera negativa a doblar la rodilla ante la costumbre, son en sí mismos un servicio. Precisamente a causa de que la tiranía de la opinión pública es tal que para ella la excentricidad es un oprobio, es deseable, para acabar con esa tiranía, que la gente sea excéntrica. La excentricidad ha abundado siempre donde y cuando ha abundado la fuerza de carácter; y la cantidad de excentricidad existente en una sociedad ha sido por lo común proporcional a la cantidad de genio, fuerza mental y valor moral que esa sociedad contiene. Que tan pocos se atrevan hoy a ser excéntricos constituye el mayor peligro de nuestra época.

Aplastar dos adoquines con la misma mosca.

BENJAMIN PÉRET / PAUL ÉLUARD, *Proverbios*

GANAR LA CALLE

UN ADMIRADOR de la poesía, residente en San Blas, me escribe, con el ánimo de que yo lo transmita a ustedes, que en las raras ocasiones en que viene a la capital suele notar que determinada calle, de muchas o pocas cuadras pero por alguna razón familiar para él, ha cambiado repentinamente de nombre, lo que a veces le acarrea más de una molestia; pero que viéndolo con calma esto no le parece tan mal puesto que se trata de una costumbre, le informan, aceptada ya por el sentir popular, que es lo que importa. De modo que en lugar de quejarse lo que más bien querría sería aportar una idea que al mismo tiempo que se atreve a considerar inédita tiene la ventaja adicional de que, como se dice, convertiría la necesidad en virtud y redundaría en beneficio de nuestra cultura general, haría crecer la responsabilidad cívica y estimularía en forma notable la actividad creadora (y aun la destructora, puesto que la vida, admite con resignación, es el resultado de las fuerzas del Bien y del Mal en perpetua pugna) de la ciudadanía; y que su proposición consiste simplemente y para abreviar en que cuando un poeta publique su primer libro de versos si el libro es bueno *ipso facto* se ponga su nombre quiéralo él o no a una de nuestras más hermosas y largas avenidas (siempre que no se trate de viaductos ni periféricos, que como se verá después no sólo dificultan la aplicación de su propósito sino que por lo común están muy lejos de tener que ver con nada que pueda ni remotamente traer a la memoria la más pequeña idea de poesía), con la condición de que si cada nuevo libro que publique más tarde resulta inferior al primero y, en su caso, a los posteriores, su nombre se quite a tantas cuadras como la comisión que se crearía al efecto considerara conveniente; y si reincide, otras tantas; y así una y otra vez hasta que, de no cuidarse, al fin de su vida (entendido que por ley estaría obligado a seguir publicando dentro de determinados periodos)[*] el poeta termine por ver extinguir-

***

[*] En contra de la idea acariciada por algunos de que a todo poeta debe pro-

se su transitoria gloria de este mundo; y que si por otra parte,
y en vista de que así como la negligencia acompañada de la
ineptitud se hace acreedora al castigo la superación no es menos digna de premio, aparece al mismo tiempo (lo que no es
raro) un libro malo de otro poeta primerizo, el nombre de éste
se dé a la primera cuadra del extremo contrario de la misma
avenida; y que si estimulada por este acto generoso la producción del segundo mejora en los años siguientes su nombre se
adjudique a tantas cuadras como cuadras vayan siendo retira-
das por el otro lado al del poeta del comienzo brillante, de manera que tanto el castigo como el premio sean lo más justos
posible para ambos. Luego, en un arrebato de entusiasmo y
como para robustecer sus argumentos, añade que bastaría con
imaginar aunque fuera a la ligera las ventajas de este método
para comprender el decidido impulso que, aplicado a otras ramas del arte y de la ciencia, imprimiría no sólo al progreso del
país sino al del mundo entero, región en la que no tardaría en
ser imitado sobre todo si apartándose de las banalidades de la
poesía el sistema se ensayara si no con los más serios y trascen-
dentales sí con los más urgentes problemas de la paz o la guerra; y que era de meditarse lo que sucedería si a una gran avenida londinense se le pusiera por un lado el nombre de Mahatma
Gandhi en sus comienzos y por el otro el de Lawrence de Ara-
bia en los suyos, o a una de París el de Albert Schweitzer en un
extremo y el de Dwight D. Eisenhower en el opuesto y se sus-
trajeran y añadieran cuadras cada vez que cualquiera de ellos
ganara o perdiera una batalla; pero después de reflexionarlo y
pensarlo y de volverlo a reflexionar y pensar era más bien pesimista en este campo, razón por la cual preferiría que no hicié-
ramos caso de su divagación y que volviéramos, antes de des-
pedirse, al terreno mucho más firme y concreto de la creación
poética.

hibírsele publicar un segundo libro de versos mientras no logre demostrar en
forma fehaciente que el primero es lo suficientemente malo.

Si el espacio y el tiempo, como dicen los sabios
son cosas que no pueden ser,
la mosca que ha vivido un solo día
ha vivido tanto como nosotros.

T. S. ELIOT, "Canción"

HUMORISMO

El HUMORISMO es el realismo llevado a sus últimas consecuencias. Excepto mucha literatura humorística, todo lo que hace el hombre es risible o humorístico. En las guerras deja de serlo porque durante éstas el hombre deja de serlo. Dijo Eduardo Torres: "El hombre no se conforma con ser el animal más estúpido de la Creación; encima se permite el lujo de ser el único ridículo".

Nuestras moscas saben canciones
que en Noruega les enseñaron
las moscas gánicas que son
las blancas diosas de la nieve

GUILLAUME APOLLINAIRE, *El bestiario*

EL PARAÍSO

EN LOS últimos tiempos llegaba a su oficina un poco tarde, más bien bastante tarde, pero dentro de los límites según él tolerados por el sistema, que lo había puesto allí precisamente para que no trabajara, para que no estorbara, para que se presentara tarde; porque, como él reflexionaba, lo importante era no faltar, llegar, estar. Entonces el mozo le ofrecía una taza de café, que él aceptaba agradecido, ya que era bueno sentir que uno hacía algo, que uno tenía algo que esperar durante los próximos tres minutos, aunque sólo fuera un café mal hecho y oloroso a rata vieja, viejísima. Cuando las secretarias le informaban que nadie lo había buscado ("nadie" era lo contrario de nadie; "nadie" quería decir por supuesto algún jefe, alguien superior en la jerarquía de la oficina) se sentía tranquilo y seguro. La mañana podía pues transcurrir sin mayores angustias y ahora todo era cuestión de aguardar con paciencia el mediodía y posteriormente la una y las dos y media. Mas esto siempre era una ilusión. Las horas son duras de roer y es mejor, como hace la boa con sus víctimas, salivar sosegadamente cada una, largamente, para poder tragarla minuto a minuto, a pesar de que en las oficinas, observabas agudo en cierta ocasión, después de cada hora viene otra, y luego otra y otra, y todavía te quedan treinta minutos a manera de postre, que por fin despachas en la forma que sea y a la carrera. Naturalmente que de cualquier modo cuentas con el recurso del periódico; pero uno no se va a pasar la mañana entera leyendo el periódico. Sin embargo, conoces tus reservas y estás seguro de que alguno, el gran Alguno, estará allí sin falta para conversar contigo. Alguno escucha siempre con interés, o por lo menos lo finge, que no es poco, tus problemas, y te dice que sí cuando necesitas que te digan que sí, y que no, que eso no está bien, cuando hace falta que alguien desapruebe la conducta de tu mujer hacia el dinero, o hacia tus hijos, o hacia los papeles y libros que a cada paso dejas por ahí y por allá —con ese famoso desorden tuyo tan característico que te permite en cualquier momento saber en dónde está cada cosa con tal

que no te arreglen el maldito escritorio; o quizá de cine, no; de
deportes, menos; de literatura tal vez, pero no muy a fondo,
pues si bien estás enterado de la mayoría de las novelas que se
han escrito últimamente, sobre todo en Hispanoamérica, que
es la moda, en realidad no las has leído, aunque sabes que es,
bueno, aunque crees que es tu deber en tu calidad de escritor;
pero en fin, puedes hablar de ellas como si lo hubieras hecho,
ya que te basta tu instinto o una ojeada para darte cuenta de por
dónde van Cortázar, Vargas Llosa, García Márquez o Lezama
Lima, sin necesidad de tomarte el trabajo, máxime ahora que no
pasa un día sin que aparezca algo nuevo y ya no queda tiempo
para leerlo todo, menos esos largos novelones a veces enreda-
dos deliberadamente por los autores sólo para demostrar que
conocen la técnica. ¿Te fijas? ¿Tú ya leíste *Paradiso?* Yo no he
podido. No has terminado una cuando aparece la otra. ¿Tú ya
la leíste? No, dices chistoso, yo todavía voy por el *Quijote,* a
sabiendas de que jamás has leído ni leerás nunca el *Quijote,*
que te revienta, como por fortuna decía de Dante el gran Lope
de Vega en su lecho de muerte. Pero sin bromas, no, lo que pasa es que no has tenido tiempo. Entonces piensas resuelto que
dentro de media hora, al salir, te vas a ir a poner rápidamente
al día en novela hispanoamericana, y ves un mundo perfecto,
una especie de Jardín de las Delicias, en el cual llegas a tu casa
y todo está listo y tu mujer con su lindo delantal rosado y su
sonrisa, esa sonrisa que nunca desaparece de su rostro toda vez
que ella no tiene problemas, te sirve de comer sin tardanza y
tus hijos están bien sentados alrededor de la mesa, tranquilos
y con dieces en conducta, y en un santiamén terminas tu postre y te vas a tu cuarto y agarras *Paradiso* y, como esos nadado-
res con grandes aletas tipo batracio en los pies y tubos de oxígeno en los hombros que a quién sabe cuántos metros bajo el
agua contemplan en cámara lenta y en colores lo que antes nadie ha visto jamás, te sumerges en una lectura profunda, maravillosa, interrumpido tan sólo por tus propios impulsos, como
son, por ejemplo, ir a orinar, o rascarte la espalda, o bajar por
un vaso de agua, o poner un disco, o cortarte las uñas, o encender un cigarro, o buscar una camisa para el coctel de esta tarde,
o llamar por teléfono, o pedir un café, o asomarte a la ventana, o
peinarte, o mirarte los zapatos, en fin, todo ese tipo de cosas
que hacen agradable una buena lectura, la vida.

Era como una mosca pegajosa y siempre lo sería, y por eso nadie podía andar bien con ella metiendo siempre la nariz donde no la llamaban.

JAMES JOYCE, *Ulises*

A LO MEJOR SÍ

PERO lo poco que pudiera haber tenido de escritor lo he venido perdiendo a medida que mi situación económica se ha vuelto demasiado buena y que mis relaciones sociales aumentan en tal forma que no puedo escribir nada sin ofender a alguno de mis conocidos, o adular sin quererlo a mis protectores y mecenas, que son los más.

¡Qué enormes le parecerán
las cosas pequeñas a la menuda mosca!
Un botón de rosa como un colchón de plumas,
su espina como una lanza;

una gota de rocío como un espejo;
un cabello como un alambre dorado;
la más breve semilla de mostaza
tan feroz como carbones encendidos;

una pieza de pan, un encumbrado cerro;
una avispa, un cruel leopardo;
y verá brillar las pizcas de sal
como el pastor los corderos.

WALTER DE LA MARE, "La mosca"
(Trad. Bárbara Jacobs)

LA VIDA EN COMÚN

ALGUIEN que a toda hora se queja con amargura de tener que soportar su cruz (esposo, esposa, padre, madre, abuelo, abuela, tío, tía, hermano, hermana, hijo, hija, padrastro, madrastra, hijastro, hijastra, suegro, suegra, yerno, nuera) es a la vez la cruz del otro, que amargamente se queja de tener que sobrellevar a toda hora la cruz (nuera, yerno, suegra, suegro, hijastra, hijastro, madrastra, padrastro, hija, hijo, hermana, hermano, tía, tío, abuela, abuelo, madre, padre, esposa, esposo) que le ha tocado cargar en esta vida, y así, de cada quien según su capacidad y a cada quien según sus necesidades.

Y, como lo observan los naturalistas, una mosca tiene moscas más pequeñas que la devoran, y éstas tienen otras más pequeñas todavía que las muerden, y así *ad infinitum*.

JONATHAN SWIFT

ESTATURA Y POESÍA

Los enanos tienen una especie de sexto sentido
que les permite reconocerse a primera vista.

EDUARDO TORRES

SIN empinarme, mido fácilmente un metro sesenta. Desde pequeño fui pequeño. Ni mi padre ni mi madre fueron altos. Cuando a los quince años me di cuenta de que iba para bajito me puse a hacer cuantos ejercicios me recomendaron, los que no me convirtieron ni en más alto ni en más fuerte, pero me abrieron el apetito. Esto sí fue problema, porque en ese tiempo estábamos muy pobres. Aunque no recuerdo haber pasado nunca hambre, lo más seguro es que durante mi adolescencia pasé buenas temporadas de desnutrición. Algunas fotografías (que no siempre tienen que ser borrosas) lo demuestran. Digo todo esto porque quizá si en aquel tiempo hubiera comido no más sino mejor, mi estatura sería más presentable. Cuando cumplí veintiún años, ni un día menos, me di por vencido, dejé los ejercicios y fui a votar.

De todos es sabido que los centroamericanos, salvo molestas excepciones, no han sido generalmente favorecidos por una estatura extremadamente alta. Dígase lo que se diga, no se trata de un problema racial. En América hay indios que aventajan en ese sentido a muchos europeos. La verdad es que la miseria y la consiguiente desnutrición, unidas a otros factores menos espectaculares, son la causa de que mis paisanos y yo estemos todo el tiempo invocando los nombres de Napoleón, Madero, Lenin y Chaplin cuando por cualquier razón necesitamos demostrar que se puede ser bajito sin dejar por eso de ser valiente.

Con regularidad suelo ser víctima de chanzas sobre mi exigua estatura, cosa que casi me divierte y conforta, porque me da la sensación de que sin ningún esfuerzo estoy contribuyendo, por deficiencia, a la pasajera felicidad de mis desolados amigos. Yo mismo, cuando se me ocurre, compongo chistes a mi costa que después llegan a mis oídos como productos de creación ajena. Qué le vamos a hacer. Esto se ha vuelto ya una práctica tan común, que incluso personas de menor estatura que la mía logran sentirse un poco más altas cuando dicen bromas a mi costa. Entre lo mejorcito está llamarme representante de los Países Bajos y, en fin, cosas por el estilo. ¡Cómo veo brillar los ojos de los que creen estarme diciendo eso por primera vez! Después se irán a sus casas y enfrentarán los problemas económicos, artísticos o conyugales que los agobian, sintiéndose como con más ánimo para resolverlos.

Bien. La desnutrición, que lleva a la escasez de estatura, conduce a través de ésta, nadie sabe por qué, a la afición de escribir versos. Cuando en la calle o en una reunión encuentro a alguien menor de un metro sesenta, recuerdo a Torres, a Pope o a Alfonso Reyes, y presiento o casi estoy seguro de que me he topado con un poeta. Así como en los francamente enanos está el ser rencorosos, está en los de estatura mediana el ser dulces y dados a la melancolía y la contemplación, y parece que la musa se encuentra más a sus anchas, valga la paradoja, en cuerpos breves y aun contrahechos, como en los casos del mencionado Pope y de Leopardi. Lo que Bolívar tenía de poeta, de ahí le venía. Quizá sea cierto que el tamaño de la nariz de Cleopatra está influyendo todavía en la historia de la Humanidad; pero tal vez no lo sea menos que si Rubén Darío llega a medir un metro noventa la poesía en castellano estaría aún en Núñez de Arce. Con la excepción de Julio Cortázar, ¿cómo se entiende un poeta de dos metros? Vean a Byron cojo y a Quevedo patizambo; no, la poesía no da saltos.

Llego a donde quería llegar.

El otro día me encontré las bases de unos juegos florales centroamericanos que desde 1916 se celebran en la ciudad de Quezaltenango, Guatemala. Aparte de la consabida relación de requisitos y premios propios de tales certámenes, las bases de éste traen, creo que por primera vez en el mundo, y espero que por última, una condición que me movió a redactar estas líneas, inseguro todavía de la forma en que debe interpretarse.

El inciso e) del apartado "De los trabajos", dice:

e) Debe enviarse con cada trabajo, pero en sobre aparte, perfectamente cerrado, rotulado con el seudónimo y título del trabajo que ampara, una hoja con el nombre del autor, firma, dirección, breves datos biográficos y una fotografía. Asimismo se suplica a los participantes *en verso* enviar, completando los datos, *su altura en centímetros* para coordinar en mejor forma el ritual de la reina de los Juegos Florales y su corte de honor.

Su altura en centímetros.

Una vez más pienso en Pope y en Leopardi, afines únicamente en esto de oír (con rencor o con tristeza) pasar riendo a las parejas normales, en las madrugadas, después de la noche del día de fiesta, frente a sus cuartos compartidos duramente con el insomnio.

El temor a las moscas es el reverso del amor a los pájaros.

OTTO WEININGER, *Diario íntimo*

NAVIDAD. AÑO NUEVO. LO QUE SEA

Las tarjetas y regalos que año tras año envías y recibes o enviamos y recibimos con ese sentido más o menos tonto que te o nos domina, pero que paulatinamente con base en una interrelación de recuerdos y olvidos vas o vamos dejando de enviar o recibir, como, comparando, esos trenes que se cruzan a lo largo de la vía sin esperanza de verse nunca más; o mejor, ahora autocriticando, pues la comparación con los trenes no resulta buena ni mucho menos, toda vez que se necesita ser un tren muy estúpido para no esperar volverse a ver con los que se encuentra; entonces más bien como esos automovilistas de clase media que, por el simple hecho de serlo, cuando se desplazan en su automóvil se sienten como liberados de algo que si uno les pregunta no saben qué cosa sea, y que una vez, una sola vez en la vida, coinciden contigo frente a un semáforo en rojo, y con los cuales durante un instante cambias tontas miradas de inteligencia al mismo tiempo que disimulada pero significativamente te arreglas el cabello, o te acomodas el nudo de la corbata, o revisas tus aretes, o te quitas o te pones los anteojos, según creas que te ves mejor, bajo la melancólica sospecha o la optimista certidumbre de que nunca más los vas a volver a ver, pero no obstante viviendo ese brevísimo momento como si de él dependiera algo importante o no importante, o sea esos encuentros fortuitos, esas conjunciones, cómo calificarlas, en que nada sucede, en que nada requiere explicación ni se comprende o debe comprenderse, en que nada necesita ser aceptado o rechazado, ¡oh!

El tulipán y la mariposa
aparecen con abrigos más alegres que el mío:
vístame yo lo mejor que quiera,
las moscas, los gusanos y las flores me seguirán
excediendo.

ISAAC WATTS, *Cantos divinos para niños*

A ESCOGER

Los dos más grandes humoristas que conoces son Kafka y Borges. "La lotería en Babilonia" y *El proceso* son regocijos de principio a fin. Recuerda que Max Brod cuenta que cuando Kafka le leía pasajes de esta novela Kafka casi se tiraba al suelo de risa con lo que le acontecía al señor K. Sin embargo, el efecto que el libro te produce es trágico. Tampoco es inoportuno recordar lo que ha pasado con el *Quijote:* sus primeros lectores se reían; los románticos comenzaron a llorar leyéndolo, excepto los eruditos, como don Diego Clemencín, que gozaba mucho cuando por casualidad encontraba una frase correcta en Cervantes; y los modernos ni se ríen ni lloran con él, porque prefieren ir a reír o a llorar en el cine, y tal vez hagan bien.

Todas estas palabras ociosas, las tontas no menos que las egocéntricas y las faltas de caridad,
son impedimentos en el camino del conocimiento
unitivo de la Base divina, una danza de polvo y
moscas que oscurece la Luz interna y externa.

ALDOUS HUXLEY, *La filosofía perenne*

PELIGRO SIEMPRE INMINENTE

POR divertirse, escribe en broma tres cuartillas de falsa exégesis de una octava de Góngora. Acumula, atribuidos a un crítico de provincia, disparate tras disparate. Pasa todo en limpio. Está seguro de que cuantos lo vean no podrán contener la risa. De cuatro escritores amigos suyos a quienes muestra su trabajo, uno comprende la broma de principio a fin. Dos, aleccionados por su advertencia, pescan la cosa en un treinta por ciento, y medio sonríen, cautelosos. El último toma todo enteramente en serio, hace dos o tres observaciones por salir del paso, y él se llena de vergüenza.

Escribe en serio una nota en la que aclara de una vez por todas el sentido de la llamada "estrofa reacia" de Góngora (erizo es el zurrón de la castaña). La somete a sus cuatro amigos. El primero niega la validez de la tesis; los otros tres se ríen divertidísimos, y él se llena de vergüenza.

Yo siempre había odiado las moscas; el cosquilleo
que hacen al posarse sobre la frente o sobre la cal-
va —transcurridos los años da lo mismo; el ruido
como de pequeños aviones que hacen al zumbar
por las orejas. Pero lo verdaderamente horrible
es ver cómo se posan en nuestros ojos abiertos
que ya no podemos cerrar, cómo se meten en el
hueco de nuestras narices, cómo entran en grupo
en nuestra boca abierta que quisiéramos mantener cerrada, sobre todo cuando hemos quedado
tendidos cara al sol, con un rifle bajo el hombro,
antes sobre el hombro, pues no tuvimos tiempo de
usarlo.

JOSÉ MARÍA MÉNDEZ

EL POETA AL AIRE LIBRE

EL DOMINGO fui al parque. Bajo el sol y rodeado de árboles estaba el poeta, sobre una tarima de color indefinido y frente a unas cincuenta personas que lo escuchaban atentas o despreocupadas o corteses.

El poeta leía en voz alta unos papeles que sostenía con la mano izquierda, mientras con la derecha acentuaba las palabras ahí donde le parecía mejor. Cuando terminaba un poema se oía el aplauso del público, tan tenue y tan desganado que casi podía tomarse como una desaprobación. El sol daba con entusiasmo en las cabezas de todos, pero todos habían encontrado la manera de defenderse de él poniéndose encima los programas. Una niñita de tres años y medio señaló riéndose este hecho a su padre, quien también se rió, al mismo tiempo que admiraba para sus adentros la inteligencia de su hija.

El poeta, vestido un poco fuera de moda, continuaba leyendo. Ahora se ayudaba con el cuerpo y estiraba los brazos hacia adelante, como si de su boca lanzara al público en lugar de palabras, alguna otra cosa, tal vez flores, o algo, aunque el público, atento a guardar el equilibrio para no dejar caer los programas de las cabezas, no correspondiera en forma debida al ademán.

Detrás del poeta, sentadas ante una larga mesa cubierta con una tela roja, se encontraban las autoridades, serias, como corresponde. Cerca, en la calzada, se oía el ruido de los autos que pasaban haciendo sonar sus bocinas; más cerca, uno no sabía muy bien por qué lado, pero entre los árboles, una banda tocaba la obertura de Guillermo Tell. Esto y aquello echaba a perder un tanto los efectos que el poeta buscaba; pero con cierta voluntad podía entenderse que decía algo de una primavera que albergaba en el corazón y de una flor que una mujer llevaba en la mano iluminándolo todo y de la convicción de que el mundo en general estaba bien y de que sólo se necesitaba alguna cosa para que el mundo fuera perfecto y comprensible y armonioso y bello.

Yo crío una mosca / de alas de oro, / yo crío una mosca / de ojos encendidos. // Trae la muerte / en sus ojos de fuego, / trae la muerte / en sus cabellos de oro, / en sus alas hermosas. // En una botella verde / yo la crío; / nadie sabe / si bebe, / nadie sabe / si come. // Vaga en las noches / como una estrella, / hiere mortalmente / con su resplandor rojo, / con sus ojos de fuego. // En sus ojos de fuego / lleva el amor, / fulgura en la noche / su sangre, / el amor que trae en el corazón. // Nocturno insecto, / mosca portadora de la muerte, / en una botella verde / yo la crío, / amándola tanto. // Pero, ¡eso sí! / ¡Eso sí! / Nadie sabe / si le doy de beber, / si le doy de comer.

Poesía quechua anónima

ROSA TIERNO

TIENE la ventaja de que puede aplicarse al funcionario más cercano, a ti, al mismo gerente de ventas. "Una cultura lacustre, es decir, una cultura llena de lagunas." Otra vez, como desde hace años, saco la libreta y anoto una frase supuestamente ingeniosa con la esperanza de utilizarla algún día pero con la certeza de que ese día no llegará jamás, si bien ustedes deben tranquilizarse: ésta no será la porfiada historia del escritor que no escribe.

De nuevo en el café, café de estudiantes y familias. Han llegado las consabidas señoras vestidas con esas blusas verdes, amarillas, azules, en compañía de sus niños, que ahora tragan helados ávidamente. Aquella linda señora pide también helados rosados para sus hijitos Alfonsito, Marito y Luisito, quienes cuando llegan se los untan metódicamente en la lengua, en los labios y un poco en el pelo y en las mejillas, aunque mamá se moleste y tenga que decirle al mayorcito que debe aprender a comer porque cómo todo un doctor como va a ser Alfonsito no va a saber comer y quién va a dar el ejemplo a sus hermanitos si no él.

Afuera llueve un poco. Menos. Adentro, el panorama de las mesas desocupadas me tranquiliza y me hace pensar que durante un tiempo no tendré que sentirme molesto como cuando están llenas y los mozos me miran o me parece que me miran furiosos como invitándome a pagar e irme. Otra hermosa madre, alta, se ha levantado y camina ahora decidida hasta la caja moviendo poderosamente las caderas y haciéndome imaginar su vida y su lindo cerebro vacío pero por supuesto feliz. Me resisto a la tentación de trasladarme *in mente* a su casa y de verla al lado de su marido, a quien tal vez ame o a quien tal vez engañe o a quien tal vez las dos cosas o a quien tal vez ninguna. El mecanismo musical hila interminables arreglos de melodías populares que jamás se interrumpen y que parecen siempre las mismas, en tanto que una vez más el doctor ha llegado y se ha sentado en cualquier mesa, al azar, sin ver a nadie, dis-

127

traído o haciéndose el distraído. Tapándose la boca con la mano izquierda y la ventana izquierda de la nariz con el dedo gordo de la mano izquierda, como meditabundo, dice que sí cuando entre serio y sonriente el mozo de chaqueta blanca se acerca a él e igual que todas las tardes le pregunta que si café. Él ha discutido otra vez con su esposa y le ha dicho comprende.

—¿Por qué tengo que comprender? —dice ella—. O no puedes o no quieres, para el caso es lo mismo pero el caso es que él sí desea comprender y lucha por comprender por qué cuando puede no quiere y cuando quiere no puede, como dice sangrientamente el chiste popular referente a los jovencitos y los viejitos, sólo que él ni es ya obviamente jovencito ni todavía obviamente viejito sino que hay algo que sencillamente no comprende, ni por qué a veces lo que parece que va a ser deseo se le convierte en repugnancia o en miedo, ni por qué el psiquiatra sabio y doctoral con su corbata de moño tiene que relacionarlo todo con su madre, como si insinuara que él estuviera enamorado de ella (una viejita, ella sí) o dependiera de ella o ella lo dominara o qué, siendo que ella hace tiempo que no vive con él sino muy lejos casada con un hombre que no es su padre y probablemente ni se acuerde de él sino sólo de vez en cuando cuando por las noches está triste u odiando a su actual marido que no le hace ningún caso y diciéndole lo diferente que pudo haber sido todo si tú fueras de otra manera, mientras enjugándose el sudor él limpia largamente hora tras hora su colección de relojes de oro que no sirven para nada porque en ese lugar no importa que el tiempo pase o sencillamente a él no le importa que pase y apenas le responde en voz baja o con un gruñido que significa que ya lo tiene cansado siempre con lo mismo y lo mismo; de manera que todo lo contrario, ella se encuentra tremendamente lejos, a lo mejor muriendo en este momento, o muerta en este momento y tal vez en este momento venga en camino el telegrama o en casa la criada esté contestando nerviosa el teléfono y diciendo que me lo dirá en cuanto llegue porque en este momento no estoy en casa ni la señora. De manera que mi madre es mi madre, no digo que no.

—¿Pero yo qué voy a hacer?

—Tenemos que hablar. Es nuestro verdadero problema y tenemos que hablar.

—Yo soy mujer.

—Tenemos que ver nuestro problema.

—Hablar no resuelve nada

dice ella levantándose, alcanzando un cigarro, encendiéndolo, sentándose de nuevo, aspirando el humo, exhalándolo azul, viendo interminablemente el techo mientras él siente que no tiene nada más que decir que lo que ya ha dicho tantas veces y una vez más decide irse a la calle, la gran acogedora liberadora. Sale. Hace frío, pero igual no necesita abrigo, camina varias cuadras hasta llegar a la avenida, ocho diez cuadras, son las once de la noche y hace frío si bien no necesita abrigo, camina varias cuadras y se siente cansado y toma un autobús que lleva al centro, en donde se baja y camina una vez más por entre advertencias de bocinas y luces de neón y de vidrieras de tiendas de zapatos, camisas, sombreros, ropa interior, zapatos, ropa interior, ropa interior, camisas, medias, ropa interior que en el cuarto del hotel una mujer se quita con indiferencia, mostrando las piernas, el vientre, los dulces senos que lo atraen dulcemente hacia sí y establecen contacto con él mientras él suavemente se reclina y establece contacto con ellos haciendo lo que tiene que hacer, con placer, empeñado en su hermoso helado rosado, mientras allá lejos alguien una vez más piensa con tristeza en él o tal vez ha muerto en ese momento o está muriendo en ese momento; o mientras fuma alguien desea estar con él mientras él llora de placer sin podérselo explicar mientras él llora con placer sin poderse explicar nada ni querer explicarse nada.

y los animales fornican directamente,
y las abejas huelen a sangre, y las moscas
zumban coléricas.

PABLO NERUDA, *Residencia en la tierra*

LA BREVEDAD

Con frecuencia escucho elogiar la brevedad y, provisionalmente, yo mismo me siento feliz cuando oigo repetir que lo bueno, si breve, dos veces bueno.

Sin embargo, en la sátira 1, I, Horacio se pregunta, o hace como que le pregunta a Mecenas, por qué nadie está contento con su condición, y el mercader envidia al soldado y el soldado al mercader. Recuerdan, ¿verdad?

Lo cierto es que el escritor de brevedades nada anhela más en el mundo que escribir interminablemente largos textos, largos textos en que la imaginación no tenga que trabajar, en que hechos, cosas, animales y hombres se crucen, se busquen o se huyan, vivan, convivan, se amen o derramen libremente su sangre sin sujeción al punto y coma, al punto.

A ese punto que en este instante me ha sido impuesto por algo más fuerte que yo, que respeto y que odio.

Niño, espanta las moscas.

CICERÓN, *Oratoria*

FE DE ERRATAS Y ADVERTENCIA FINAL

EN ALGÚN lugar de la página 45 falta una coma, por voluntad consciente o inconsciente del linotipista de turno que dejó de ponerla ese día, a esa hora, en esa máquina; cualquier desequilibrio que este error ocasione al mundo es responsabilidad suya.

Salvo por el Índice, que debido a razones desconocidas viene después, el libro termina en esta página, la 151,* sin que eso impida que también pueda comenzar de nuevo en ella, en un movimiento de regreso tan vano e irracional como el emprendido por el lector para llegar hasta aquí.

---

* En tal página termina la primera edición de *Movimiento perpetuo*.

La palabra mágica

AUGUSTO MONTERROSO:
LA OTRA BATALLA POR LA SECULARIZACIÓN*

CUANDO conocí a Augusto Monterroso me cautivó un rasgo de su carácter que en aquella época advertí sin lograr explicármelo. Hoy lo expresaría como la capacidad para conceder a todas las personas la misma importancia y la de ser idéntico a sí mismo con cada una de ellas. Este rasgo admirable de sabiduría personal se me aclaró plenamente hace unos días al releer sus cuentos reeditados recientemente por Alianza y leer tardíamente *La palabra mágica* en la edición especial de Vicente Rojo. Diré que una de las cosas que más disfruté de esta lectura fue —se dice fácil— el arte de la enumeración que afilia a Monterroso con las letras clásicas de la Antigüedad y de la Edad Moderna. Es el arte de poner unas cosas junto a otras dentro de una serie de apariencia caótica. En la enumeración las liebres saltan a la vista donde menos se les espera —"cual entre flor y flor sierpe escondida"—, el lector se ve obligado a salir de la modorra de la evidencia y, al ser pescado *in fraganti* con el anzuelo de la inercia, tiene que soltar la risa que traía guardada en los hábitos, pues, efectivamente, en los bolsillos de la costumbre anida la carcajada. La enumeración irregular expresa también la atención equitativa a los objetos y sujetos del mundo, la justicia poética que brilla sobre lo pequeño y lo grande, lo malo y lo bueno. Paralela a esta línea de la enumeración pero significativa de la misma bondad, corre con no menor rapidez la línea transitiva que insiste en elevar a su potencia plural los actos en apariencia singulares. Este par de recursos, sustanciales a toda literatura, lo son en particular de la cómica que es, con perdón del preceptor y gracias a la exageración, la más literaria. Guiños aparte, tal vez este pedaleo

---

* Augusto Monterroso, *La palabra mágica*, Era, México, 1983, y *Cuentos*, Alianza Editorial, Madrid, 1986.

137

reflexivo en la bicicleta inmóvil de la crítica sirva para recalcar el talante ligero, naturalmente modesto de esta escritura, la condición etimológicamente humilde y graciosamente terrenal de la obra de Augusto Monterroso. Su gusto por la minucia no es, en este plano, menos aleccionador. Lo digo, entre otras cosas, por su inclinación a la entomología literaria que lo ha llevado a recoger tantas moscas zumbonas escritas por otros autores. Gómez de la Serna greguería —sí, lector, el género fue en principio un verbo— que a los verdaderos filósofos les gusta cazar moscas, pero ¿quién negaría que los cazadores de moscas, al menos en potencia, suelen ser filósofos? A Augusto Monterroso seguro que no lo ofendería la duda. Por algo es ensayista.

El ensayo es, entre nosotros, género excepcional. No aludo, por supuesto, a los tratados ni a las exposiciones más o menos aéreas y contaminadas de especialización que nublan nuestros libros y revistas. Hablo del género misceláneo inventado por Montaigne, perfeccionado por algunos ingleses, prácticos y veraces por liberal tradición política —o al menos eso dice el lugar común—. Tal vez haya razones efectivamente políticas para explicar esta escasez. No me parece que sea la última aquella voz —ayer Garizurieta, hoy popular— de que "vivir fuera del presupuesto es vivir en el error". Es verdad que una buena cantidad de intelectuales hispanoamericanos trabajan para el Estado. Casi siempre lo hacen más de lo que creen y más de los que creen. Intelectualmente hablando, los mantiene vivos la política; literariamente, la carrera burocrática suele esterilizarlos. En el primer caso, que es el que nos interesa, piensan a partir de los presupuestos intelectuales e ideológicos que animan al Estado; por ejemplo, bajo un régimen laico son parricidas y no se dan jamás el lujo de vivir el error de sus propias opiniones, las opiniones que, como personas, tienen o deberían tener. Los escritores hispanoamericanos que se dan el lujo de la experimentación y del juego, entendidos en sentido vital y original y no meramente retórico, viven de preferencia en los márgenes de la atención pública y son en ciertos casos verdaderos *worst-sellers*, aunque, eso sí, *succès d'estime* ampliamente reconocidos por la crítica. Augusto Monterroso es uno de los rarísimos escritores que se bañan en esas aguas de la eterna juventud que son las de experimentación y del ensayo de lo personal. Goza, además, del reconocimiento, si no es que del afecto, del público que reconoce en él precisamente a uno de esos raros autores limpios de dogmas. *La palabra mágica* que publicó hace un par de años lo confirma como uno de los prosistas centrales de la experiencia literaria hispanoamericana. No sé si el libro ha tenido la prensa que sin duda merece. Recuerdo que algunos pistoletazos periodísticos lo saludaron con las previsibles balas de salva que no hirieron a ningún lector. Sin embargo, más que aquellas reseñas que no leí o que leí mal, me convencieron de leerlo sin pérdida de tiempo los reojos que lo descubrieron subrepticiamente en las mesas de algunos escritores a quienes visité no hace mucho. Cuando descubrí que *La palabra mágica* estaba ahí, flamante y oronda, en la mesa del tercero, salí corriendo a buscarlo en los estantes de mi caótica pero pequeña biblioteca. El libro no estaba en esas mesas de balde. Para autores y para lectores, Monterroso es un autor no sólo apreciado. Es querido muy precisamente en el sentido apasionado y voluntarioso que el verbo encierra en español. Veamos en parte por qué. *La palabra mágica* es una amena reunión, en apariencia miscelánea, de ensayos, cuentos y traducciones. Su título no deja de ser paradójico y bromea con el libro en la medida en que Augusto Monterroso es una de las raras voces de la ironía hispanoamericana de esta edad milenaria, tan propensa a los oráculos de pacotilla. Intento decir —para expresarlo con llaneza vagamente sociológica— que la inteligencia de este escritor lo hace principal protagonista de esa otra batalla por la secularización que es la guerra contra la estupidez. La de Monterroso —no faltaba más—, además de santa o al menos digna de beatificación, es una guerra florida donde el enemigo muere de risa, desaparece la tiranía de lo obvio y la corona victoriosa que ciñe el ganador es la invisible de la simpatía. De ahí que sea un encantador en la acepción inofensiva y también peligrosa de la palabra. Encanta serpientes, sube por una cuerda paralizada por el poder de su flauta, guía hacia el abismo a nuestro pueblo de ratones y luego desaparece, como el gato de Cheshire, trepado en el árbol de su propia elocuencia. Ninguno de estos trofeos valdría una nuez si el autor no fuese al mismo tiempo el panadero y el pan, el tigre y el cazador. *La palabra mágica* enuncia en ese tono a veces festivo y a veces melancólico, pero siempre en voz baja, un arte prosística y una autobiografía personal, un autorretrato de cuerpo entero, armado como retablo elocuente en el cual el autor reconstruye de reojo una época o, para entendernos mejor, un clima de comunicación intelectual que, como un sol tenaz en un día nublado, se ha dado en México intermitentemente en las últimas décadas. Monterroso atina en lo que le gusta y en lo que no sin por ello renunciar a nada. No es precisamente un militante pero tampoco es un letrado en pantuflas que no se ensucia las manos con los periódicos. *La palabra mágica* nos cuenta sencillamente a un hombre que viene y que va con naturalidad por las calles de sus propios recuerdos, que se juega en lo público y en lo privado sin desplantes espectaculares ni contorsiones de circo. Esa naturalidad no es, desde luego, la naturalista de las vísceras sobre la plancha de mármol sino aquella, menos exhibicionista, del sentido común, el escepticismo y las medicinas razonables que no se niegan a aceptar la utilidad de la religión. ¿Cómo puede ser entonces mágica *La palabra mágica*? Por llana y moderada. Las letras de Monterroso —ese escritor de temple liberal y para quien la tolerancia es una calidad entrañable— están por todas estas razones en el presente menos visible pero más vivo y en el horizonte por venir de la cultura hispanoamericana que tanto depende de las ilusiones perdidas, de las palabras emancipadas de la fácil magia de la política y del halago cómodo a los instintos del lector. Él no podría alzar hacia la luz sus letras, no podría protegernos con ellas del sol despiadado de la prosa periodística y televisiva que con sus inevitables reducciones hace crecer el desierto entre nosotros, si esas letras no estuvieran amasadas con la tierra y el agua del tiempo y de la experiencia personal. La vida de una literatura puede medirse por la cantidad de espacios ganados al silencio de lo obvio. Cuando se piensa en la decisión personal que supone asumir la palabra ensayista, no se puede dejar de sentir gratitud por quienes nos hacen creer que ese espacio es común y siempre estuvo ahí.

La Gaceta del Fondo de Cultura Económica, Nueva Época, núm. 199, julio de 1987.

Es preciso encontrar la palabra mágica para elevar el canto del mundo.

JOSEPH FREIHERR VON EICHENDORFF (1788-1857)

Habent sua fata libelli.

TERENCIANO MAURO

LOS LIBROS TIENEN SU PROPIA SUERTE

Los libros tienen sus propios hados. Los libros tienen su propio destino. Una vez escrito —y mejor si publicado, pero aun esto no es imprescindible— nadie sabe qué va a ocurrir con tu libro. Puedes alegrarte, puedes quejarte o puedes resignarte. Lo mismo da: el libro correrá su propia suerte y va a prosperar o a ser olvidado, o ambas cosas, cada una a su tiempo.

No importa lo que hagas por él o con él.

Puede quedarse escondido y escrito en cifra en un desván y ser descubierto ciento treinta y dos años más tarde; estar en todas las vitrinas y en manos y en boca de todos y pasar al olvido inmediatamente después de tu muerte, cuando para la gente seas apenas un nombre o un fantasma, o ni tan sólo un fantasma; cuando hayas desaparecido y ya ninguno te tema o espere favores de ti; o ya no seas simpático y tu famoso ingenio no haga reír más a nadie, porque nadie estará ahí para reírse, ni contigo y ni siquiera de ti.

O al contrario, donde los dulces novios pasaban de largo agarrados de la mano sin dignarse echar una mirada a tu querido libro, del que sólo tú sabes el trabajo que te costó, el amor que le pusiste y las dudas que te inspiró sumiéndote en la desesperanza, la sensación de impotencia y el rencor, donde la buena gente distraída te ignoraba, ahora lo toma en sus manos incrédula ante tanta maravilla que antes ni sospechaba, lo paga y se lo lleva a su casa, habla de él con sus amigos, lo presta o no lo presta, según, subraya párrafos, y en la noche, no importa la hora, despierta a su esposa o esposo y le dice oye esto.

(Pero tú andas muy lejos. No puedes verlo ni oírlo porque tal vez ya estés muerto sin que de la gloria del mundo te haya tocado en vida ni esa alegre migaja.)

Ahora tu libro va debajo de los más extraños brazos y se halla en todas las mentes.

Calma; no sufras: mañana lo va a estar también y pasado mañana, y todos los días y los siglos venideros.

Resulta que los aplausos que recibió eran en realidad merecidos, y los premios que le dieron también y, como hoy, las cosas seguirán igual y hasta mejor: los niños de las escuelas irán el día de tu aniversario a la calle que lleva tu nombre, y el ministro dirá su discurso, mil quinientos años lejos, y podrás ver desde el lugar en que estés a aquellos seres extraños diciendo palabras en un idioma que ya no comprendes, y en un momento dado el ministro levantará la vista y el brazo y agitará su papel en la mano como saludándote y como diciéndote no te preocupes por tu mensaje, estamos contigo y te queremos mucho; mientras, los niños mirarán asimismo hacia lo alto y se llevarán la mano a los ojos cubriéndolos no sabrás si del sol o de tu propio resplandor.

LAS MUERTES DE HORACIO QUIROGA

HORACIO QUIROGA nació en El Salto, Uruguay, el último día de 1879, y murió en Buenos Aires el 19 de febrero de 1937, de manera que compartió uno de los periodos más ricos de la literatura hispanoamericana: son contemporáneos suyos, entre otros, Leopoldo Lugones, José Enrique Rodó, Rubén Darío, Julio Herrera y Reissig, Vicente Huidobro, Ramón López Velarde.

Recordaré ahora que empezó a escribir alrededor de los quince años y que prácticamente no dejó de hacerlo durante toda su vida, a pesar de largos trechos en que no publicaba libros; que pronto cayó en la tentación obsesiva de los artistas de su tiempo: viajar a París, y que de su corta estadía allí, aparte de conocer personalmente a Rubén Darío, no sacó mayor cosa de provecho, a no ser, quizá, algo de desencanto: París no era para él; que muy joven capitaneó en Montevideo un alegre grupo literario que se llamó, con humor bohemio y modernista, Consistorio del Gay Saber, rival amistoso (hasta donde eso puede ser entre escritores) de otro no menos entusiasta, la Torre de los Panoramas, comandado por Julio Herrera y Reissig; que comenzó escribiendo con los seudónimos de Guillermo Wynhardt (nombre del protagonista de *El mal del siglo*, de Max Nordau) y Aquino Delagoa, según el *Parnaso Oriental*, que nunca miente; que publicó revistas literarias, incurrió en el periodismo y acometió negocios descabellados que terminaban, sin remedio, en el fracaso o en simples incendios; que como la mayoría de los escritores, con talento o con las palancas adecuadas, de Hispanoamérica, sirvió en el cuerpo consular y diplomático y que, como todos ellos, no hizo ahí nada de utilidad para su país excepto convertirse en él mismo; que, según dicen, quiso a la selva más que a nada en el mundo; que su poesía adolece de los peores defectos del Modernismo y no cuenta con ninguna de las sólidas virtudes de éste; que practicó con amor el ciclismo y con odio la enseñanza de la literatura; y que intentó novelas y aun dramas con muy mediano éxito, puesto que, finalmente, para lo que estaba llamado era para el cuento, género que manejó como muy pocos en nuestro idioma y en cualquier idioma.

Este hombre enjuto, desgarbado y pertinaz, conoció rechiflas y aplausos, riqueza y pobreza, serpientes, ríos pequeños y ríos inmensos, hormigas incontenibles y mieles venenosas, y a muchos hombres, atrapados en la ciudad o en la selva. Pero por sobre todo conoció de cerca la tragedia. Su vida es un largo sueño trágico. Si un día alguien hubiera imaginado un hombre con un destino como el de Quiroga y hubiera escrito un cuento con ese tema, ese cuento sería malo y de una monotonía mortal, en el sentido exacto de la palabra monotonía y de la palabra mortal.

Es difícil dejar de estremecerse cuando se piensa en la amargura que persiguió a Rubén Darío; en los descalabros, en los naufragios, en la muerte voluntaria del pobre José Asunción Silva y en su larga sombra larga; en la debilidad del triste Julián del Casal, en el asesino Chocano y en el asesinado Chocano. Pero si uno se pone a pensar, todo eso es previsible y puede ocurrirle a cualquiera.

Quiroga descarta toda posibilidad de previsión.

La Rochefoucauld se regodeaba al afirmar que en la adversidad de nuestros mejores amigos hay siempre algo que no nos desagrada. Pues bien, nadie, cuando habla de Quiroga, se resiste a enumerar casi con gusto la interminable nota necrológica que fue su vida.

Fíjense: su padre, sin quererlo, se da muerte con una escopeta de caza; su hermano mayor muere en un accidente; su padrastro cae víctima de la parálisis, y un día, desesperado, tras una laboriosa tarea de intensos minutos, logra por fin colocarse en la boca el cañón de una escopeta y disparar la muerte con el dedo pulgar de su pie derecho; su gran amigo literario, Federico Ferrando, previendo que tendría que batirse en duelo, compra una pistola y va a ver a Quiroga para que éste lo instruya en su manejo: Quiroga, buen conocedor, ignora que el arma está cargada, sale un tiro, y este tiro, cuyas probabilidades de ir a cualquier otra parte se cuentan por millones, va a dar muerte a Ferrando y sume a Quiroga en la desesperación. Cierto día Quiroga emprende en la selva una de sus fantásticas empresas económicas, labra la tierra y levanta su casa con sus propias manos; cuando la casa está suficientemente habitable y bella, lleva a vivir con él a su mujer, con el resultado de que, desquiciada por una vida para la que no estaba hecha, su mujer se suicida ingiriendo veneno. Años más tarde, aquel 19 de febrero de 1937, el propio Quiroga, perseguido por los males físicos, se mata en forma semejante. El epílogo lo pone su hija, quien también se suicida algún tiempo después. No, nadie podría escribir un buen cuento con ese tema: demasiados tiros, demasiado cianuro, demasiado azar.

Pero Quiroga sí; esas muertes desatinadas estarán presentes en casi toda su obra, en la que predomina el horror, en la que seres extraños, alcohólicos, locos, o, lo que es peor, enteramente cuerdos, pueden aparecer vivos en cualquier instante detrás de cada página. Excepto en pocos momentos, sus cuentos están unidos por un hilo común: la mayoría participan de la fatalidad o de lo ingrato. Hay en todos, también, un sentido humano profundo, una grandeza, un amor viril a las cosas, a los animales, a los hombres, un amor a la vida cuyas raíces tal vez debamos buscar en aquella confusión de disparos y cianuro, en aquellas muertes con las que Quiroga se saludaba todos los días. Pero habría que tener presente que Horacio Quiroga quiso dar, y los dio, y muy buenos, consejos o reglas sobre la mejor manera de escribir cuentos, no de vivir la vida.

LLORAR ORILLAS DEL RÍO MAPOCHO

EN LAS entrevistas largas llega siempre el momento de responder a la pregunta de si uno vive de lo que escribe, y las respuestas varían entre la tajante en que el interpelado dice con toda claridad que no, hasta aquellas en que se embrolla tratando de declarar la verdad (esto es, también que no) pero dejando entrever que sí, que más o menos, que en cierta forma sus libros son un éxito.

Uno vive de muchas cosas, de lo que busca con intención y de lo que las circunstancias van disponiendo, y es evidente que no hay dos experiencias iguales: mientras Shakespeare escribía sus obras y las actuaba en Londres, Cervantes cobraba impuestos o recolectaba granos para la Armada Invencible (destinada entre otras cosas a acabar, sin proponérselo, con el teatro de Shakespeare). Shakespeare era próspero y Cervantes pobre, cada uno como reflejo de sus respectivos países.

Tal vez por esto la pregunta de si uno vive de sus libros sólo se haga en ciertos lugares. No recuerdo si también en España, pero raramente la he visto formulada en Estados Unidos, Francia o Alemania. En estos últimos o no les interesa de lo que viva el escritor, o sólo se entrevista a aquellos que obviamente han pasado la barrera de esa duda. O de las preguntas tontas.

En cuanto a nosotros, somos como Ginés de Pasamonte, gente de muchos oficios, y nuestra herencia es la picaresca y unas veces estamos presos y otras andamos con un mono adivino o una cabeza parlante, mientras al margen escribimos lo que buenamente podemos.

Para un latinoamericano que un día será escritor las tres cosas más importantes del mundo son: las nubes, escribir y, mientras puede, esconder lo que escribe. Entendemos que escribir es un acto pecaminoso, al principio contra los grandes modelos, en seguida contra nuestros padres, y pronto, indefectiblemente, contra las autoridades.

Sé que está en la mente de todos y que lo que voy a decir es bastante obvio y por eso he querido demorarlo un tanto; pero en fin, tengo que decirlo: el destino de quienquiera que nazca en Honduras, Guatemala, Uruguay o Paraguay y por cualquier circunstancia, familiar o ambiental, se le ocurra dedicar una parte de su tiempo a leer y de ahí a pensar y de ahí a escribir, está en cualquiera de las tres famosas posibilidades: destierro, encierro o entierro. Así que más tarde o más temprano, si logra evitar el último, llegará el día en que se encuentre con una maleta en la mano y en la maleta un suéter, una camisa de repuesto y un tomo de Montaigne, al otro lado de cualquier frontera y en una ciudad desconocida, oyendo otras voces y viendo otras caras, como quien despierta de un mal sueño para encontrarse con una pesadilla.

Entonces, como por supuesto es pobre, comenzará a ver pasar frente a él los múltiples oficios, y a imaginarse mesero, fotógrafo ambulante, vendedor de libros y, hasta con suerte, lector de una señora rica; todo, menos escritor; y a la tercera semana, y a la cuarta, cuando nada de aquello ocurra, envidiará a los perros callejeros, que no tienen obligaciones, y a las parejas de ancianos que se pasean en los parques, y sobre todo, precisamente sobre todo, a las nubes, las maravillosas nubes.

En 1954 llegué exiliado a Santiago de Chile procedente de Bolivia, en donde había sido durante un tiempo secretario de la embajada y cónsul de mi país (oficio ocasional del que por fortuna lo relevan a uno las revoluciones o los cuartelazos), Guatemala. Al darse cuenta de mi pobreza extrema, cuanta persona encontraba me invitaba a cenar para hacerme ver las posibilidades de desempeñar algún oficio, cualquier oficio: el de escritor quedaba descartado no sólo por improductivo sino porque a mí me horrorizaba (y me sigue horrorizando) la idea de escribir para ganar dinero.

El mejor consejo me lo dio José Santos González Vera, con la aprobación de Manuel Rojas y el posterior apoyo sonriente de Pablo Neruda:

—Mire —me dijo un día, quizá el siguiente de mi llegada—; yo nunca doy consejos, pero por ser usted le voy a dar uno. Si para ganarse la vida tiene ahora que vender algo, no se vaya a dedicar a vender cosas pequeñas, como escobas o planchas. Eso da mucho trabajo, deja poco dinero y por lo general la gente ya tiene una escoba y una plancha. Venda acorazados. Con uno que venda tiene resuelto el problema suyo y de su esposa para toda la vida.

Por fin alguien me dijo que por qué no traducía algo, y como todos creemos saber poco o mucho de inglés o francés (el latín quedaba descartado), el mismo autor de *Cuando era muchacho* me dio una tarjeta para el señor Sañartu, gerente o presidente o algo así de la entonces famosa editorial Zig-Zag, a quien fui a ver y quien desde su gran altura la leyó y casi sin oírme, tal vez porque yo casi no dije nada, llamó a una secretaria, quien me llevó ante el escritorio de una señorita (me pareció, y tal vez no lo fuera tanto, pero en ese momento yo no estaba para averiguarlo, no sólo por el tremendo estado nervioso por el que pasaba sino, sencillamente, pensé, porque no había ido a eso y ya habría, según fuera mi trato con la editorial y la frecuencia con que me presentara a recoger o entregar trabajo, ocasión de saberlo), quien amable me preguntó si prefería el inglés o el francés, a lo que yo le respondí que el inglés, porque ahora en la diplomacia se usaba más el inglés y habiendo sido yo hasta hacía poco diplomático, pues sí, prefería el inglés.

Entonces sacó de alguna parte una revista llamada *Ellery Queen*, de formato parecido al del *Reader's Digest* pero dedicada al crimen, y me propuso que como prueba tradujera un cuento, el que yo quisiera, y que nos veríamos en una semana, ¿en una semana estaría bien?

Traducir puede ser muy fácil, muy difícil o imposible, según lo que te propongas y el tiempo y el hambre que tengas; y uno nace o, si se deja, se va convirtiendo en traductor y enamorándose de la idea de que eso le servirá para su propio oficio de escritor, y sin sentirlo uno puede llegar a no saber si cada frase que logra dejar perfecta es suya o de quién; pero lo que importa es que la frase esté bien y fluida y suene en español y por momentos, al poner el punto en cada párrafo y tomar el papel y verlo a cierta altura, uno puede hasta sentirse con gusto Bertrand Russell o Molière, ¿pero Ellery Queen?

En todo eso pensé cuando en la soledad de mi cuarto comencé a escoger una vez más el cuento que traduciría y el tiempo pasaba y yo no me decidía porque todos eran de gángsters y yo no entendía nada, no sabía nada, y el efecto del vino de la noche anterior me pedía salir a la calle en cuanto fueran las doce del día, hasta que me decidí por uno en que el crimen ocurría entre jugadores de béisbol. De béisbol, que como tantas otras cosas yo creía conocer.

Todas mis pertenencias consistían entonces en una máquina de escribir portátil, una caja vacía de madera sobre la que tenía la máquina, y una de cartón sobre la que puse la revista y un poco de papel.

Y mi diccionario manual inglés-español español-inglés.

Estaba ahí, pues, sentado, dispuesto a releer el cuento que leído un día antes me había parecido el más fácil y divertido, pero que ahora, al tener que pasarlo al español frase por frase, comencé a odiar y a convertir en un enemigo poco dispuesto a dejarse vencer y que se negaba a transformarse en prisionero de un idioma extraño en que las frases eran demasiado largas o explicativas, y en el cual lo que era gracioso y ágil a través de un diálogo increíblemente simple pero lleno de sentido, se trocaba en algo tonto y forzado, y para nada encajaba en lo que yo, de ser el autor, hubiera dicho o pensado.

Pero el autor no era yo sino Ellery Queen, y Ellery quería que las cosas marcharan rápido, sin preocuparse para nada por otro estilo que no fuera directamente al espíritu de sus lectores, si es que alguna vez había supuesto que éstos lo tuvieran, o por lo menos a su emoción o interés para que al final, sintiéndose buenos, se identificaran con los buenos, y sintiéndose inteligentes pudieran pensar "¡Claro!", y pasar a otra cosa.

Y así transcurrieron cuatro o cinco días. Y el cuento comenzó a ser legible en español, gracias, más que a mi pequeño diccionario (ocupado en las exactas equivalencias de perro y *dog* y mesa y *table* pero de ninguna manera en los modismos de los campos de béisbol), a la ayuda de mi amigo Darwin (Bud) Flakoll, a quien el sábado y el domingo importuné con preguntas. Y el cuento se convirtió en un buen ejemplo de precisión y honestidad intelectual logradas después de seis días y sus noches de tormento, para que al final quedara claro que hay *pitchers* (lanzadores), que hay lanzadores *(pitchers)* que a la mitad del juego se derrumban porque tienen el brazo de cristal, como uno tiene techo de cristal y muchas mujeres la virtud; y se supiera que alguien había matado por envidia a otro jugador,

o por celos a su esposa, lo que he olvidado, en la forma contraria en que nunca olvidaré mi entrevista con la señorita de
Zig-Zag, el lunes, cuando resuelto a morirme de hambre antes
que seguir traduciendo aquello me presenté a devolverle para
siempre su revista, y sin importarme más su virginidad salí a
la calle bajo el sol deslumbrante y me encaminé al río Mapocho, que pasa por ahí, y me senté en la orilla y lloré de humilla-
ción hasta que, siendo benditamente otra vez las doce, me incor-
poré y fui a la venta de vino más cercana y una copa de vino
tras otra me volvieron a la vida y a la idea de que todo estaba
bien, de lo más bien.

RECUERDO DE UN PÁJARO*

Pues bien, en medio de todo esto, aparece en México en 1944 el nicaragüense Ernesto Cardenal. De la generación de poetas y escritores centroamericanos a la que pertenezco, el hombre más extraño que conozco es Ernesto Cardenal.

Sacerdote, poeta, místico y revolucionario, su vida y su carrera están hoy muy lejos de ser lo que eran en aquellos años en que asistíamos juntos al café de la Facultad de Filosofía y Letras de la Universidad de México, a mediados de los años cuarenta, cuando Cardenal no quería saber nada de cosas políticas. Cardenal, que podía enseñarla, estudiaba allí literatura, y no se interesaba por nada más. Y digo que podía enseñarla porque se había formado ya, como otros dos notables poetas de su país, Ernesto Mejía Sánchez y Carlos Martínez Rivas, bajo la dirección de José Coronel Urtecho y Pablo Antonio Cuadra, que sabían y saben toda la literatura del mundo que hay que saber. Entre guatemaltecos y nicaragüenses constituimos pronto una especie de colonia centroamericana de poetas y escritores, en medio de otro grupo similar de mexicanos todos medio locos y medio cuerdos, pero todos esperanzados, entre los cuales diré de paso que se encontraba el más tarde presidente de México, Luis Echeverría, sólo que en él predominó lo cuerdo.

Como no es mi propósito hacer aquí la pintoresca memoria de nuestras aventuras o experiencias de entonces, me concretaré ahora a recordar a un hombre delgado, con cara y ademanes y movimientos de pájaro, de esos pájaros que como autorretratos suyos están siempre presentes en cuanto escribe y con los cuales hay que identificarlo; de un extraño pájaro tropical, brillante, inquieto, de constante buen humor, de buen humor profundo, inteligente, que siempre lo encaminaría a la defensa entusiasta y al regocijo de lo bello y de lo intrínsecamente valioso, al mismo tiempo que al ataque y el escarnio de la mi-

* Fragmento de una conferencia no impartida.

seria de nuestra vida política. (Él, que no quería tener nada que ver con la política.) Un pájaro siempre con el mismo tema del amor y el odio, en un contrapunto que no habíamos escuchado desde los grandes poemas amor-odio de Pablo Neruda; esos grandes poemas americanos en que el tema de la naturaleza exuberante y verde, verde, está siempre teñido con la sangre de los muertos y de los torturados en las cárceles, como ese amigo de que habla:

> Luis Gabuardi mi compañero de clase al que quemaron vivo
> y murió gritando ¡Muera Somoza!

En aquel tiempo Cardenal tenía veinte años y escribía poemas de amor a muchachas muy bellas tan espiritudas como él y de nombres luminosos, pero a las que él además idealizaba tanto que las muchachas probablemente terminaban por sentirse puros espíritus, les daba miedo dejar de pertenecer a este mundo, de convertirse en una mera idea del poeta, y entonces huían de aquel hombre extraño que las trataba como musas y que apenas se atrevía a verlas, pero a quienes, como él mismo dice en muchos de sus epigramas, estaba desde entonces inmortalizando:

> De estos cines, Claudia, de estas fiestas,
> de estas carreras de caballos,
> no quedará nada para la posteridad
> sino los versos de Ernesto Cardenal para Claudia
> (si acaso)
> y el nombre de Claudia que yo puse en esos versos
> y los de mis rivales, si es que yo decido rescatarlos
> del olvido, y los incluyo también en mis versos
> para ridiculizarlos.

Y es probable que ellas ahora crean que van a inmortalizarse a través de sus hijos; y no, sino que estarán siempre presentes en la imaginación de alguien que las imagine en el futuro a través de las palabras de aquel hombre flaquísimo y tímido que, como Dante frente a Beatriz, apenas se atrevía a levantar la mirada hasta ellas, no fuera a ser que lo fulminaran con una sonrisa:

Yo he repartido papeletas clandestinas,
gritado: ¡VIVA LA LIBERTAD! en plena calle
desafiando a los guardias armados.
Yo participé en la rebelión de abril:
pero palidezco cuando paso por tu casa
y tu sola mirada me hace temblar.

En el ambiente de que hablé antes, en el México de Carlos
Augusto León, el poeta venezolano que decía:

Aquí los potros corren vertiginosamente
y se diría que marchan paso a paso,

en el del jubiloso ánimo revolucionario que nos mantenía vivos y activos, el único que pasaba como caminando sobre las
aguas era Cardenal, quien todo el tiempo pulía grandes poemas, que ahora no le gustan, sobre el mundo americano de los
conquistadores, y sobre la necesidad de partir:

Invito a todos los que se acogen al abrigo de estos muros
    de muerte,
a todos los que lloran en esta margen por un país de amor
    y eternidades,
a todos los que agonizan sobre femeninas dunas calcinadas,
invito a hacer un viaje, más allá de donde el mar levanta
    su humareda,
más allá del horizonte donde el ataúd del mundo
    definitivamente se cierra
bajo el peso de un cielo insostenible hecho de lápidas
    azules;
invito a hacer un viaje, muy lejos de esta tierra, de esta
    ciudad y su mortaja,
antes que la última embarcación se marchite cercada por
    el polvo,
porque es necesario partir, porque es necesario partir.

Y sobre alegres risas de muchachas, que en esos poemas y
en la vida real terminaban sin faltar una siendo para otros, de
igual manera que los ríos, los pájaros y las maderas preciosas
de su Nicaragua natal eran de otros y para otros:

Me contaron que estabas enamorada de otro
y entonces me fui a mi cuarto

y escribí ese artículo contra el Gobierno
por el que estoy preso.

Sí; ahora que lo recuerdo, pasaba como caminando sobre las aguas, y creía en las musas; pero creía de veras y se enojaba mucho porque nosotros no creíamos en las musas, y él decía furioso que cómo un poeta podía escribir sin tener una musa que le dictara los versos, tal como ahora lo sostiene el poeta Robert Graves, sólo que en el caso de Graves la musa es de carne y hueso y bailarina y él le lleva cincuenta y siete años, y en cambio las musas de Cardenal eran las mismas musas de antes, las de los griegos.

Yo entonces creía más en las musas de los sindicatos, en las de las banderas rojinegras, y soñaba con una gran insurgencia popular que inspirada por la musa del Hambre arrasara con todo de una vez para siempre. Por fortuna, las musas de Cardenal, que nunca estaban en huelga, le empezaron a dictar no los versos quejumbrosos del amante desdeñado, sino los versos profundos y viriles del poeta que da todo el amor en forma rabiosa, todo el amor a las mujeres, todo el amor a su país en forma rabiosa, como en el poema *Hora 0:*

En abril los mataron.
Yo estuve con ellos en la rebelión de abril
y aprendí a manejar una ametralladora Rising,
y Adolfo Báez Bone era mi amigo:
lo persiguieron con aviones, con camiones,
con reflectores, con bombas lacrimógenas,
con radios, con perros, con guardias;
y yo recuerdo las nubes rojas sobre la Casa Presidencial
como algodones ensangrentados,
y la luna roja sobre la Casa Presidencial.
La radio clandestina decía que vivía.
El pueblo no creía que había muerto.

(Y no ha muerto)

U otros que recuerdan a Leopardi, con quien, ahora que lo pienso, Cardenal tiene más de un paralelismo, paralelismo que a lo mejor Cardenal ni sospecha.

Leopardi:

Todo es paz y silencio; calla todo
el mundo, y ya de aquello no se acuerda.
En mi temprana edad, cuando se espera
ansiosamente el día festivo, o luego
cuando ha pasado, yo, doliente, en vela.
estrujaba la almohada; y ya más tarde
oía un canto que por los senderos
a lo lejos moría poco a poco
y el corazón como hoy se me oprimía.

Y Cardenal:

Como latas de cerveza vacías y colillas
de cigarrillos apagados, han sido mis días.
Como figuras que pasan por una pantalla
de televisión y desaparecen, así ha pasado mi vida.
Como los automóviles que pasan rápidos
por las carreteras, con risas de muchachas
y música de radios.
Y la belleza pasó rápida, como el modelo de los autos
y las canciones de los radios que pasaron de moda.
Y no ha quedado nada de aquellos días, nada,
más que latas vacías y colillas apagadas,
risas en fotos marchitas, boletos rotos,
y el aserrín con que al amanecer barrieron los bares.

Y así el poeta, creyendo en sus musas, maduró vital y políti-
camente más que nosotros, que nos volvimos meros escritores, burócratas o diplomáticos, mientras él ya no sólo camina
sobre las aguas, sino sobre las nubes, como el nefelibata de Rubén Darío, y lo más milagroso, sobre la tierra, porque cuenta
con el secreto de creer en lo imposible y entonces lo imposible
es posible para él, y a veces lo encuentro en diversas partes del
mundo, y ahora es el mismo pájaro, pero un pájaro con barba,
con una gran barba blanca whitmaniana, vestido con tela de
manta blanca y oigo que la gente va y le pide no autógrafos como a cualquier escritor, sino la bendición, pues saben que es
sacerdote y le dicen padre y le quieren besar la mano, y él entonces se ríe y no se los permite pero los mira con una mirada
con la que más bien les pide perdón para él por poseer el don
de perdonarlos. Entonces, ante esto, no me queda más remedio
que meditar un poco y, como ahora, me pongo sentimental y

recuerdo las cantinas y los cabarets del México de aquellos años en que bebíamos cervezas literalmente hasta la náusea y bailábamos con extrañas mujeres a las que se les pagaba un peso por bailar y algo más por alguna otra cosa, en tanto el poeta, que estaba también allí, tomaba nota de la vida y hoy no puede escribir un solo verso o una sola línea que no estén llenos de vida, sin metáforas, sin adornos, llenos simplemente de vida.

LA CENA

Tuve un sueño. Estábamos en París participando en el Congreso Mundial de Escritores. Después de la última sesión, el 5 de junio, Alfredo Bryce Echenique nos había invitado a cenar en su departamento de 8 bis, 2º piso izquierda, rue Amyot, a Julio Ramón Ribeyro, Miguel Rojas-Mix, Franz Kafka, Bárbara Jacobs y yo. Como en cualquier gran ciudad, en París hay calles difíciles de encontrar; pero la rue Amyot es fácil si uno baja en la estación Monge del Metro y después, como puede, pregunta por la rue Amyot.

A las diez de la noche, todavía con sol, nos encontrábamos ya todos reunidos, menos Franz, quien había dicho que antes de llegar pasaría a recoger una tortuga que deseaba obsequiarme en recuerdo de la rapidez con que el congreso se había desarrollado.

Como a las once y cuarto telefoneó para decir que se hallaba en la estación Saint Germain de Prés y preguntó si Monge era hacia Fort d'Aubervilliers o hacia Mairie d'Ivry. Añadió que pensándolo bien hubiera sido mejor usar un taxi. A las doce llamó nuevamente para informar que ya había salido de Monge, pero que antes tomó la salida equivocada y que había tenido que subir noventa y tres escalones para encontrarse al final con que las puertas de hierro plegadizas que dan a la calle Navarre estaban cerradas desde las ocho treinta, pero que había desandado el camino para salir por la escalera eléctrica y que ya venía con la tortuga, a la que estaba dando agua en un café, a tres cuadras de nosotros. Nosotros bebíamos vino, *whisky*, coca cola y *perrier*.

A la una llamó para pedir que lo disculpáramos, que había estado tocando en el número 8 y que nadie había abierto, que el teléfono del que hablaba estaba a una cuadra y que ya se había dado cuenta de que el número de la casa no era el 8 sino el 8 bis.

A las dos sonó el timbre de la puerta. El vecino de Bryce, que vive en el mismo segundo piso, derecha, no izquierda, dijo en

159

bata y con cierta alarma que hacía unos minutos un señor había tocado insistentemente en su departamento; que cuando por fin le abrió, ese señor, apenado sin duda por su equivocación y por haberlo hecho levantar, inventó que en la calle tenía una tortuga; que había dicho que iba por ella, y que si lo conocíamos.

SOBRE UN NUEVO GÉNERO LITERARIO

El "Times" de Londres publica todos los días una columna en que se registran los decesos de personas más o menos importantes. La mayor o menor relevancia del difunto determina el número de líneas, e incluso de palabras que se le dedican. Claro que si se trata del rey o del primer ministro las cosas cambian un poco; pero lo normal es que todo lector habitual del *Times* repase cada mañana esa lista y, si tiene cierta edad y cree haber realizado algo que valga la pena en esta vida, espere ocupar algún día en esa columna su propio número de líneas, de ser posible con una más que su rival más cercano.

Aquí en México, Luis Cardoza y Aragón declaró el otro día que nada lo asustaba más que responder la llamada telefónica de un periodista, pues sabía que irremisiblemente estaba siendo inspirada por la muerte de algún colega sobre el cual el diario quería saber su opinión. No señaló que su opinión debía producirse en ese instante, ni que tales preguntas lo toman a uno tan desprevenido que muchos escritores tienen escrito ya para esas oportunidades lo que piensan sobre determinados colegas que, o ya deberían haber fallecido, o se supone que están próximos a hacerlo.

Por más inmortales que lleguen a ser, es evidente que los escritores, los artistas y, si hay que forzar las cosas, las personas en general, se mueren. Algunos, movidos por razones que comúnmente se llevan con ellos, se suicidan; otros van en un avión y el avión se cae; otros, como Chaikovski, eufóricos ante el éxito de su última sinfonía, se toman unas copas de más y, en la madrugada, tragan un vaso de agua del Neva sin hervir y mueren del cólera una semana después.

Comoquiera que sea, ¿por qué entre nosotros el hecho de que cierta gente fallezca debe desencadenar tal número de esquelas mortuorias en los diarios, que aparte de poner en duda la capacidad de los lectores para captar una noticia, muchas veces no hacen sino dejar al muerto en ridículo al revelar que aquel que estuvo siempre dispuesto a dar la vida por las causas más revolucionarias era consejero de una fábrica de garrotes de policía o de algo por el estilo? Cuando se trata de algún escritor o artista el acontecimiento provoca tal cantidad de opiniones instantáneas sobre su vida y su obra que (tales opiniones) han terminado por convertirse en un nuevo género en el cual hay que ejercitarse prácticamente todos los días, y que llamaré género obituario.

Es de suponer que en una medida u otra todo escritor anhela ser original o cuando menos no repetirse mucho. El principal problema que el género obituario presenta es el de la improbabilidad de ser originales y no reiterar los mismos juicios respecto de los más diversos difuntos. Después de tres muertos ilustres sobre cuyo fin uno ha expresado ya su desconsuelo, ¿qué queda por decir del cuarto? El género existe: muy bien, ya lo inventamos; pero probablemente no haya habido nunca otro con menos posibilidades y menor futuro.

En sus momentos de extrema languidez, la novela se las ingenia para revitalizarse recurriendo al antihéroe, y en este campo, con un poco de audacia, el autor puede darse vuelo describiendo hasta las más íntimas funciones fisiológicas del personaje principal, como sucede con Leopoldo Bloom en *Ulises*. Cada vez que lo necesita, la poesía halla la forma de negarse a sí misma como tal y los poetas enfrentan pocas dificultades con su arte, pues calculan que entre mayor sea el número de prosaísmos que logren introducir en sus obras la crítica las tendrá por más poéticas. El cuento ya no reconoce reglas y uno puede alargarlo y acortarlo y soltar cuanta tontería se le ocurra sin pensar en exposiciones, desarrollos, nudos ni desenlaces. Pero dentro de este género, el obituario, ¿qué oportunidades se presentan de inventar algo? Ninguna. ¿Qué declarar (que no esté declarando al mismo tiempo otro escritor, por otro teléfono) del amigo querido cuya persona amábamos pero cuyos libros no nos parecían de ninguna manera tan buenos; o, al revés, cuya obra admirábamos y secretamente envidiábamos pero cuyas actitudes políticas nos repugnaban o nos daban risa? ¿Cómo se puede ser absolutamente franco cuando una voz, envuelta en los ruidos de máquinas de escribir, las toses de fumador y los gritos propios de la redacción de cualquier periódico nos dice: "Acaba de fallecer fulano de tal. ¿Qué opina de él y de su obra?"?

A determinada edad uno se sorpende de muy pocas cosas, pues aun sin quererlo uno se ha vuelto filósofo y eso de conservar la capacidad de asombro ha quedado únicamente como ideal. De manera que aunque lo declaremos así, en realidad la noticia no nos desconcierta. Por otra parte, todos tenemos la valentía de lanzar bromas o chistes y de insinuar lo que de veras pensamos de alguien que murió hace un siglo; pero hacer lo mismo para verlo publicado a la mañana siguiente en relación con alguien que expiró hace apenas media hora, no sólo es de mal gusto sino que da miedo. Bueno, sin ir a los extremos, uno podría confesar que apreciaba mucho a la persona, pero que no conocía sus trabajos y que prefería no pronunciarse en ese momento; o que no sabía nada ni de la persona ni de su obra y que lo disculparan y dejaran abierta la oportuniad para cualquier próximo muerto del día. Pero la vanidad también tiene nombre de mujer y en la mayoría de los casos la tentación de aparecer en los diarios es más fuerte que cualquier sinceridad, timidez o ignorancia; sin contar con que por su parte, subido en tu hombro, el Diablo te susurra al oído que si te preguntan es porque eres alguien y que si eres alguien no puedes quedarte callado; y si opones resistencia, al Diablo le queda aún el argumento de que si te obstinas en no opinar va a parecer que no te toman en cuenta.

De ahí a improvisar un panegírico sobre el autor y su obra, aparte de la pérdida que su muerte significa para el país y el mundo, sólo hay un paso. Paso que naturalmente uno da, para enterarse al día siguiente, con nuevo estupor y nuevo arrepentimiento, de que Zutano y Mengano y Fulano poseen los mismos gustos de uno, los mismos juicios críticos, y la misma tremenda capacidad de afecto por los amigos desaparecidos.

LA AUTOBIOGRAFÍA DE CHARLES LAMB

> Las buenas autobiografías son siempre las biografías ideales de los buenos lectores.
>
> EDUARDO TORRES

No CONOZCO muchos autorretratos de escritores, y si me pongo a pensarlo creo que el único que recordaba hasta hace un tiempo era el de Cervantes; pero esto es fácil, porque uno recuerda todo lo de Cervantes. Me refiero naturalmente a esos retratos por fuera, no del alma (que por supuesto siempre es hermosa) sino del cuerpo y del rostro y de ciertas costumbres o vicios que la mayoría trataría de ocultar a los ojos de sus contemporáneos, y de la posteridad.

Tampoco, aparte de la de Cervantes, hay que yo sepa muchas despedidas de este mundo; ni menos tan dramáticas y sinceras como la suya. Hubo una época, no muy lejana, en que los escritores y otros grandes hombres escribían su epitafio o preparaban con tiempo sus "últimas palabras". Pero es evidente que de pronto los escritores dejaron de ser grandes hombres, y ahora se contentan con expirar, la mayoría de las veces con una máscara de oxígeno cubriéndoles el rostro o rodeados de tantos médicos y enfermeras que les es imposible contar con un buen testigo a quien decir su frase y pasar sin más a la otra vida.

¿Y las autobiografías? Cuándo comenzaron y cuándo terminarán de publicarse no lo sé; pero hoy se escriben más que nunca, y en el momento en que a un autor le queda poco que decir, por lo general declara que está escribiendo su vida.

Cada quien haga lo que guste y lo que pueda. En el prólogo de las *Novelas ejemplares* Cervantes se retrata no muy favorablemente, cargado de espaldas y con escasos dientes; en la dedicatoria del *Persiles*, y apenas cuatro días antes de morir, se despide de sus amigos y se cita con ellos más allá de la muerte todo en tres líneas; y con modestia deja que su epitafio sea el *Quijote*.

Charles Lamb era un hombre bajito, tímido y sarcástico, cosas que, si uno se fija, tienden siempre a juntarse; y es el autor de los *Ensayos* de Elia, a través de los cuales dejó un testimonio de cómo, pase lo que pase, después de todo el mundo puede ser visto con una sonrisa.

Nació en Londres en 1775 y fue amigo de sus grandes contemporáneos Coleridge, Hazlitt, Wordsworth, a quienes escribió cartas que, como probablemente era su intención, lo colocaron en la posteridad. En sus ensayos se ocupa de cualquier cosa: el oído para la música, los sonetos de sir Philip Sidney, la conducta de las personas casadas, y es probable que después de Montaigne nadie se haya desnudado ante el público en otro libro de tan buena fe.

Muchos empleados públicos, mayores y menores, se hacen la ilusión de que al dejar sus cargos comenzarán a escribir. Y algunos lo hacen. Pero cuando Lamb se retiró del suyo hizo lo contrario: dejó de escribir. Lo mejor de su obra fue escrito en su escritorio de burócrata y fue bajo ese mismo techo de oficina en donde conoció al empleado de quien tomó el nombre de Elia, nombre en el cual otros quieren ver el anagrama *A lie* —una mentira—. Sus ensayos son lo mejor que produjo, pero quizá sean demasiado buenos, por lo que su popularidad se basa ahora en las obras de Shakespeare recontadas para niños por él y su hermana Mary. Lamb amaba las frases agudas y arriesgaba lo que fuera por una salida ingeniosa. Por lo que se refiere a sí mismo, en el estreno de su comedia, *Mr. H.*, que fue un fracaso, se unió a los que silbaban.

Cuando tenía veintiún años, casi ante su vista, su hermana Mary, en un ataque de la locura que la acompañó toda su vida, mató a la madre de ambos a cuchilladas; y durante treinta y tres años fue el empleado puntual de una oficina del Gobierno. Cualquiera de estas dos desgracias pudo convertir a Lamb en un desdichado. Pero él se negó tercamente a serlo, y fue así como a principios del siglo xix y bajo el influjo de Cervantes escribió en una sola página su autobiografía, que es al mismo tiempo su autorretrato, que es al mismo tiempo su despedida y su epitafio, y una hazaña literaria probablemente irrepetible.

Me gusta la idea de que se trata de un hallazgo mío esta precisa relación Cervantes-Lamb. Pero en esto me encuentro siempre con un problema: y es que cada vez que creo descubrir

algo de este género (y me atrevo a publicarlo), algún amigo mío
erudito me escribe desde donde esté, o me lo dice en el coctel
con una sonrisa si está cerca, que tal cosa ya había sido vista
por el profesor (aquí danés, o polaco, o puertorriqueño, nunca
español, no sé por qué) Fulano; y que mi hallazgo se encuentra en el Núm. tal, Vol. tal, del *Anuario* tal en la Biblioteca del
Congreso de Washington, que para él es como decir a la vista
de los simples mortales; o que de cualquier manera mi supuesto descubrimiento es una tontería. Sin embargo, me consuela
no ser precisamente el único lego de la lengua española.

Y así, corriendo todos esos riesgos, me he atrevido a traducir la *Autobiografía* de Lamb y ofrecerla ahora a ustedes con
espíritu decimonónico y todo:

Charles Lamb, nacido en el Inner Temple, 10 de febrero, 1775;
educado en el Hospital de Cristo; más tarde empleado en la
oficina del Contador de la East India House. Jubilado de este
servicio en 1825, después de treinta y tres años en el mismo,
es ahora un caballero libre. De su propia vida pocas cosas recuerda que valga la pena anotar, excepto que una vez atrapó
(teste sua manu) una golondrina en pleno vuelo. De estatura menos que mediana; rasgos faciales ligeramente judíos, pero sin
ningún tinte judaico en su naturaleza religiosa. Tartamudea
abominablemente, de donde resulta más apto para despachar
su conversación ocasional con un raro aforismo, o con una pobre evasiva, que para edificar e instalar discursos. En consecuencia, ha sido difamado como alguien que aspira siempre a
ser ingenioso, lo que por lo menos según le dijo a un tonto que
lo acusaba de esto, es tan bueno como aspirar a la tontería.
Come poco; pero no bebe poco; confiesa cierta parcialidad
por la producción de ginebra; fue un furioso fumador de tabaco, pero, quizá parecido a un volcán apagado, ahora sólo de
vez en cuando emite una bocanada.

Ha sido culpable de introducir entre el público un cuento en
prosa titulado *Rosamund Gray;* un drama corto llamado *John
Woodvil;* una "Oda de despedida al tabaco", con varios otros
poemas, y algún material en prosa ligera, todo recogido en
dos delgados volúmenes en octavo y pomposamente bautizados
como sus "Obras", aunque en realidad fueron sus diversiones.
Sus verdaderos trabajos pueden ser encontrados en los anaque-

les de la Leadenhall Street, llenando algunos cientos de folios. Es también el verdadero Elia, cuyos *Ensayos* se hallan en un pequeño volumen publicado hace un año o dos; y bastante mejor conocido por ese nombre, que no significa nada, que por cualquier cosa que haya hecho, o pueda esperar hacer, bajo su propio nombre.

Fue también el primero que llamó la atención sobre los viejos dramaturgos ingleses, en una obra llamada *Muestras de dramaturgos ingleses que vivieron alrededor de la época de Shakespeare*, publicada hará unos quince años. En pocas palabras, todos sus méritos y deméritos por exhibir llenarían el libro del señor Upcott, pero quizá no serían contados con veracidad.

Murió el — de 18 —, muy lamentado.*
Testigo, su mano,
Charles Lamb
18 de abril, 1827

* A cualquiera, se le ruega llenar los blancos.
Publicado póstumamente en el *New Monthly Magazine*, abril de 1835.

NOVELAS SOBRE DICTADORES, 1

ENTRE las muchas cosas que Hispanoamérica no ha inventado se encuentran los dictadores; ni siquiera los pintorescos y mucho menos los sanguinarios. Los dictadores son tan antiguos como la historia, pero nosotros, de pronto, asumimos alegremente esa responsabilidad y en Europa, que con dificultades ha vivido sin uno desde que los romanos les dieron nombre, hace algunos años comenzaron a pensar qué divertido, cómo Hispanoamérica puede dar estos tipos tan extraños, olvidando que ellos acababan de tener a Salazar, a Hitler y a Mussolini, y que todavía contaban con Francisco Franco.

Y fue así como en un momento dado la literatura hispanoamericana se dio a producir novelas sobre tiranos, y hoy tenemos varias que se leen, se discuten y se traducen; y unas son buenas y otras no tanto.

Miguel Ángel Asturias había escrito ya la suya, que firmó literalmente así: Guatemala, diciembre de 1922, París, noviembre de 1925, y 8 de diciembre de 1932, lo que abarca, es de suponer, no una década de trabajo sino diez años de interrupciones. Por otra parte, las fechas y los lugares que algunos autores ponen al final de sus obras son dudosos. Durante la invasión fascista de Etiopía en los años treinta, un poeta que jamás puso un pie fuera de Guatemala firmaba siempre sus poemas en Addis Abeba.

El dictador de que trata Asturias en *El señor Presidente* era un licenciado tristísimo, Manuel Estrada Cabrera, quien después de gobernar siniestramente el país durante veintidós años fue arrojado del poder en 1920, y del que por supuesto se cuentan aún tantas cosas extravagantes que darían como para diez novelas más.

En 1931 subió a la presidencia de Guatemala otro de estos sujetos, esta vez un militar de cabalgadura blanca y mechón napoleónico, el general Jorge Ubico, tan implacable como el anterior pero algo tonto y con menos suerte literaria, pues en catorce años de tiranizar al país no fue capaz de crearse una leyenda. Lo mejor que he oído de él es que en un pequeño espacio de su oficina presidencial había instalado una silla de dentista en la que torturaba las muelas de sus ministros cuando éstos lo hacían enojar; y que lloró y renunció a la presidencia en el momento en que su médico de cabecera le dijo que el pueblo ya no lo quería; lo que apenas daría para un cuento más bien ambiguo.

Aunque Asturias terminó su novela desde 1932 en el entonces lejano París, no fue sino hasta 1946 cuando la publicó en México, en la esforzada editorial Costa-Amic, que pronto la guardó sin remedio en sus bodegas. Meses antes, en otra editorial mexicana, ésta sí muy conocida, y cometiendo el error que parece ser constante en las buenas editoriales, el licenciado Daniel Cosío Villegas la había rechazado categóricamente, con recomendación de Alfonso Reyes y todo. Pero entonces sucedió algo bueno. Mientras el novelista bajaba las escaleras de la editorial con el libro repudiado bajo el brazo, recordó las palabras de aquel funcionario: "No puedo publicar su señor presidente", y vio que su título anterior era muy malo y que ahora tenía el adecuado: "El señor Presidente".

En 1947 el gobierno revolucionario de Guatemala (pues a todo esto la revolución encabezada por Jacobo Árbenz había ocurrido y por primera vez en su historia el país tenía un régimen democrático libremente elegido) envió a Asturias a Buenos Aires con un cargo diplomático bastante modesto. Allí ocurrieron tres cosas decisivas para él y su destino literario: encontró a la argentina Blanca Mora de Araujo, más conocida por Blanquita, y se casó con ella; dejó de beber y llevó *El señor Presidente* a la editorial Losada. Estar publicado en aquellos días por esa editorial era algo que Asturias con dificultad hubiera soñado. Pero el milagro se produjo y el libro, ahora sí, empezó a ser leído por un público numeroso y por críticos que, ajenos a las mezquindades lugareñas que habían venido persiguiendo a Asturias a los ojos de muchos —un alcoholismo sin freno acompañado de una fama un tanto negra como periodista radiofónico—, lo apreciaron y vieron en él valores que la cercanía y la amistad no habían dejado ver a sus conocidos en Guatemala y en México.

Y de esta manera, Asturias, que siempre había querido ser poeta y cuya tarjeta de visita era una carta-prólogo de Paul

Valéry a sus *Leyendas de Guatemala* traducidas al francés por el entonces famoso y hoy olvidado cómo se llama, se vio convertido en novelista célebre, lo que le gustó y lo indujo a escribir otras novelas esta vez no tan buenas, y cuentos, y a publicar un libro de relatos sin duda extraordinario, *Hombres de maíz,* que consolidó su posterior enorme fama y difusión.

Todo esto fue el origen de algo que se traduciría en la producción por otros autores de novelas con el mismo tema y con menor o mayor calidad, pero ya sin el tremendo efecto de la de Asturias, que por primera vez había dado a los lectores y críticos de otros países de América y de Europa la visión de un mundo indígena con resonancias universales. Un mundo no necesariamente pintoresco o anecdótico que esos lectores difícilmente hubieran podido imaginar de otra manera que a través de la literatura, con frecuencia atrabiliaria, de este hombre que suponían maya y no lo era, pero cuyos personajes sí lo eran y muchas veces hablaban como desde los remotos tiempos del *Popol Vuh,* el libro sagrado de los antiguos guatemaltecos.

Al mismo tiempo:

—¡Qué raro! —decían en Europa cuando leían *El señor Presidente*—. ¿Cómo puede haber en alguna parte esos hombres tan malos que espían y matan a la gente?

Y mientras leían incrédulos las maldades que Estrada Cabrera cometía en Guatemala a principios de siglo, se paseaban entre las ruinas y reconstruían pacientemente sus ciudades buscando bajo los escombros documentos de la Gestapo.

Por su parte, nuestros críticos, por buscar también algo, buscaban antecedentes y se ponían felices cuando encontraban el *Tirano Banderas* de don Ramón del Valle-Inclán, y los especialistas norteamericanos exclamaban con júbilo en los congresos de escritores:

—¡Don Ramón del Valle-Inclán es el padre de Asturias y de todos los tiranos de la literatura latinoamericana!

Y así era. Y Asturias lo convirtió en el abuelo. Y por haberse portado como niño bueno, en 1967 le dieron en Suecia su premio, su premio Nobel.

NOVELAS SOBRE DICTADORES, 2

DESPUÉS de sus libros, lo que los escritores más le regalan a uno son temas. Casi no pasa día sin que alguien le diga a uno: "Esto es como para un cuento tuyo"; o: "¿Por qué no escribes una fábula en que las moscas se salven del pastel y tengan muchos hijos y vivan felices por muchos años?" Y así por el estilo. Y uno tiene que reírse y decir sí, sería bueno, y aceptar el tema con entusiasmo para olvidarlo convenientemente en ese mismo instante. Pero los colegas y los simples mortales son generosos y una vez puestos a regalar lo hacen a manos llenas. Y cada vez que algo les parece interesante te lo regalan y uno se va convirtiendo como en el depositario de todos los temas del mundo.

Otra cosa que se dice ahora con frecuencia es que uno no escoge los temas sino que los temas lo escogen a uno; y es probable que el primero que dijo esto (yo lo leí por primera vez en Elizabeth Bowen en 1954) haya dado un salto de alegría ante tan lindo hallazgo. Pero esa frase, como tantos otros productos del ingenio humano, pasó a ser un lugar común que en la actualidad, penosamente, muchos escritores repiten como si ellos la acabaran de acuñar, y se quedan contentos y el reportero la anota resignado y les dice ¡qué bien! Y luego la frase pasó a los políticos y ahora éstos también dicen compungidos que la política los escogió a ellos y, naturalmente, que a eso se debe su sacrificio por el pueblo.

Y aún queda Pirandello.

Cuando en 1921 Luigi Pirandello soltó al mundo desde Italia sus seis personajes en busca de autor probablemente estaba lejos de imaginar que de ahí en adelante cada personaje de novela, cuento o drama haría lo que quisiera con el inocente escritor que se pusiera a tratarlo; y ahora todos vivimos aterrados y cada vez que intentamos algo tememos estar fabricando frankensteines incontrolables.

Con todo esto en el aire, en una ocasión estuve a punto de escribir sobre Anastasio Somoza padre; pero me salvé.

En los primeros meses de 1968 Mario Vargas Llosa me escribió desde Londres una carta. Eran los días en que una canción de los Beatles tenía más importancia que cualquier discurso en cualquier parlamento; en que los jóvenes de gran parte del mundo en que hubiera discos, radios de transistores y, por qué no, de cuando en cuando un poco de mariguana, se hartaron de las autoridades, de toda persona mayor de treinta años (debo confesar que yo estaba harto de toda persona mayor de diez); de los policías; de los banqueros; de los psicoanalistas; y sobre todo de sus padres, casi tanto como sus padres estaban hastiados de ellos. Pocos días después estos jóvenes indignados dirían de mala manera ¡basta! en París, y en México les dirían ¡basta! de peor manera aún, como algunos recuerdan; y eran los días en que Cuba consolidaba su Revolución y en que Lyndon Johnson y *sus* jóvenes se empantanaban más y más en Vietnam.

En su carta, en la que se reflejaba el entusiasmo contagioso de esos lejanos tiempos, el reciente autor de *La ciudad y los perros* me proponía participar en un proyecto literario ciertamente interesante: un libro de cuentos sobre dictadores hispanoamericanos. Y ese libro estaría formado con cuentos escritos especialmente para él por los siguientes autores: Alejo Carpentier (quien se encargaría del cubano Gerardo Machado), Carlos Fuentes (del mexicano Antonio López de Santa Anna), José Donoso (del boliviano Mariano Melgarejo), Julio Cortázar (del argentino Juan Domingo Perón), Carlos Martínez Moreno (del argentino Juan Manuel de Rosas), Augusto Roa Bastos (del paraguayo José Gaspar Rodríguez de Francia), Mario Vargas Llosa (del peruano Luis Miguel Sánchez Cerro), y, finalmente, Augusto Monterroso, o sea yo, del nicaragüense Anastasio Somoza padre, al cual lo mejor que le sucedió en la vida fue que el presidente de los Estados Unidos Franklin Delano Roosevelt lo honrara diciendo de él que era un hijo de puta, pero de cualquier manera suyo, de los norteamericanos.

El proyecto me pareció entonces espléndido, y me lo sigue pareciendo hoy. Aunque yo piense que la literatura no sirve gran cosa para cambiar la situación política de ningún país, los dictadores han sido y seguirán siendo siempre buenos temas literarios. *Los idus de marzo*, de Thornton Wilder, y *El joven César* y *César imperial* de Rex Warner, para poner sólo dos ejemplos de lo que puede hacerse con Julio César, constituyen una permanente tentación de elevar al rango de personajes literarios a estos seres nuestros, si se quiere de segunda o tercera clase para una tragedia griega y aun romana, pero quizá hasta de primera desde que James Joyce asignó a Leopoldo Bloom el lugar de Ulises como héroe de nuestro tiempo.

Han pasado casi quince años desde que recibí la carta de Vargas Llosa y el libro no ha aparecido, lo que me autoriza a imaginar que todo quedó en proyecto y que ya se puede hablar de él como parte de la invencible *Historia literaria de lo que no se escribió.*

Y sin embargo, y por eso cuento esto, no es aventurado suponer que ese proyecto que probablemente quedó en nada, haya sido el origen de tres grandes novelas hispanoamericanas de nuestro tiempo: *El recurso del método* de Carpentier, *Terra nostra* de Fuentes, y *Yo, el supremo* de Roa Bastos.

Quiero creer que a Carpentier Machado le pareció demasiado cercano; que a Fuentes le quedó pequeño Santa Anna, y que Roa Bastos vio que un cuento ofrecía muy poco espacio para todo lo que tenía que contar en una novela. De los otros autores invitados, cada quien su vida.

En cuanto a Somoza, a mí no me gustó como tema y no lo pensé mucho para renunciar a él y al libro y a toda la gloria que el proyecto traía consigo. Pero la verdad es que el tema me dio miedo, miedo de meterme en el personaje, como inevitablemente hubiera sucedido, y de empezar con la tontería de buscar en su infancia, en sus posibles insomnios y en sus miedos y terminar "comprendiéndolo" y teniéndole lástima; y así, recordando a Pirandello, renuncié a trabajar en un Somoza al que como juez me habría gustado mandar fusilar pero que como escritor hubiera llegado a presentar en toda su indefensión y miseria, y cobardemente renuncié al proyecto, y pocos días después de recibida su carta le contesté a Mario Vargas Llosa que no, que muchas gracias.

DE LO CIRCUNSTANCIAL O LO EFÍMERO

Desde el primer momento, cuando lo vio entrar, supo de qué se trataba; pero de todos modos tenía que permitir que fuera él quien se lo dijera. Entonces, con un papel en la mano, él le informó:

—Me lo gané.

—¿Qué cosa? —respondió ella perseverando en dejar entender que no imaginaba nada. Vocacionalmente buena, sabía que con su actitud expectante le proporcionaba una alegría extra.

Por supuesto él sabía que su mujer sabía; pero estaba seguro asimismo de que si en el matrimonio no se sigue este juego las cosas, de puro sabidas, terminan por perder interés, ya que en ese estado al cabo de cierto tiempo el uno y el otro se conocen tan esencialmente que en el momento en que uno piensa cualquier cosa el otro por lo general está pensando esa misma cosa, y a veces hasta la dicen los dos simultáneamente ante el asombro de ambos, que siempre declaran: qué curioso, en eso mismo pensaba yo; sin que ninguno sepa de qué manera, pero en forma tal que los dos terminan por creer y en ocasiones hasta por estar seguros de que eso significa quererse, y uno y otro lo comentan y conversan del tema entusiasmados y todavía unos minutos después, cada quien por su lado, queda como reflexionando que sí, que efectivamente eso significa quererse.

—El premio del concurso. El coche.

—¡No! —dijo ella pensando esto hay que celebrarlo, voy a sacar hielo para el ron. Y creyéndolo más que nunca añadió:

—No lo puedo creer.

Contra su timidez, y más que nada contra el peligro de que su mujer sospechara que de veras se sentía escritor, él se atrevió a comentar.

—Para mí lo importante es haber escrito el cuento y haberlo enviado al concurso aunque perdiera. El coche no me interesa.

"¿Cómo?, ¿con la falta que nos hace?", pensó ella. Y se imaginó a sí misma con el cuello envuelto en una bufanda de lana manejando por la avenida Reforma y diciendo adiós a sus conocidos con un despreocupado movimiento de la mano izquierda mientras con el rabo del ojo derecho vigilaba que todo fuera bien con la marcha. Pero nada más por seguir el mecanismo de la conversación propuso sin énfasis:

—Pues si no lo quieres lo vendemos.

—Bien sabes que no se trata de eso —dijo él—. Claro que lo quiero. Pero, ¿no te alegras? Fíjate, escribo el cuento casi sin ganas, únicamente por ver qué salía, como jugando, y me gano el premio. ¿A mí qué me importa el coche? Ahora me gustaría más poder escribir, bueno, leer, escribir.

—Entonces déjamelo a mí —dijo ella. Y consideró en serio esa posibilidad, aunque en el mismo momento empezó a recordar que cuando se hallaba en la ventana de un edificio alto y miraba a la calle le daba miedo pensar lo que sentiría allá abajo el día que tuviera que manejar entre tantos coches que desde arriba se veían como moviéndose solos, como juguetes o como quién sabía qué.

—Te repito —dijo él recibiendo cuidadosamente de manos de ella otra copa de ron con agua y hielo— que para mí el coche es lo de menos. Lo bueno es que ahora sí voy a escribir.

—Claro que sí —dijo ella.

—No quiero seguir toda la vida corrigiendo pruebas. Ni tú ni yo manejamos —agregó, como si de pronto descubriera este hecho y viendo fijamente sus zapatos nuevos.

—Muy bien, muy bien, ni tú ni yo manejamos, ¿vamos a contratar un chofer? —afirmó ella dos veces y preguntó una, a sabiendas de que era tan obvio lo primero como absurdo lo segundo, y de que quizá la respuesta de su marido sería: "¿No se te ha ocurrido que podemos aprender?", en tanto que él, mientras añadía un poco de ron a su copa porfiaba entusiasmado en que qué bueno que se había decidido y que ahora sí iba a escribir aunque no comieran y aunque a ella no le gustara.

Pero ella, añadiendo otro tanto a su copa, declaró:

—¿Cuándo me he opuesto yo? Tú a lo tuyo, que es lo único que te importa. Yo voy a aprender y ya. Bueno, quién sabe si tú puedas con tus nervios.

—¿Qué pasa con mis nervios?

—Basta verte en este momento.

—En este momento es otra cosa. Bueno, bien, estoy nervioso; pero a mí me alegra el premio por lo que di, no por lo que me hayan dado. No creo que esto lo entiendas —persistió él preguntándole si deseaba más ron y sirviéndose más a sí mismo.

Para ordenar la discusión ella dijo que él bien sabía que a ella también le alegraba por eso; pero que lo que ella decía era que aprendía él o aprendía ella o aprendían los dos.

—Muy bien, aprende tú. De ahora en adelante tú te dedicas a lo tuyo y yo a lo mío. Si quieres, después cambiamos.

—¿Por qué tienes que ser sarcástico conmigo? —dijo ella súbitamente ofendida en serio y añadiendo que él no era más que un acomplejado como toda su familia, que le daba miedo progresar.

—No soy sarcástico contigo —respondió él—; en serio: si lo deseas cambiamos, de ahora en adelante tú escribes y yo cocino.

—¿Ves? Lo que quieres es que yo no use el coche. Bien sabes que nunca vas a escribir porque te mueres de temor o de vanidad, o de miedo al fracaso, o al éxito o a saber a qué diablos —fue destilando ella con lentitud y firmeza, animada a la crueldad por un resentimiento desconocido y por el alcohol y con la intención de herir de veras a fondo.

—¿Empezamos otra vez? —interrogó él, seguro de que así era, de que una vez más empezaban.

—Sí; y otras mil veces, porque eres un egoísta.

Desde que llegó, él no había hecho otra cosa que hablar y hablar de escribir sin importarle un comino si ella iba a manejar el coche o no. Y volviendo a la realidad, ¿no se le había ocurrido a él una cosa? ¿En dónde iban a meter el coche? Estaba contenta de haber encontrado esa nueva dificultad y de que a ella sí se le hubiera ocurrido; pero guardó esto como reserva.

—¿Cuándo lo entregan? —añadió más bien.

Empezaba a sentirse cansada, como si de pronto sospechara que tanto ella como él no eran más que personajes de algo escrito por alguien no sabía cuándo, ni movido por qué motivos, ni interesado en satisfacer qué necesidades internas, ni atraído por qué premios.

—Entre el quince y el veinte.

Mientras lo decía él también comenzó a sentir el probable cansancio que experimentarían los lectores de su cuento, como si careciera de existencia propia y como si lo que pensaba estuviera en realidad siendo pensado por otro. Sacudió la cabeza antes de añadir:

—Deberías recibir clases desde ahora. Bien, no discutamos más. Lo bueno fue que no hicieron trampa.

—¿Y si la hicieron? —dijo ella. Después de cinco años de matrimonio con un escritor o lo que fuera estaba bien entrenada en el género de conversación en que lo que uno piensa en serio lo dice como si fuera broma y viceversa—. Entre ustedes todos se conocen.

A pesar de que él estaba seguro de que se trataba de un chiste, las palabras de su mujer no dejaron de inquietarlo. Recordó entonces las bromas de sus amigos cuando comentaban en la oficina la posibilidad de participar en el concurso: "¿No irá a haber trampa?", decía astutamente uno. "Si no la hacen yo no entro", decía con una sonrisa de inteligencia otro; y todos se reían apoyando sus respectivos rasgos de ingenio en tanto que se recordaban mutuamente cómo se hacían esas cosas. Todo dependía: unas veces ganaba uno por amistad, otras perdía otro por enemistad, y al revés, y así hasta el infinito, todo ilustrado con nombres de anteriores premiados que no dejaban lugar a la menor duda y que constituían el mejor remate de sus argumentos. Y luego venían los comentarios sobre la dificultad de las bases del concurso, tan vagas, y aparte lo vagas, tan chistosas: "El tema deberá referirse a cualquier situación o desarrollo de hechos entre personas o instituciones y que puedan ocurrir cuando se sobrepase la satisfacción de necesidades, llegándose al exceso, al derroche, al despilfarro; cuando los recursos disponibles, más si son limitados o modestos, se destinen a lo superfluo; cuando, en suma, una persona o muchas o aun un país entero, desvíen recursos a compras excesivas, bajo los estímulos de la imprevisión, de la imitación, de la vanidad, de la apariencia, de lo circunstancial o lo efímero, en lugar de ponerlos al servicio de la producción de bienes". Ése era el "tema" del concurso. Bonito tema, ¿no era cierto?

Pero dejándose de cosas y de coches, ahora lo importante era que había ganado; sobre todo, que había escrito algo y que lo había enviado sin temor al fracaso y que había ganado. ¿No era esto en el fondo lo que pretendía el concurso? Viéndolo bien, ¿qué era lo que se trataba de desarrollar con él? ¿La industria del país en general, la automotriz en particular o la simple literatura? Sabía que muchos tratarían de seguir aquellos lineamientos en su forma más burda y de halagar a la fábrica de automóviles o a la industria nacional como un todo con tal de ganar, olvidando la finalidad de su arte. Pero con este último argumento, ¿no estaba él mismo, como podía pensarse que hacía el protagonista del cuento que envió y que nunca creyó que ganara, tratando de influir en el ánimo de los jurados, sus amigos quizá, poniéndolos en el dilema de decidir de qué lado estaba cada uno, si del de la industria o del de la literatura? Y una y otra vez se repetía a sí mismo que para él lo importante no era el premio, sino el hecho de que había participado y ganado, con una broma trillada, con la vieja tontería de escribir el cuento del que escribe el cuento, mediante la cual se concretaba a consignar una vez más que la vida era un cuento idiota contado por un idiota.

—Bueno, a lo mejor sí; pero no porque yo lo buscara —dijo, como despertando otra vez—. ¿Por qué no? Puede ser que se hayan dado cuenta de que era mío y que yo les caiga bien.

—¿Entonces?

—¿Entonces qué?

—¿Cómo que qué?

—Ah, el coche. Quédate con él. Te digo en serio que no me importa.

—¿Lo ves? Aunque no lo quieras reconocer lo único que te importa es el coche, porque eres un egoísta. Bueno, llévatelo y regálaselo a cualquier puta —dijo ella pensando darle a entender una vez más que a él lo que le gustaba eran las mujeres que le sacaban el dinero, que lo engañaban, que no eran tan buenas como ella, y alzando más la voz, no con la idea de que él la oyera mejor sino con la de distraer su atención del hecho de que empezaba a servirse otra copa.

—Haz con él lo que te dé la gana —respondió él en la misma forma, sirviéndose también y viendo otra vez distraído los zapatos que acababa de comprar y que se había ido quitanto porque hacía mucho que no estrenaba zapatos y los pies le ardían—. ¡Tíralo, regálalo o véndelo!

En tanto bebía su ron, ella pensaba está exaltado, siempre se pone así, necesita demostrarme que es el más fuerte, que las cosas materiales no le interesan; que lo que desea es escribir y que yo lo admire por eso y lo quiera no por lo que tiene, sino por lo que puede hacer desinteresadamente; que yo crea, como lo creo, que estaría dispuesto a dejarse matar por las tonterías de la literatura, o por un cuadro, o por ese tipo de cosas que todos admiran con razón, pero quién iría a pensar en hacer lo mismo por una guerra, o precisamente por las estupideces de que se ocupan otros, tipo negocios o qué. Pero por supuesto lo que contestó fue:

—Claro que sí; es lo que voy a hacer; a comprar lo que no puedo tener si mi hermana no me regala lo que le sobra para humillarme, o si tus amigos no te hacen el favor de obsequiarte un premio.

Ni lo iba a hacer ni se sentía humillada por nada; pero en las discusiones así era como se contestaba, aunque lo que estuviera inspirando el otro fuera deseo, o amor, o tal vez ternura, si bien nunca se sabía por qué razón todo esto mezclado casi siempre con odio.

—Bueno, no discutamos más —dijo él—; estás casada con un buen escritor o con un tonto.

Al contrario de lo que ocurría con él, que se creía lo último, ella estaba segura de que en realidad era lo primero: pero tanto porque comenzaron a tener apetito como por no dar más importancia a lo que cada uno sentía en ese momento, se dirigieron a la cocina a buscar algo de cenar. Una vez ahí se produjo un silencio en medio del cual, mientras masticaban lentamente y tragaban con dificultad un poco de pan con jamón, pues no era cosa de ponerse a preparar una cena en forma, pensaron en coches azules o rojos o del color que fueran, y en zapatos nuevos, y en largas avenidas llenas de coches y en horribles galeras de imprenta y en pensiones para autos en que uno los dejaba seguros por la noche, y en revistas literarias en que el nombre de uno aparecía inmortalizado por un premio, y en discusiones animadas por el alcohol y en cómo había que llevarlas sin darse nunca por vencido, y en el amor y en sexos y en frases de reconciliación y en quién diría la primera; hasta que terminado el jamón y dos copas más, él dijo gracias, y ella contestó que de nada, ambos con el tono indiferente de quien jamás se hubiera visto antes, después de lo cual él con aire de dignidad o de decisión declaró voy a escribir, y se levantó y se dirigió a su cuarto y se sentó ante su pequeña mesa escritorio, y mientras ella se desvestía frente a él y se metía en su cama sacó una hoja de papel y con un lápiz en la mano se quedó viendo la hoja largamente, como hipnotizado por el color blanco, hasta que ella, a su vez, después de un largo rato de reflexionarlo fuerte o, como puede imaginarse, de serios exámenes de conciencia, le preguntó desde la cama, entre imperiosa y suplicante, sintiéndose abandonada y triste como la mayoría de las noches en que él se dedicaba a aquello:

—¿No vienes?

Por lo general, a las once y media de la noche uno se encuentra más que cansado del trabajo, de las pruebas de imprenta, de caminar con zapatos nuevos, de la oficina, de los amigos, de sí mismo, de discutir, de comer jamón con pan, de ganar premios, del propio entusiasmo; aparte de que a esa hora el alcohol lo hace a uno ver no sólo menos difícil el día siguiente sino muchísimo más fácil el glorioso futuro; de manera que pensando en las frescas sábanas blancas y en lo que le esperaba en ellas respondió conciliador y esperanzado mientras tomaba rápidamente una última copa:

—Sí.

LOS JUEGOS ERUDITOS

Alfonso Reyes la tituló "La estrofa reacia", y ha venido intrigando a los eruditos desde los tiempos del mismo Góngora. Se trata de la estrofa número xi de la *Fábula de Acis y Galatea*, conocida entre los amigos como "el Polifemo", poema en sesenta y tres octavas reales que Luis de Góngora no llegó a ver publicado, como no vio publicado nada suyo. Reyes asegura que el poema estaba terminado a mediados de 1613. Góngora tenía entonces cincuenta y dos años y —dice Reyes, como quien desea dejar claro que el poeta no estaba loco— "era dueño de todos sus recursos poéticos".

Estrofa:

> Erizo es el zurrón de la castaña;
> Y entre el membrillo o verde o datilado,
> De la manzana hipócrita, que engaña
> A lo pálido no: a lo arrebolado;
> Y de la encina, honor de la montaña
> Que pabellón al siglo fue dorado,
> El tributo, alimento, aunque grosero,
> De el mejor mundo, de el candor primero.

De la erudición, lo que más me atrae es el juego. Y quiero suponer que lo mismo les ha ocurrido, desde antes de la muerte de Góngora hasta el día de hoy, a los sabios que obsesionados por una preposición han dedicado más tiempo a establecer el sentido de esta estrofa del *Polifemo* que a disfrutar tranquilos el poema. Pero las cosas son así, y aun uno, que debería dedicar su tiempo a lo suyo, cae a veces en estas tentaciones, que en el fondo quizá vengan a ser intentos disimulados de pasar a la posteridad como sea.

Hace algunos años Eduardo Torres se equivocó, o hizo como que se equivocaba, y explicó verso por verso la estrofa que no era, llamándola "una estrofa olvidada".

Como se sabe, en el *Quijote* hay errores de bulto claramente debidos al autor, y muchos que son simples erratas o minucias insignificantes que los correctores de pruebas dejaron pasar para la mayor gloria de don Diego Clemencín y otros comentaristas, de Francisco Rodríguez Marín para acá, que han convertido la lectura de sus notas al pie de página en una delicia sólo paralela a la que produce la lectura del texto. Me adelanto a la suposición de que esto es una ironía. En realidad, con un poco que a uno le guste la literatura, uno puede pasarse noches enteras leyendo las objeciones que Clemencín ponía al texto de Cervantes y las defensas de Cervantes a cargo de Rodríguez Marín, no menos enloquecido por un ideal de justicia que el propio Alonso Quijano. Pero hay en el capítulo VI del *Quijote* un galimatías relacionado con galeras que nadie ha logrado desentrañar. Está en el párrafo que dice: "...con todo, os digo que merecía el que lo compuso, pues no hizo tantas necedades de industria, que lo echaran a galeras por todos los días de su vida". Se refiere al autor de *Tirante el Blanco*, y esto, contra lo que parece, estaría dicho en su defensa, si uno toma galeras por galeras de imprenta. Y sin embargo, lo mejor es leer el párrafo sin preocuparse y seguir adelante: es bien sabido a lo que conducen esas intrincadas razones.

Sin duda menos descuidos hay en la *Divina comedia*, aunque no menos notas aclaratorias. Así y todo, hasta hoy ninguna ha sido capaz de dar una explicación satisfactoria del primer verso del canto VII del *Infierno: Papé Satán, papé Satán aleppe!*, del que nadie sabe bien a bien lo que quiere decir. Pero la verdad es que los especialistas huyen de él como del diablo, en la misma forma que yo lo hago ahora.

Cuando llegué a México por primera vez, en 1944, pronto me encontré en la Facultad de Filosofía y Letras (a la que asistía como oyente en la cafetería) a Ernesto Mejía Sánchez y a Rubén Bonifaz Nuño. Ambos eran poetas y ambos querían ser eruditos. Mejía Sánchez leía incansable a Góngora y Bonifaz a Garcilaso, y el primero hablaba de unas rimas sonoras que le había dictado no sé qué bucólica Talía, y el segundo de lágrimas a las que se les ordenaba salir fuera sin duelo. Pronto yo también, recién escapado de debajo de las patas de la caballería ubiquista, me aprendí de memoria mi Góngora y mi Garcilaso.

No obstante, fue con Bonifaz Nuño con quien al cabo de unos cuantos años nos propusimos, jugando con la erudición cada quien a su manera, fijar de una vez por todas el sentido de la estrofa reacia.

La historia de esta estrofa es muy larga, pero para un lego puede ser entretenida en la medida en que como tal no se pierda en la maraña de los juegos eruditos, y no trate de aprender de memoria (y mucho menos de recordar con precisión los nombres de los escoliastas, que bastante se divirtieron ya por su cuenta) las variantes propuestas a lo largo de cuatro siglos de intentos de interpretación, ni de seguir los cambios propuestos para el lugar de las comas, los puntos y comas, los dos puntos.

El texto que transcribo, el del manuscrito llamado Chacón, es el de Góngora, con sus puntos y sus comas, y es el que Góngora no quiso nunca cambiar, ni mucho menos *enmendar* (recomendación esta última de sus amigos que lo sulfuraba), y ni siquiera, con orgullo de poeta deliberadamente difícil, *explicar.*

Vistas así las cosas, es de suponer que nadie tiene derecho a hacer cambios o enmiendas (no importa cuánto sea el amor que se le tenga) a un texto deliberadamente oscuro; pero sí, digamos, a *explicarlo*, aun a riesgo de salir con un disparate, como probablemente es mi caso.

La lista de los intérpretes modernos, que tomo de *El Polifemo sin lágrimas* de Alfonso Reyes, es la siguiente: Dámaso Alonso; Zdislas Milner; Roberto Giusti; Lucien-Paul Thomas; August Soendlin; Alfonso Méndez Plancarte; Alfonso Reyes. A estos nombres hay que añadir ahora el de Rubén Bonifaz Nuño, gran poeta y gran traductor de Virgilio, Ovidio, Catulo y Propercio.

Confieso que cuantas veces he tratado de escribir esto, es éste el momento en que siempre me detengo, por varias razones, a saber: *1)* Me estoy metiendo en terrenos peligrosos, que además no son los míos; *2)* es pretencioso tratar en un simple ensayo, y en media hora, de resolver un problema que ha durado cuatrocientos años; *3)* es casi imposible que ningún lector haya llegado hasta aquí, a pesar de las excusas, circunloquios y pequeñas bromas con que he querido suavizar el tema; *4)* consecuencia de *1):* tengo miedo.

¿Pero por qué tener miedo a abordar un problema que se reduce a dudas de puntuación, a inseguridad en cuanto al valor de una preposición, a proponer, como es mi caso, el verdadero sentido de una palabra, suponiendo que ése fue el que le quiso dar un poeta más o menos muerto de hambre hace cerca de cuatro siglos? Ea. Adelante.

Cuando Góngora escribió los versos:

> Y de la encina, honor de la montaña
> Que pabellón al siglo fue dorado,
> El tributo, alimento, aunque grosero,
> De el mejor mundo, de el candor primero

con que termina su estrofa, tenía tan claro, como yo lo tengo ahora y lo tuve siempre, que *tributo* está por *carga*.

Obnubilados por lo que suponen un error de sintaxis, los eruditos y gramáticos se han desviado por siglos de un caso de sentido muy sencillo. Efectivamente, la preposición *de* no los deja ver la encina, y probablemente ésta no los deja ver el bosque.

Polifemo ha recogido frutas en su zurrón: peras, castañas, membrillos, manzanas. El error consiste en pensar que entre estas delicias ha puesto también bellotas, y que a éstas se refiere el poeta cuando usa la palabra *tributo*, que, según yo, usó como sinónimo de *carga*.

El Diccionario de Autoridades registra así "tributo", 2ª acepción: *Se toma también por cualquier carga continua.*

Y el de la Academia: tributo, 4ª acepción: *cualquier carga continua.*

Mi proposición, para abreviar: Polifemo cuelga su zurrón en una rama de la encina, con lo cual convierte dicho zurrón en *carga* de ésta.

He lamentado siempre, pero sobre todo en esta ocasión, no haber visto nunca un pastor, sino de lejos, desde el tren; y no creo recordar haber estado jamás cerca de una encina, pero por lo menos las he visto dibujadas o descritas en los diccionarios, y sé que tienen ramas.

Si reúno estas dos imágenes más o menos irreales para mí: un pastor con su zurrón y una rama de encina, me es fácil suponer que ese pastor, al buscar sombra bajo la cual descansar y tocar su zampoña (como por otra parte hace Polifemo en la estrofa siguiente), colgará su zurrón de dicha rama, acción con la cual lo convertirá en *carga* de la encina, que por supuesto Góngora no se contentará con denominar así (llamar a las

cosas por su nombre estaba bien para Garcilaso) sino mediante su acepción más lejana, pues para eso era Góngora: *tributo*,
no sólo por ser éste un término más culto que el vulgar *carga*,
sino atraído por esa maravillosa *u* acentuada, imposible de
resistir para un poeta de su oído.

¿Y ahora qué hago? ¿Caeré en la tentación de explicar aún más
lo que siempre hubiera podido pasar sin explicación, como las
galeras cervantinas del capítulo VI y el *Papé Satán aleppe* dantesco del canto VII? No; prefiero no hacerlo: ya no sería juego.

CÓMO ACERCARSE A LAS FÁBULAS

Con precaución, como a cualquier cosa pequeña. Pero sin miedo.

Finalmente se descubrirá que ninguna fábula es dañina, excepto cuando alcanza a verse en ella alguna enseñanza. Esto es malo.

Si no fuera malo, el mundo se regiría por las fábulas de Esopo; pero en tal caso desaparecería todo lo que hace interesante el mundo, como los ricos, los prejuicios raciales, el color de la ropa interior y la guerra; y el mundo sería entonces muy aburrido, porque no habría heridos para las sillas de ruedas, ni pobres a quienes ayudar, ni negros para trabajar en los muelles, ni gente bonita para la revista *Vogue*.

Así, lo mejor es acercarse a las fábulas buscando de qué reír.

—Eso es. He ahí un libro de fábulas. Corre a comprarlo. No; mejor te lo regalo: verás, yo nunca me había reído tanto.

ENTRE LA NIEBLA Y EL AIRE IMPURO

Cuando en 1946 apareció *El señor Presidente,* Miguel Ángel Asturias era ya un escritor y poeta ampliamente apreciado. Sus *Leyendas de Guatemala,* publicadas por primera vez en 1930 y traducidas al francés por Francis de Miomandre, revelaron a cierto público europeo un mundo mágico americano en el que los mitos se movían con la perenne juventud de lo eterno, como vivos, actuantes portavoces de un pasado siempre presente que impresionó a Valéry. Deslumbrado él mismo por la riqueza espiritual del universo indígena, Asturias nos deslumbra con la recreación de historias de dioses, animales y hombres que se complacían en inventar a su vez el mundo, en una renovada lucha por explicarlo, por asirlo, por trascenderlo y gozarlo. La obra poética de Asturias, sin duda opacada por la fuerza y notoriedad de sus narraciones en prosa, se impregna desde el principio y hasta el último momento de un aire mágico que no proviene sino de aquel pasado que nosotros, provistos quizá de otras antenas, no alcanzamos a percibir con la plenitud con que el poeta lo hace en comunicación directa con las piedras, los árboles, los rumores de un mundo perdido en el futuro remoto.

La palabra, elemento primordial. Cuando Alfonso Reyes habla de la jitanjáfora recuerda a Asturias como uno de sus inventores. La jitanjáfora, que lo expresa todo porque no significa nada. La mera oralidad infantil, la onomatopeya, la simple emisión de sonidos dicen más que cualquier otra cosa en boca de ciertos personajes del teatro y de la literatura modernos, desde Aristófanes hasta Ionesco: la forma de expresión de un submundo que pugna por hacerse oír, no por hacerse entender. *Papé Satán, papé Satán aleppe!,* grita Plutón en el *Infierno.* Voces que no significan nada, que no quieren decir nada, o que lo dicen todo. "Alumbra lumbre de alumbre, Luzbel de piedralumbre, sobre la podredumbre! Alumbre, alumbra, lumbre de alumbre... alumbre... alumbra... alumbre..." Son las primeras palabras de *El señor Presidente.* No se sabe quién las dice. No las dice ningún personaje. No las dice el autor. Sencillamente, están allí. Pero no es posible dudar de que son palabras infernales, de que quien las siga entrará de cierta manera en el Infierno. Entre expresiones ininteligibles y alusiones a pulgares de pilotos que naufragaron al regresar a sus países; a páramos; a puercos sentenciados a muerte antes de tiempo; a ratones sin cola, las brujas de *Macbeth* se invitan unas a otras a revolotear entre la niebla y el aire impuro, y ven que lo hermoso es feo y lo feo hermoso.

Del mundo mágico del remoto pasado arribamos al mundo en que la acción de *El señor Presidente* tiene lugar. Una época sin época. Se supone que el señor Presidente es el licenciado Manuel Estrada Cabrera, un individuo guatemalteco que más o menos durante los primeros veintidós años de este siglo gobernó a su país en forma omnímoda. Torpe representante del Mal, en Hispanoamérica ha habido muchos otros como él: no es necesario hacer aquí su censo ni convertir estas líneas en la tediosa queja habitual contra ellos. ¿Qué objeto tendría? No hay quien no los conozca. Los malos intelectuales y los intelectuales buenos los abominan; cuando se ven libres de su presencia, nuestras preocupadas clases medias los lloran. Como un fenómeno natural y secular, ellos siguen existiendo, a pesar de que de vez en cuando, aquí o allá, se logre descabezarlos un poco. En *Tirano Banderas*, Ramón del Valle-Inclán quiso hacer con la totalidad de estos personajes uno solo. Son uno solo. Como una sola es la miseria de todo orden que los hace posibles. ¿Quién no ha advertido que el señor Presidente, ya se trate de Estrada Cabrera, de Ubico o de Castillo Armas, es apenas un ser que huye de su propio miedo erigiendo el miedo? Lo más desolador de esta historia es la comprobación de que el "dictador" es el ejecutor de lo que una minoría ilustrada de sus súbditos desearía hacer y no se atreve. Cuando el señor Presidente aparece en *El señor Presidente* uno se da cuenta de que, de todos, él no es el peor; de que, en este caso, se trata además de un hombre asustado de la "maldad" y la "ingratitud" de quienes lo rodean; de que es, ni más ni menos, el rey que las ranas pedían a gritos. ¿Deberé añadir: que pedíamos? Es en esto, precisamente, en donde radica uno de los grandes valores de esta novela. Por supuesto, *El señor Presidente* es una sátira dirigida contra ti y contra mí, que es contra quienes las buenas sátiras se han dirigido siempre. Resulta ingenuo pensar que está dirigida únicamente contra los dictadores. Todo el mundo desea un dictador auténtico, un Julio César, un Napoleón, un padre que valga la pena. Pero a nosotros siempre tienen que salirnos estos pobres diablos hechos a imagen y semejanza nuestra. Las ranas piden rey y Júpiter sabe lo que les da. ¿No es claro que en *El señor Presidente* el personaje más desolado es el señor Presidente?

Hay en esta novela varios crímenes, un rapto, fugas, mendigos, mutilados, amores imposibles (tanto en la vida como en la literatura), policías secretos en acto o en potencia (todos), llamadas desesperadas en la noche a puertas onomatopéyicas que por terror no se abren, alcohol (no mucho para la literatura moderna), ternura, miedo, conmiseración, amor, palabras, frases cuyo sentido se ha perdido, grandes y peligrosas caídas de literatura romántica, múltiples aciertos de literatura contemporánea.

El capítulo I, "En el Portal del Señor", describe la miseria humana más visible. La miseria de los más pobres; la de los que se niegan a sí mismos toda solidaridad, todo respeto, todo amor; en la cual, a manera de siniestro eco, se escucha la palabra madre como imprecación, como lamento. Los pordioseros de la ciudad, sin anunciarlo, anuncian de una vez por todas que, al entrar aquí, el lector hará bien en abandonar toda esperanza.

En el capítulo IV, "Cara de Ángel", el encuentro del *Pelele* con su madre constituye la página más tierna y abrumadoramente humana de la obra entera de Miguel Ángel Asturias. Sólo Luis Buñuel, más tarde en el cine, ha sido capaz de figurar este encuentro fugaz e infinito de la madre-toda-ternura y el hijo-todo-necesidad-de-ternura, comprendiéndose, amándose, en tanto que un pájaro, "que a la vez que pájaro era campanita de oro", dice:

—Soy la Manzanarrosa del Ave del Paraíso, soy la vida, la mitad de mi cuerpo es mentira y la mitad es verdad, soy rosa y soy manzana, doy a todos un ojo de vidrio y un ojo de verdad: los que ven con mi ojo de vidrio ven porque sueñan, los que ven con mi ojo de verdad ven porque miran. Soy la vida, la Manzanarrosa del Ave del Paraíso, soy la mentira de todas las cosas reales, la realidad de todas las ficciones.

Por supuesto, el encuentro del *Pelele* con su madre es un sueño de realización imposible, una mentira más de las cosas reales.

Por el capítulo xiv, "¡Todo el orbe cante!", empieza a verse la realidad real; al señor Presidente en medio de una fiesta; a sus allegados; a sus guardaespaldas; a sus cortesanos; amenazado aquél de pronto por un supuesto peligro que hace temblar a todos, correr a todos. "Aún se escuchan los gritos, aún saltan, aún corren, aún patalean las sillas derribadas." "Un coronel se perdió escalera arriba guardándose el revólver. No era nada. Un capitán pasó por una ventana guardándose el revólver. Otro ganó una puerta guardándose el revólver. No era nada. No era nada." Efectivamente, no era nada.

Sabido es que los críticos sólo se equivocan cuando se trata de obras importantes. *El señor Presidente* apareció por primera vez en México, en 1946. En ese tiempo se le concedió una atención más bien menor y en algunas reseñas se da a entender que sus defectos son mayores que sus aciertos. Volveremos sobre esto. Unos cuantos años después, corriendo probablemente toda clase de riesgos, una editorial de Buenos Aires lo vuelve a publicar. Un gran público lo descubre entonces y lo convierte en una de esas grandes novelas que se debe haber leído. Los acontecimientos que en esos años tienen lugar en Guatemala llaman a su vez la atención de vastos sectores sobre Asturias, quien, con Luis Cardoza y Aragón, encabezaba la lucha de los escritores guatemaltecos contra la invasión extranjera a Guatemala. Las ediciones se suceden. Otros pueblos ven en *El señor Presidente* algo de su propia imagen, y lo traducen y lo leen con entusiasmo. Miguel Ángel Asturias se convierte en el escritor hispanoamericano más leído y apreciado mundialmente, probablemente al mismo nivel que Pablo Neruda.

En infinitas ocasiones se han publicado libros sensacionales que más tarde la gente olvida con razón. No parece ser éste el caso. No se podría decir, ni mucho menos, que *El señor Presidente* es un hecho aislado; pero es un hecho deslumbrante, por sus cualidades y por sus defectos. Como ocurre con los buenos libros, los nuevos lectores y los nuevos acontecimientos (si es que en realidad hay alguna vez nuevos acontecimientos) lo mejoran. Las cualidades que hoy advertimos en él son los defectos que le descubrieron hace décadas, *i.e.*, su irrestricta libertad estilística, el uso de localismos difíciles de comprender fuera de su país de origen, su ruptura con las normas gramaticales impuestas por la Academia (la señora Presidenta de los malos escritores), sus recursos expresionistas, su insistencia en las actitudes y los sentimientos más bajos, por decirlo de algún modo, de los seres marginados o más notoriamente humanos.

De la fecha en que apareció *El señor Presidente* para acá han pasado algunos años y muchas cosas. Pero pocas cosas diferentes. Los buenos libros son buenos libros y sirven para señalar los vicios, las virtudes y los defectos humanos. Pero no para cambiarlos. El tipo de dictadores que esta novela denuncia sigue existiendo como si nada. No importa. Con ellos o sin ellos hemos ido alcanzando otros progresos: los pobres son ahora más pobres, los ricos más inteligentes y los policías más numerosos. Y *El señor Presidente* sobrevive a toda clase de traducciones, al premio Nobel, a los elogios de la crítica, al entusiasmo del público.

LO FUGITIVO PERMANECE Y DURA

AHORA que se habla tanto de Quevedo con motivo de los cuatrocientos años de su nacimiento, quiero recordar que hace unos ocho estuvo en México Robert Pring-Mill, profesor de Saint Catherine's College, de Oxford, Inglaterra, y especialista en Quevedo, con quien una larga tarde lluviosa conversamos en mi casa acerca de buscones, nobles conjurados para asesinar a Julio César, elogios del dinero, sueños infernales y, naturalmente, de sonetos, y entre éstos, por supuesto, del perfecto (que en esa oportunidad Jorge Prestado dijo en voz alta y de memoria):

> Buscas en Roma a Roma, ¡oh, peregrino!,
> y en Roma misma a Roma no la hallas:
> cadáver son las que ostentó murallas,
> y tumba de sí propio el Aventino.
> Yace donde reinaba el Palatino;
> y limadas del tiempo, las medallas
> más se muestran destrozo a las batallas
> de las edades que blasón latino.
> Sólo el Tíber quedó, cuya corriente,
> si ciudad la regó, ya, sepultura,
> la llora con funesto son doliente.
> ¡Oh, Roma!, en tu grandeza, en tu hermosura,
> huyó lo que era firme, y solamente

hasta llegar al archifamoso endecasílabo:

> lo fugitivo permanece y dura.

—Eso está tomado de *Janus Vitalis* —exclamé yo de pronto viendo a Robert, seguro de que inmediatamente me diría:
—Dr. Johnson.
Pero no lo dijo.
Entonces me levanté y busqué en mis estantes la *Vida de Samuel Johnson* de Boswell, y encontré en el tomo II de la edición Evereyman's, p. 181, pero leí en voz alta en la reducidísima versión de Antonio Dorta publicada por Austral:

Mencionado el viaje de Horacio a Brindis, observó Johnson que el arroyo que describe puede verse ahora exactamente como en aquel tiempo y que a menudo se ha preguntado cómo puede ocurrir que pequeñas corrientes, como ésta, conserven la misma situación durante siglos, a pesar de los terremotos, que cambian incluso las montañas, y de la agricultura, que produce tales cambios en la superficie de la tierra. CAMBRIDGE: Un escritor español ha expresado ese pensamiento de una forma poética. Después de observar que la mayoría de las edificaciones sólidas de Roma ha perecido totalmente, mientras el Tíber sigue permaneciendo igual, dice:

> Lo que era Firme huió solamente*
> lo Fugitivo permanece y dura.

JOHNSON: Eso está tomado de *Janus Vitalis:*

> ....*immota labescunt;*
> *Et quae perpetuo sunt agitata manent.*"

Como en realidad lo que más les interesaba en ese momento (como en tantos otros) era conversar, el gran hombre y sus interlocutores siguen hablando como si nada, y como si ese poeta español, que no era otro que Quevedo, careciera de importancia, y lo más probable es que en realidad para ellos careciera de importancia, pues en ese año de 1778 en que el diálogo tuvo lugar (133 años después de la muerte del poeta) el único escritor español que todavía contaba en Inglaterra era Cervantes, quien había mostrado a Smollet, a Sterne y a Fielding, entre otros, las posibilidades de esa para entonces extraña cosa que hoy llamamos antihéroe, y de paso una nueva manera de narrar.

Lo que sí ya resulta más extraño es que los eruditos de hoy sigan hablando de este verso maravilloso sin hacer caso para nada de la observación un tanto despectiva de Johnson, ni explicarnos qué cosa sea *Janus Vitalis*, que Quevedo debió de conocer, pero que hoy todo el mundo ha olvidado.

Pero hay algo más. En los *Poemas escogidos* de Quevedo preparados por José Manuel Blecua para los Clásicos Castalia, leo en nota que un humanista polaco, Nicola Sep Szarynski, publicó en 1608 un epigrama que según Blecua constituye la fuente de los versos primeros y últimos del soneto, y es posible,

---

* Así en el original en inglés, tal como lo anotó Boswell.

pues para entonces Italia seguía estando de moda y una antología titulada *Delitia italorum poetarum,* como la del polaco, sería tremendamente atractiva para el poeta.

Toda vez que yo no soy hombre de fichas ni quién para meterme en estas honduras, y como presumiblemente ni María Rosa Lida de Malkiel en su artículo "Para las fuentes de Quevedo", ni R. J. Cuervo en el suyo "Dos poesías de Quevedo a Roma" dicen nada sobre esta johnsoniada, pues de otra manera Blecua lo habría recogido; y como hasta ahora no se ha sabido que mi amigo Pring-Mill haya usado el norte que le di la tarde de Coyoacán en que con Isabel Fraire, Jorge Prestado y otros amigos cercanos hablamos de Marco Bruto, de lo poderoso que es el dinero y de ese inacabable milagro de la permanencia y la duración de lo fugitivo, no estoy dispuesto a dejar pasar estos días sin llamar públicamente la atención sobre ese fugaz instante londinense de 1778 en que el señor Cambridge señala tímidamente la existencia de un poeta español que se atreve a coincidir con Horacio tan sólo para que, como una entre mil otras veces, la majestuosa mano de Johnson apartara de su mente tal idea, como quien aparta un mal pensamiento o una mosca.

Y volviendo a lo mismo, ¿qué es eso de *Janus Vitalis?* Estoy seguro de que alguna vez lo supe, para olvidarlo más tarde. No sé incluso si llegué a comunicárselo a Pring-Mill, como debo de haber creído que era mi deber. Pero en fin, yo no soy erudito y no tengo por qué recordarlo, aparte de que el año del cuarto centenario se termina y no deseo que eso suceda sin rendir este apresurado homenaje a nuestro gran poeta, homenaje que con igual pretexto rendiría al gran Samuel Johnson si este año fuera 1984 y en San Blas se conmemorara el segundo centenario de su muerte.

POESÍA QUECHUA

CUANDO ven una obra de arte autóctono o, en los últimos tiempos, leen en español determinada poesía indígena prehispánica, no faltan quienes estén dispuestos a asombrarse quizá un poco más de la cuenta y a atribuir a tales trabajos un mérito que seguramente no tienen: el de haber sido hechos o escritos por seres inferiores a hombres. Para no exagerar: gracias a un fácil mecanismo mental, muchos consideran dichas obras si no la creación de seres irracionales sí por lo menos de sujetos con mentalidad frontera a lo infantil. De ahí también otro efecto paralelo: la excesiva y a veces más que inmerecida admiración por ciertas manufacturas folclóricas nuestras, cuyo encanto no existiría sino a través de aquel falso supuesto, o sin la técnica chambona del autor, conocido o desconocido.

No sé si tan entusiasta, o tan sólo con mayor tolerancia para sus congéneres de no importaba qué cultura (pienso en su defensa de las prácticas caníbales), Miguel de Montaigne no incurrió en lo mismo cuando en su siglo anotó esta canción indígena de Brasil:

Detente, culebra, detente, a fin de que mi hermana copie de tus hermosos colores el modelo de un rico cordón que yo pueda ofrecer a mi amada; que tu belleza sea siempre preferida a la de todas las demás serpientes.

Y cuando añadió:

Yo creo haber mantenido suficiente comercio con los poetas para juzgar de esta canción que no sólo nada tiene de bárbara, sino que se asemeja a las de Anacreonte. El idioma de aquellos pueblos es dulce y agradable y las palabras terminan de un modo semejante a las de la lengua griega.

Oscurecida como lo estuvo durante siglos por el fanatismo o el olvido, la poesía de las diversas culturas indígenas americanas es hoy considerada cada vez más según sus valores esenciales. Gracias a una especie de Renacimiento que hoy nos hace volver los ojos a ellas, ya son pocos, si es que los hay, los que aún hacen estas comparaciones entre poesías indias y cultas para convertir en aceptables las primeras. Y esto empieza a dar por resultado el descubrimiento o la mera divulgación de obras que depararán más de una sorpresa a quien se acerque a ellas no con el espíritu del que se asombra de que nuestros bisabuelos hicieran poesía, como si aún hubieran sido subhombres, sino con la optimista suposición de que, como nosotros, en cierta medida habían dejado ya de serlo.

En una selección de poesía quechua preparada por el poeta peruano Sebastián Salazar Bondy, hoy muerto, que publicó la Universidad de México hace años, reencuentro un puñado de poemas prehispánicos que comprenden himnos y oraciones, poesía amorosa y pastoril y poesía dramática y folclórica, y pienso en estados de ánimo que vivieron y que de seguro viven hoy los habitantes de la altiplanicie andina; desde los que se expresan en los himnos dedicados a Uira-Cocha, Señor del Universo, y en la impresionante "Elegía a la muerte del Inca Atahualpa":

> La tierra se niega a sepultar
> a su Señor,
> como si se avergonzara del cadáver,
> como si temiera a su adalid
> devorar;

hasta los que asoman en el mágico "Yo crío una mosca":

> Yo crío una mosca
> de alas de oro,
> yo crío una mosca
> de ojos encendidos.
> Vaga en las noches
> como una estrella;
> hiere mortalmente
> con su resplandor rojo,
> con sus ojos de fuego,

que, si hubiera tenido la suerte de conocerlo, Montaigne compararía con algo semejante de William Blake.

Ahora bien, yo tenía una duda. El hallazgo, en estos y otros poemas contenidos en el libro de Sebastián, de metáforas y expresiones que un poeta moderno podría suscribir, ¿nos da derecho a temer que estas traducciones adolezcan del mismo defecto en que incurrieron bien intencionados traductores de otros tiempos cuando trasladaron al español los poemas del rey-poeta mexicano Nezahualcóyotl en formas líricas tradicionales españolas, de que no son mal ejemplo estas estrofas que me pasa Rubén Bonifaz Nuño?:

> No bien hube nacido
> y entrado en la morada de dolores,
> cuando sentí mi corazón herido
> del pesar por los dardos punzadores.
>
> Crecí en afán prolijo
> y al verme solo prorrumpió mi labio:
> ¿Qué hace en la vida desvalido el hijo
> si no lo sabe guiar consejo sabio?

Uno puede imaginar a Nezahualcóyotl buscando con aflicción en su *Diccionario de la rima* estas difíciles consonancias en *ido*, en *ijo*, en *abio* y en *ores*.

Cuando le comuniqué este temor y esta sospecha a mi amigo Salazar Bondy, famoso autor de *Lima la horrible*, y le di a conocer esas estrofas, decía que yo era un bromista, y se reía, y hacía bien.

SOBRE LA TRADUCCIÓN DE ALGUNOS TÍTULOS

Cuando yo era chico, ignorar el francés era ser
casi analfabeto. Con el decurso de los años pasamos del francés al inglés y del inglés a la ignorancia, sin excluir la del propio castellano.

J. L. Borges, *Prólogos*

En ninguna forma el tema de estas líneas serán las divertidas
equivocaciones en que con frecuencia incurren los traductores. Se ha escrito ya tanto sobre esto que ese mismo hecho demuestra la inutilidad de hacerlo de nuevo. La experiencia humana no es acumulativa. Cada dos generaciones se plantearán
y discutirán los mismos problemas y teorías, y siempre habrá
tontos que traduzcan bien y sabios que de vez en cuando me-
tan la pata.

Desde que por primera vez traté de traducir algo me con-
vencí de que si con alguien hay que ser paciente y comprensivo
es con los traductores, seres por lo general más bien melancó-
licos y dubitativos. Cuando digamos en media página me encontré consultando el diccionario en no menos de cinco ocasiones, sentí tanta compasión por quienes viven de ese trabajo
que juré no ser nunca uno de ellos, a pesar de que finalmente
he terminado traduciendo más de un libro.

Estamos en un mundo de traducciones del que hoy ya no
podemos escapar. Lo que para Boscán era un pasatiempo cortesano, para Unamuno resultaba un imperativo ineludible. En
el siglo xvi Boscán se afanaba en dar a conocer a los españoles las leyes que dictan los buenos modales, puestas en orden
por Baltasar Castiglione; Unamuno, en el xx, las que rigen el
comportamiento humano, según Arturo Schopenhauer. O sea
la diferencia que va de moverse en un salón de baile a hacerlo
en el Universo.

Hay errores de traducción que enriquecen momentáneamente
una obra mala. Es casi imposible encontrar los que puedan

empobrecer una de genio: ni el más torpe traductor logrará estropear del todo una página de Cervantes, de Dante o de Montaigne. Por otra parte, si determinado texto es incapaz de resistir erratas o errores de traducción, ese texto no vale gran cosa. Los ripios con que el argentino Bartolomé Mitre se ayudó no enriquecen la *Divina comedia*, pero tampoco la echan a perder. No se puede.

En todo caso, es mejor leer a un autor importante mal traducido que no leerlo en absoluto. ¿Qué le va a suceder a Shakespeare si su traductor se salta una palabra difícil? Pero existen los que no lo leen porque alguien les dijo que estaba mal traducido. Y los que esperan aprender bien el francés para leer a Rabelais. Ridículo. Da igual leerlo en español. No se vale despreciar las traducciones de Chaucer cuando uno apenas puede con el Arcipreste de Hita. Por principio, toda traducción es buena. En cualquier caso, pasa con ellas lo que con las mujeres: de alguna manera son necesarias, aunque no todas sean perfectas.

La traducción de títulos es cosa aparte. Los cambios que algunos experimentan al pasar de una lengua a otra generalmente no son errores del traductor. En ningún país de lengua española habrá quien ponga por título *Odiseo* al *Ulysses* de Joyce. Alguien de la editorial no se lo permitiría. Digan lo que digan sus críticos, excepto cuando se descuidan es difícil que los editores se equivoquen. Si un título contemporáneo cambia totalmente, lo normal es que haya habido un acuerdo entre autor y editor. El gusto de verse traducido hace que al primero le importe muy poco cómo se llame su libro en otro idioma.

Podría dar ahora una larga lista de títulos curiosamente traducidos; pero como sé que están en la mente de todos no lo voy a hacer y me concretaré a los siguientes:

1. *La importancia de llamarse Ernesto*. En este momento no recuerdo quién lo tradujo así, pero quienquiera que haya sido merece un premio a la traición. Traducir *The Importance of Being Earnest* por *La importancia de ser honrado* hubiera sido realmente honesto; pero, por la misma razón, un tanto insípido, cosa que no va con la idea que uno tiene de Oscar Wilde. Claro que todo está implícito, pero se necesitaba cierto talento y malicia para cambiar *being* (ser) *earnest* (honrado) por "lla-

marse Ernesto". Es posible que la popularidad de Wilde en español comenzara por la extravagancia de ese título.

2. El otro día me acordaba de *La piel de nuestros dientes*, de Thornton Wilder. Cuando vi ese título por primera vez admiré como de costumbre a los norteamericanos por esa facultad tan suya de estar siempre inventando algo. ¿Cuándo tendríamos nosotros la audacia de titular así ya no digamos una obra de teatro, pero ni siquiera una clínica dental? Título original: *The Skin of Our Teeth*. Palabra por palabra: *La piel de nuestros dientes*, nombre que en México llevó al teatro a miles de personas. Imposible no acudir al diccionario. En inglés, encontré con alegría, *"to escape with the skin of our teeth"* significa, sencillamente, escapar por poquito, salvarse por un pelo. Pero es evidente que si el traductor hubiera escogido algo como *Por un pelito* ni él mismo hubiera ido a ver la puesta en escena.

3. Uno siente también cierta atracción irresistible hacia cualquier novela que se llame *Otra vuelta de tuerca*, como José Bianco tituló su excelente traducción de *The Turn of the Screw* de Henry James. En lugar de *La vuelta del tornillo*, que no quiere decir nada en español, Bianco cambió sabiamente "la" por "otra" y "tornillo" *(screw)* por "tuerca", con lo que *Otra vuelta de tuerca* quiere decir aún mucho menos, pero suena tan bien que nuestros intelectuales usan ya esa extraña expresión como si todo el mundo (y ellos mismos) supiera su significado. Si Bianco hubiera querido dar el equivalente exacto habría puesto algo tan vulgar como *La coacción*, lo que convertiría el título de una novela de fantasmas en algo vagamente gangsteril o forense. No cabe duda: el mejor amigo del traductor es el Diccionario, siempre que éste no se halle en manos del lector. Según mi *Oxford Advanced Learner's Dictionary of Current English*, *"to give somebody another turn of the screw"* significa *"to force somebody to do something"*: "forzar a alguien a hacer algo", coaccionarlo, conminarlo, pues. ¿Pero quién iba a ser tan poco sutil o poético como para poner en español *La conminación* a una novela de Henry James? Aunque no diga nada en nuestro idioma, *Otra vuelta de tuerca* y se acabó. Y uno se lo agradece a Bianco. Y otros cometen el disparate de soltar ese dicho en contextos que no tienen nada que ver.

4. Por un morboso deseo de molestar a mis amigos (estímulo

sin el cual prácticamente nadie escribiría) he dejado para el
final la traducción del título de los títulos, el que con más entusiasmo han recibido, aceptado, adoptado y usado nuestros
buenos poetas, novelistas, ensayistas, simples aficionados y,
ay, genios a la altura de Jorge Luis Borges (lo que absuelve a
todos los anteriores); el título más sonoro y el que denota más
enojo cuando hay que enojarse: *El sonido y la furia* de William
Faulkner, que suena tan bien y sugiere tanto desde que alguien
sin mucho amor al Diccionario tradujo literalmente el pasaje
de *Macbeth* en que éste propone que la vida es un cuento contado por un idiota, pero a quien jamás se le ocurrió que las
palabras siguientes en que se apoya: *"full of sound and fury"*,
iban a ser traducidas por otro quizá no tan idiota pero quien ni
de broma intentó preguntarse qué cosa fuera eso de un idiota
"lleno de sonido y furia".

De las frases hechas puestas en circulación por escritores,
pocas he visto tan usadas como esa de "el sonido y la furia" que
sean más la piel de sus dientes cuando se ven apurados o su
otra vuelta de tuerca cuando quieren ser enfáticos; pocas tan
repetidas como ese sonido y esa furia que nunca estuvieron en
la mente de Macbeth, o de Shakespeare (quien incluso añade
signifying nothing) cuando las introdujo en contexto tan dra-
mático; y que al mismo tiempo recuerden más la importancia
de ser curioso cuando de traducir títulos se trata.

Como en los casos de Wilde, James y Wilder, Faulkner fue
afortunado al usar una frase hecha, casi un refrán para titular
uno de sus libros. No así quienes usan pomposamente la traducción literal del título del mismo. ¿Pero cómo no ser indul-
gentes con los amigos o meros mortales cuando el propio Borges, quien ha gastado cuarenta años estudiando el inglés y aun
el celta, repite la misma distracción en el prólogo a su libro
Prólogos ("los concretos cielos de Swedenborg, *el sonido y la furia* de Macbeth, la sonriente música de Macedonio Fernández",
p. 8, Torres Agüero Editor, Buenos Aires, 1975) y Antonio Machado (Dios me perdone) en el mismo tono ("un cuento lleno
de estruendo y furia", p. 250, *Juan de Mairena*, Clásicos Castalia, Madrid, 1971) y a Astrana Marín le da miedo ser literal
y en vez del "sonido y la furia" pone "con gran aparato" (p. 1625,
W. Shakespeare, *Obras completas*, 10a. ed., Aguilar, Madrid,
1951) y últimamente alguien convierte *sound* en "rumor" y

fury en "cólera", en algo ya no tan tremendo sino apenas en eso: ese suave "rumor" y esa "cólera" un tanto mansa?

Por ahora yo sólo me atrevo a proponer a ustedes que vean en su *Concise Oxford Dictionary* lo que *"sound and fury"* quiere decir en el texto de Shakespeare: únicamente "bla, bla, bla". ¿Lo sabía Faulkner? Por supuesto, pues quien habla en su libro es efectivamente un idiota. En todo caso, es de suponer que el Diccionario lo sabe bien. Ábranlo y encontrarán (algunos con cierto sonrojo, espero) en la p. 1203, 2a. columna, línea 4, bajo la entrada *sound: mere words (sound & fury)*. Esto es, "meras palabras", que nosotros decimos "bla, bla, bla", o sea lo que en definitiva dice un idiota.

Y, probable y tristemente, la literatura en general.

LOS ESCRITORES CUENTAN SU VIDA

> Sí, es cierto, hay más de un hombre que ha escrito los recuerdos de su vida, en los que no había rastros de recuerdos, y a pesar de ello estos recuerdos constituían sus beneficios para la eternidad.
>
> SÖREN KIERKEGAARD

EN OCASIÓN en que un amigo mío no tan joven acaba de publicar el primer volumen de sus memorias y otro está a punto de publicar su autobiografía, quiero, si se me permite, rescatar por primera vez del olvido estas líneas casi inéditas escritas cuando toda una generación de jóvenes escritores mexicanos salieron contando sus vidas.

Después de que don Quijote liberó a los galeotes, y de que interrogó a varios sobre las causas de que los llevaran a galeras, uno de ellos lo intrigó declarándose orgullosamente autor de su autobiografía.

DON QUIJOTE: ¿Y cómo se intitula el libro?

GALEOTE: *La vida de Ginés de Pasamonte.*

DON QUIJOTE: ¿Y está acabado?

GALEOTE: ¿Cómo puede estar acabado si aún no está acabada mi vida? Lo que está escrito es desde mi nacimiento hasta el punto que esta última vez me han echado en galeras.

A don Quijote no le sorprende que ese hombre hubiera escrito su vida ni el hecho de que no fuera escritor para animarse a hacerlo. Ginés de Pasamonte tenía treinta años en el momento de su encuentro con don Quijote.

Ahora bien, mucha gente está en estos días no sólo sorprendida sino hasta alarmada de que un editor profesional edite autobiografías de escritores mexicanos; pero lo curioso es que la mayoría de estas personas no se alarma de que algunos de ellos no hayan publicado aún un solo libro, o de que otros hayan publicado inclusive varios malos: se alarma de la juventud de esos autores, algunos de los cuales han llegado ya a los treinta y cuatro años. John Keats murió a los veintiséis. ¿Qué esperó para escribir su autobiografía?

La verdad es que este fenómeno editorial parece ser único en el mundo, aunque en cierto sentido no sea nuevo; pero el caso de Evtuchenko en la Unión Soviética fue un caso aislado, individual, y viéndolo bien, casi capitalista; el nuestro, colectivo, organizado, y como de costumbre, casi socialista.

Ante el género autobiográfico consumado, la primera reacción de los amigos es: ¿y éste? Pero para publicar un libro sobre la propia vida no es necesario ser nadie ni ser algo ni ser nada. Se necesita únicamente escribirlo y, si es posible, escribirlo bien. No hay una sola vida que no sea escribible, y en eso se basa todo el género novelesco escrito en primera persona. Los amigos y colegas no piensan que, de cualquier manera, es saludable que alguien (editor) tenga la audacia de patrocinar a determinados individuos (escritores) para que a su vez se atrevan a contar sus vidas a hipotéticos lectores lo suficientemente valerosos como para arriesgarse a leerlas.

Confesada o no, la repulsa es hasta cierto punto normal y en realidad no importa mayor cosa. Pero ya es algo que el hecho sea irritante.

Yo no quiero decir que la mayoría de estos libritos sean muy buenos; pero sí hacer un intento de clasificación de los probables irritados:

a) Los autores consagrados que han pasado toda su vida deseando escribir su autobiografía pero que no se han atrevido a hacerlo, probablemente por considerar que la modestia añade un lauro más a su hermosa parábola dentro de las letras mundiales;

b) Los autores *no* consagrados que de pronto se dan cuenta de que no se necesitaba ser consagrado para publicar una autobiografía;

c) Los escritores quince años mayores que el promedio (treinta y un años) de estos autobiógrafos a quienes no se les ha pedido que leguen a la posteridad la historia de sus amores y preocupaciones;

d) Los escritores a quienes sí se les ha pedido, pero que carecen de la necesaria humildad para dejar de ser modestos y hacerlo;

e) Quienes estiman que un escritor necesita haber llegado a la edad en que todo se ha olvidado para escribir sus memorias;

f) Los que se autoexaminan y se percatan de que no tendrían nada qué contar, excepto su vida doméstica;

g) Los que descubren que su vida doméstica es lo más importante que les ha sucedido, pero que es incontable;

y, finalmente,

h) Los que habiendo aceptado escribir su autobiografía para esta serie observan que difícilmente podrán superar las ya aparecidas de Gustavo Sainz, Salvador Elizondo y Juan García Ponce, toda vez que, como es de rigor, ya puestos en la carrera, suponen que en alguna forma han adquirido el compromiso de superar a sus predecesores.

Es una mera coincidencia, pero Sainz, Elizondo y García Ponce señalaron, para cuantos vinieran después, las tres posibles maneras de enfocar y relatar la propia vida.

• Sainz (autor de una novela, *Gazapo*, que abre el camino a un nuevo tipo de novela moderna en México y en la que casi por primera vez el protagonista no pide cuentas al pasado ni a nadie, sino que vive alegremente lo que tiene que vivir, quizá debido a que sus padres, obreros, no le han transmitido ningún sentimiento de culpa) narra saludablemente los hechos de su vida, o sea lo que más o menos ocurre a los jóvenes de clase media de hoy, y es el primer representante de una gran influencia norteamericana, liberada a su vez del tono admonitorio y trascendental, la influencia que viene de Mark Twain y desemboca en J. D. Salinger;

• Elizondo (autor de cuentos y ensayos y del difícil y extraño relato *Farabeuf,* y seguidor de una corriente ilustre que inauguró Poe) cuenta los hechos en forma de historia absolutamente personal, es decir, como no podían haberle sucedido más que a él o a Edgar Allan Poe, en una atmósfera amenazada siempre por la locura, la pasión o el miedo, en la que una posible mirada es la única deseable entre todas las miradas torturadoras, el color de una cabellera la eterna permanencia de lo bello, y la belleza perfecta del Mal la idea persecutoria por excelencia;

• García Ponce (autor de relatos recogidos en *La noche* y de novelas como *Figura de paja*, que le dio fama, y *La casa en la playa*, en la que intenta, con serenidad y sin concesiones, transmitir algo de la melancolía que encierran las relaciones huma-

nas cuando los seres que las viven son los borrosos protagonistas de una clase en decadencia, sin asideros posibles en otra
cosa que no sea los convencionalismos, la añoranza de algo vago perdido que se sabe ya para siempre irrescatable) cuenta los
hechos como le sucedieron o pudieron sucederle, pero siempre
en función literaria, como elementos de algo que un día deberá
ser transformado en literatura, en gran literatura, por supuesto.

En última instancia, cada uno se dirige, o busca, a sus semejantes, no en el sentido de prójimos sino en el de parecidos,
sin que les importe lo que pueda pensar la mayoría ajena a
ellos, o inclusive la minoría afín. Quiero decir que los tres responden a un llamado más literario que documental.

Lo importante es que en estas pequeñas obras los tres hayan
convertido los hechos reales o imaginarios de su vida en buena literatura; Sainz en literatura de acción, Elizondo en literatura de pasión, García Ponce en literatura de reflexión; en literatura más que en autobiografía en el sentido de registro civil
y curricular del término: todo el mundo arrastra los mismos
datos municipales; todo el mundo tiene padres, va a la escuela
sin que le guste, tiene hijos, se casa o se divorcia; todo el mundo tiene amigos con quienes conversa en la adolescencia hasta
altas horas de la noche:

¿Quién no se llama Carlos o cualquier otra cosa?, dijo César
Vallejo.

Vivir es común y corriente y monótono. Todos pensamos y
sentimos lo mismo: sólo la forma de contarlo diferencia a los
buenos escritores de los malos.

Por último, siempre es interesante ver las máscaras que cada autor se pone y se quita.

Lo nuevo y realmente valioso en la publicación de estas memorias y autobiografías es que muchos lectores que, obviamente, no han tenido tiempo de morirse antes que el autor, pueden detectar cuándo éste está acomodando la realidad a lo que
posiblemente considera no su autobiografía sino su automonu-
mento; que muchos lectores conocen personalmente a esos
autores; que en algunos casos ellos mismos han sido copro-
tagonistas de las vidas que leen. Así, literaria y documental-
mente, todos tienen la invaluable oportunidad de afinar su sentido crítico y de formular un mejor juicio acerca de este género
tan vilipendiado y reacio.

WILLIAM SHAKESPEARE

En JOHN AUBREY [1627-1697], *Brief Lives*.
Traducción de A. M.

MÍSTER William Shakespeare nació en Stratford sobre el Avón en el condado de Warwick. Su padre fue carnicero. En tiempos pasados algunos vecinos me dijeron que de muchacho Shakespeare ejerció el oficio de aquél, pero que cuando mataba un ternero lo hacía con gran estilo y pronunciaba un discurso. Por el mismo tiempo vivía en ese pueblo el hijo de otro carnicero, coetáneo y conocido suyo, al que de ningún modo se consideraba su inferior en ingenio natural; pero éste murió joven.

Nuestro William, por naturaleza inclinado a la poesía y la actuación, vino a Londres creo que alrededor de los dieciocho. Fue actor en un teatro y actuaba extraordinariamente bien. En cambio, B. Jonson no fue nunca un buen actor pero sí un excelente instructor.

William comenzó temprano a hacer intentos en poesía dramática, que por entonces andaba bastante baja; y sus obras de teatro fueron bien recibidas.

Fue hombre elegante, bien formado; muy buena compañía y dueño de un ingenio agradablemente suave y rápido.

El carácter del condestable del *Sueño de una noche de verano* lo encontró en Grendon, en Bucks (creo que una noche de San Juan en que durmió en ese lugar), camino de Londres a Stratford. Allí vivía ese condestable alrededor de 1642, cuando fui por primera vez a Oxford. Ben Jonson y él recogían personajes todos los días, en cualquier lugar que aparecieran. Cierta vez que William se hallaba en la taberna en Stratford, un tal Combes, viejo rico y usurero, era llevado a enterrar. William improvisó allí mismo el siguiente epitafio:

> Ten in the Hundred the Devill allowes,
> But Combes will have twelve he sweares and vowes:

If anyone askes who lies in this Tombe,
Hoh! quoth the Devill, 'Tis my John o' Combe.

[El diablo autoriza el diez por ciento,
pero Combes jura y perjura que a él se le debe dar el doce:
si cualquiera pregunta quién yace en esta tumba,
¡Ja!, dice el diablo: Mi John Combes.]

Solía ir a su tierra una vez al año. Creo que se me ha contado que dejó doscientas o trescientas libras anuales allí o por allí cerca a una hermana.

He oído que sir William Davenant y míster Thomas Shadwell (a quien se considera el mejor comediante que por ahora tenemos) aseguran que poseía el más prodigioso ingenio, y que admiraban sus dotes naturales sobre las de todos los escritores dramáticos.

Sus comedias continuarán siendo graciosas mientras la lengua inglesa sea entendida, pues maneja las *mores hominum*. Hoy nuestros escritores se ocupan tanto de personas particulares y de simples mequetrefes que dentro de veinte años no serán comprendidos.

Aunque, como dice Ben Jonson de él, poseía poco latín y menos griego, entendía el latín bastante bien, pues en sus años juveniles había sido maestro de escuela en el campo.

Acostumbraba afirmar que jamás había borrado un verso en su vida. Decía Ben Jonson: "Me gustaría que hubiera borrado mil".

IN ILLO TEMPORE

CUANDO se traba conocimiento con las obras de Jorge Luis Borges se experimenta igual sensación que cuando se ha adquirido una enfermedad. No estábamos preparados para ella y el desasosiego que nos acomete se suma a la duda de si terminará algún día o si el mal concluirá por exterminarnos. Supongo que no se puede hacer mejor elogio de un escritor. De la misma forma existen enfermedades que conocemos con los nombres (para no ir más lejos) de Proust, de Joyce, de Kafka. Nos asaltan, se apoderan de nosotros, y durante mucho tiempo pensamos y procedemos joyciana o kafkianamente, así como en ocasiones el tuberculoso acaba por no ser más que la expresión de sus correspondientes bacilos.

Menos conocido que otros escritores argentinos, menos accesible, Jorge Luis Borges representa, sin embargo, una de las más universalmente válidas aportaciones del pensamiento hispanoamericano a la cultura universal. Si escribiera en inglés lo devoraríamos en malas traducciones. En realidad es poseedor de dotes tan peculiares, tan excepcionales, que las seis palabras iniciales de este párrafo resultan una mera tautología. Desde sus primeros ensayos hasta sus más recientes críticas de cine no ha publicado una línea, por más que en su rigor él se empeñe en reconocer muy poco, carente de valor o de pasión. Cuando busco un nombre de Hispanomérica para compararlo en este sentido, sólo puedo encontrar, entre los vivos, el de Alfonso Reyes. Ambos son, sin duda, los escritores más rigurosa, más amorosamente entregados al lúcido desentrañamiento de problemas literarios, a la creación de estos problemas, al estudio de la literatura, a ser ellos mismos materia de este estudio.

Parece que en la Argentina a Borges se le acepta o se le rechaza de plano. Es fácil sospechar quiénes son los que se pronuncian por esta última actitud. Bien los conocemos. Son aquellos que enamorados de la selva americana (que no conocen) creen ver en aquel que no se recrea describiendo la presumible belleza selvática, las tediosas fiebres brasileñas o la deplorable sequía del agro mexicano, un enemigo de lo que con modestia llaman "su" América. ¡Como si la selva o el desierto no fueran, menos que temas literarios, objetos de pesadumbre! En todo caso, la acusación de europeísmo enderezada contra Borges, si no injusta en exceso, está suficientemente desmentida en lo que a despego de la patria se refiere, con el fervor de *Fervor de Buenos Aires*, con los poemas de su etapa "criollista", hasta (hay para todos los gustos) con sus inteligentísimas interpretaciones de letras de tangos, en las que éstas siempre adquieren una insospechada dignidad. Sabemos también, por fortuna, que en nuestro medio se trata de extranjerizante o malinchista a cualquiera que se atreva a afirmar que X X, europeo, se expresa con relativa mayor claridad, digamos, que Cantinflas. (Debemos a Borges sus excelentes traducciones de Faulkner, de Kafka, de Melville, de Virginia Woolf; su expectante curiosidad por lo mejor que se produce fuera de su país; su intenso y vasto conocimiento de literaturas orientales, reflejado en su obra en abundantes alusiones a legendarios, o tan sólo posibles, pensadores chinos, a libros de elaboración infinita, a concentraciones de letras de significado oculto, o mortal, o inútil, o simplemente nulo.)

Acostumbrados como estamos a cierto tipo de literatura, a determinada manera de conducir un relato, de resolver un poema, de encadenar las palabras, no es extraño que los modos de Borges nos sorprendan y que desde el primer momento lo aceptemos o no. Aparte del purísimo manejo que hace del idioma, de la inusitada brillantez que confiere al cansado castellano, su principal recurso literario es precisamente eso: la sorpresa. En la totalidad de sus obras, en todas sus líneas largas o cortas, el lector que lo conoce de antemano sabe que de un renglón a otro está gratamente condenado a ser sorprendido. Desde la primera palabra de cualquiera de sus cuentos, todo puede suceder. Sin embargo, la lectura de conjunto nos demuestra que lo único que podía suceder era lo que el autor, dueño de un rigor lógico implacable, se propuso desde el principio, sin que por esto deje a veces de complacerse en señalarnos, en una forma muy suya, otras posibles soluciones. Así en el extraordinario relato policial en que el detective es atrapado sin piedad (víctima de su propia inteligencia, de su propia trama sutil), y muerto, por el desdeñoso criminal; así en la melancólica revisión de la supuesta obra del gnóstico Nils Runeberg, en la que se concluye, con tranquila certidumbre, que Dios, para ser verdaderamente hombre, no encarnó en un ser superior entre los hombres como Cristo, o como Alejandro o Pitágoras, sino en la más abyecta y por lo tanto más humana envoltura de Judas; así en el cíclico poema que comienza: "Lo supieron los arduos alumnos de Pitágoras". Este camino nos conduciría a hacer un catálogo de sus obras completas. Por otra parte, como hemos visto en Shakespeare el teatro dentro del teatro, no son extraños a algunos de sus relatos los argumentos superpuestos o colaterales.

La sorpresa no se constriñe en Borges al final inesperado. Eso sería demasiado fácil y cualquiera podría hacerlo. Dentro de la sorpresa puramente anecdótica se da con frecuencia la sorpresa de los detalles; dentro de éstos, la sorpresa verbal. Apenas existe una línea suya que no lleve en sí —cual entre flor y flor sierpe escondida— un elemento sorpresivo, encomendado casi siempre al verbo menos cómodo, al adjetivo más imprevisto. Y esto sería también demasiado fácil si todo se quedara en curiosos juegos de palabras y no constituyeran, como es la verdad, a pesar de su riqueza formal, admirables vehículos de pensamientos profundos, valederos por sí mismos. Lo novedoso de sus puntos de vista, lo insólito de sus proposiciones, nos hace pensar que no hay temas agotados. Su odio a lo obvio nos encara a la inexistencia de lo obvio.

Cuando un libro se inicia, como *La metamorfosis*, de Kafka, proponiendo: "Al despertar Gregorio Samsa una mañana, tras un sueño intranquilo, encontróse en su cama convertido en un monstruoso insecto", al lector, a cualquier lector, no le queda otro remedio que decidirse, lo más rápidamente posible, por una de estas dos inteligentes actitudes: o tirar el libro y exclamar: "No puedo seguir", o leerlo hasta el fin sin interrupción.

Conocedor de que son innumerables los aburridos lectores que se deciden por la confortable solución exclamatoria, Borges no nos aturde adelantándonos el primer golpe. Es más elegante o más cauto. Como Swift, que en los *Viajes de Gulliver* principia contándonos con inocencia que éste es apenas tercer hijo de un inofensivo pequeño hacendado, el argentino, para introducirnos a las maravillas de Tlön, prefiere instalarse en una quinta de Ramos Mejía, acompañado de un amigo, tan real, que ante la vista de un inquietante espejo se le ocurre "recordar" algo como esto: "Los espejos y la cópula son abominables, porque multiplican el número de los hombres". Sabemos que este amigo, Adolfo Bioy Casares, existe, que es un ser de carne y hueso, que escribe asimismo fantasías; pero si así no fuera, la sola atribución de esta frase justificaría su existencia. En las horrorosas alegorías realistas de Kafka se parte de un hecho absurdo o imposible para relatar en seguida todos los efectos y consecuencias de este hecho con lógica sosegada, con un realismo difícil de aceptar sin la buena fe o sin la credulidad previa del lector: así en *La metamorfosis,* en *La edificación de la Muralla China,* en *Un artista del trapecio,* en *El proceso;* pero siempre tiene uno la convicción de que se trata de un puro símbolo, de algo necesariamente imaginado. Cuando se lee, en cambio, "Tlön, Uqbar, Orbis Tertius", de Borges, lo más natural es pensar que se está leyendo un simple y hasta fatigoso ensayo científico tendiente a demostrar, sin mayor énfasis, la existencia de un planeta desconocido. Muchos lo seguirán creyendo durante toda su vida. Algunos tendrán sus sospechas y repetirán con ingenuidad lo que aquel obispo de que nos habla Rex Warner, el cual, refiriéndose a los hechos que se relatan en los *Viajes de Gulliver,* declaró valerosamente que por su parte estaba convencido de que aquello no era más que una sarta de mentiras. Un amigo mío, de cierta cultura, llegó a desorientarse en tal forma con *El jardín de senderos que se bifurcan,* de nuestro autor, que con muestras de gran contento me confesó que lo que más le seducía de "La biblioteca de Babel", incluido en ese libro, era el indudable rasgo de ingenio que significaba el epígrafe, tomado de la *Anatomía de la melancolía,* libro, según él, a todas luces apócrifo. Cuando le mostré el volumen de Burton y creí probarle que lo inventado era lo demás, optó desde ese momento por creerlo todo, o nada en absoluto, no recuerdo. A lograr este efecto de autenticidad contribuye la inclusión de personajes reales como Alfonso Reyes, de presumible realidad como George Berkeley, de lugares sabidos y familiares, de obras menos al alcance de la mano pero cuya existencia no es imposible, como la Enciclopedia Británica, a la que se le puede atribuir cualquier cosa; el estilo reposado y periodístico a la manera de De Foe; la constante firmeza en la adjetivación, ya que son incontables las personas a quienes nada convence más que un buen adjetivo en el lugar preciso.

El jardín de senderos que se bifurcan y *Ficciones* son muestras admirables de invención, de belleza literaria; son muestras admirables de que en el campo de la literatura imaginativa nuestros países pueden, con este solo caso, competir ya, en un plano de igualdad y aun de ventaja, con los mejores ejemplos mundiales del género.

Cada vez que un escritor logra crear un estilo, se dice de éste que es inimitable. El inimitable estilo de Fulano de Tal. Lo que no es cierto. El verdadero elogio consistiría, quizá, en decir lo contrario. Ninguno más imitable que el de Borges. Véase cualquier numero de la revista *Sur* de Buenos Aires. Búsquense las reseñas de libros. No tardará en aparecer en casi todas ellas el adjetivo sugerido por el recuerdo de Borges, el verbo dictado por la influencia de Borges, la conclusión más o menos debida a los modos de Borges. Sospecho que serán escasos los que después de leerlo no se sientan compelidos a permitirse el uso de sus procedimientos. Lo que no tiene nada de raro, ni siquiera de malo. Este fenómeno se da siempre que alguien consigue reunir novedosamente las palabras, como en el caso de Lugones en la Argentina y de López Velarde en México. Nos sentimos incapaces de no tratar de hacer lo mismo, atraídos por su insospechado brillo. De esta suerte, cuando leemos a Chesterton resultamos viendo el mundo en forma adverbial y no hay situación que no nos parezca *ligeramente* esto, *levemente* lo otro, si ya no es que entramos a saco en los adjetivos peculiares del autor, tales como *siniestro, alevoso, infernal*, aplicados a las cosas más inocentes de la tierra. Librarse de esta tentación no constituye un pequeño esfuerzo.

México en la Cultura, suplemento de *Novedades*, México, 1949.

LAS ILUSIONES PERDIDAS

—DE LA historia que les voy a contar es bueno dejar sentadas dos o tres cosas —dijo el cuarto hombre, mientras limpiaba su pipa despaciosamente. Aunque hablaba sin prisa, daba la impresión de que no hacía más que cumplir con su parte, como si las dos y media de la mañana incitaran más a irse a dormir que a seguir charlando—: en primer lugar, en lo fundamental es endiabladamente verdadera; en segundo, podría ser de Marcel Schwob y por desgracia para ustedes no lo es; y en tercero, el astrónomo y matemático Erro la recordó hace ya varios años a su modo y con otras intenciones en un periódico local. Yo seguiré su relato a veces hasta con sus mismas palabras. Sabido es que en ocasiones los astrónomos se tropiezan por ir viendo a las estrellas; cuando el mío bajaba los ojos a la tierra solía tropezar con cosas como ésta.

A una oscura taberna, oscura por clandestina, de Nueva York, acudía durante la Ley Seca noche tras noche el ex corredor de bolsa (no eran buenos tiempos para ellos) Michael Malloy. Desde hacía varios años, a partir de la crisis de 1929, Malloy, desempleado, se había visto perseguido por la sed, por los sentimientos de frustración y fracaso, y por un temblor de manos que sólo desaparecía cada veinticuatro horas con la quinta o sexta copa de aguardiente, de vino, o de la bebida que fuera, siempre que contuviera alcohol. Malos momentos eran las interminables mañanas para Malloy; pero a eso de las seis de la tarde su espíritu resplandecía de nuevo mientras braveaba ante quien quisiera oírlo acerca de cómo pronto regresaría a su antiguo empleo, cómo todo volvería a ser igual que antes, y cómo en ese momento le daría en la madre —tal era su expresión, aunque en inglés— a más de alguno.

Pero aparte de estos alardes, Malloy era más bien el más pacífico y sentimental de los hombres, lo enternecía la música y, como consecuencia, siempre lloraba cuando en el piano de la cantina algún parroquiano tocaba *Smoke gets in your eyes*. Es cierto que Malloy no fumaba, pero esta canción le hacía recordar a su esposa, quien lo había abandonado cuando la vida se les puso triste justamente al principio de la Gran Depresión.

A ese mismo bebedero clandestino, situado por más señas en la Tercera Avenida No. 3804, iba también un grupo de conocidos de Malloy y medio compadres del dueño, cuyo nombre, Tony Marino, despertaba en Malloy vagas reminiscencias de planes de viajes matrimoniales pospuestos año con año y nunca realizados. Entre estos compañeros de bebida y proyectos se encontraban: Dan Kreisberg, originario de Karlsruhe, Alemania, admirador fanático de Max Schmeling y a esas alturas un hombre ya viejo, pues tenía veintinueve años y veintinueve años son muchos años para un boxeador profesional que ha perdido once peleas, seis de ellas por *knock out*, y ganado tres, y hace sus *rounds* de sombra en la cantina en vez del gimnasio; Joe Murphy, ex farmacéutico versado en alcoholes y por entonces asistente de Marino cuando había que mezclar calmantes en la bebida de los que se propasaban y les daba por gritar o buscar camorra; Frank Pasqua, propietario de una agencia funeraria (sin juego de palabras) de mala muerte; y, por último, *last but not least*, Harry Green, conductor de un taxi amarillo que desde hacía un año quería pintar para dejarlo como nuevo, y conocedor de los sitios más a trasmano de la ciudad. Todos ellos hombres no sólo imaginativos y dispuestos a aventuras difíciles y arriesgadas sino llenos de fe en el sistema de libre empresa, que aunque ya les había dado su primera oportunidad de triunfar y de ser alguien en la vida no tenía por qué negarles otra.

En efecto, y para decirlo pronto, su camaradería y trato asiduo con Malloy terminó por inspirarles una idea que consideraron práctica: asegurar la vida de Malloy y matarlo. Por medio de un agente amigo igualmente urgido de dinero (quien, como después quedó establecido, no sospechó nunca nada) compraron un seguro de vida por ochocientos dólares en la Metropolitan Life Insurance Company, y dos, de cuatrocientos noventa y cuatro dólares cada uno, en la Prudential, siempre más accesible a personas sin mayores recursos. En total 1 788 dólares, todo con doble indemnización en caso de accidente. Y así fue como el buen bebedor Malloy, cesante y todo, se convirtió a los ojos de sus compañeros en la posibilidad de salir de pobres aunque sólo fuera por unos días.

Marino, profesionalmente perito en materia de alcoholismo y, en la mejor tradición del cantinero neoyorquino, hombre tranquilo siempre dispuesto a escuchar las lamentaciones y confidencias de sus clientes, hizo el diagnóstico sobre el que se estableció la política a seguir: dar a Malloy de beber cuanto quisiera y a la hora que quisiera, vía por la cual el final vendría pronto. Y en efecto, Malloy bebió y bebió cuanto quiso; pero en contra de lo que esperaban sus insospechados herederos, en lugar de agotarse rápidamente Malloy engordó, le volvió el color, se puso francamente alegre, rejuveneció y tuvo cada vez más sed.

Fracasadas las predicciones de Marino, dos de los expertos del grupo: el dueño de la funeraria y el chofer del taxi, se hicieron cargo del asunto. Una noche esperaron a que Malloy se emborrachara hasta perder el sentido y cuando eso sucedió lo transportaron en el taxi hasta un lugar cercano al zoológico. Ahí, a la luz de la luna, le quitaron el saco, la camisa y la camiseta, le vaciaron en el pecho un balde de agua fría, lo dejaron sobre la nieve y se fueron a sus respectivos domicilios a esperar los resultados. El único que obtuvieron fue un tanto contrario: Frank Pasqua se resfrió.* Al día siguiente Malloy llegó a la cantina diciendo a todos que la noche anterior había llegado a su casa no sabía cómo, y que le caería bien un trago.

El plan siguió; pero ahora con la entrada en acción de otro de los especialistas, Joe Murphy, el ex dependiente de farmacia y químico del grupo. Una y otra vez Murphy dio a beber a Malloy diarias dosis de alcohol de madera mezclado con cuanto menjurje alcohólico estuviera dispuesto a beber en forma de cocteles, que eran todos. Y Malloy se mostraba cada día más regocijado, más entusiasta y más agradecido.

Entonces Murphy recordó algo que había oído decir acerca del peligro que encerraban los alimentos enlatados. Después de pensarlo unos cinco minutos abrió una lata de sardinas, esperó a que éstas estuvieran descompuestas aun a la vista del más ignorante, y al cabo de varios días hizo con ellas un buen montón de sandwichitos del tamaño de una moneda de dólar. Para mayor seguridad, fíjense bien, cortó además la lata en troci-

---

* Su esposa, como para protegerlo, dijo en su oportunidad que había contraído una pulmonía; pero el mismo Pasqua la desmintió.

tos y aderezó los bocadillos con la picadura, bocadillos que Malloy comió con gusto junto con sus repetidos vasos de cerveza y de whisky.

Al otro día Malloy estaba de vuelta en la cantina, tan contento como todos esos últimos tiempos.

A todo esto habían transcurrido tres largos meses. Entre el costo de las pólizas y el consumo de Malloy el proyecto dejó de ser una buena expectativa económica. Sin embargo, para los presuntos herederos ya no se trataba de negocios sino de una cuestión de honor, y cuando pasaban uno cerca del otro casi no podían verse a los ojos, como avergonzados.

Pero el chofer de taxi y el dueño de la funeraria tomaron nuevamente el trabajo en sus manos y así, la noche del 29 al 30 de enero de 1933 llevaron a Malloy, perfectamente ebrio y dormido, a la esquina de Baychester Avenue y Gun Hill Road, tradicionalmente solitaria y oscura. Una vez tendido ahí, Green le echó el taxi encima y ambos amigos abandonaron a su compañero a su suerte. ¿Pueden suponer con qué resultado? La policía, siempre vigilante, dio con Malloy y lo dejó en el hospital Saint Sulpice, en la calle 186 Oeste. A los veinte días Malloy se presentó de nuevo en la cantina, más sano y jovial, pero más sediento que nunca y bastante contrariado, pues según dijo, en el hospital las monjas habían estado a punto de matarlo no dándole a beber sino agua, leche y chocolate preparado por ellas mismas.

Y así fue como los herederos tomaron la resolución definitiva. Esperaron un tiempo que llamaron prudente, y la noche del 22 de febrero, natalicio de Jorge Washington, condujeron a Malloy al edificio en que vivía en la avenida Fulton. Como muchos otros patriotas neoyorquinos, en el camino cantaron el himno y recordaron que Washington había sido el primero en la paz, el primero en la guerra y el primero en el corazón de sus conciudadanos. Esto los reanimó y los puso alegres. Ya en la habitación de soltero de Malloy lo acostaron en su cama de respaldo de bronce, le taponaron la boca y le metieron en la nariz un tubo de goma conectado al gas del alumbrado. Malloy estaba lo suficientemente borracho como para no poderse defender, y aunque seguía las maniobras de sus amigos con su mirada de perro manso suponiendo que todo era una broma que terminaría pronto, esta vez murió.

La policía atrapó a los asesinos. Kreisberg, Marino y Pasqua fueron ejecutados el 7 de junio de 1934, uno tras otro, entre las cuatro y las siete de la mañana; Murphy, el lunes 5 de julio del mismo año, a las seis a.m. Nadie recuerda, o los vecinos pretenden haberlo olvidado, qué ocurrió con Green, el dueño o arrendatario del taxi amarillo. El médico que certificó la defunción de Malloy por congestión alcohólica fue acusado de encubridor y condenado a tres años de prisión, que le fueron reducidos a dos por buen comportamiento.

Debo añadir que muchos de los detalles de este crimen se conocen porque durante el juicio los inculpados dieron el feo espectáculo de echarse la culpa unos a otros.

—En *El asesinato considerado como una de las bellas artes* el inglés Thomas de Quincey exalta la belleza de los crímenes bien realizados; éste no lo fue y más bien parecería cometido entre nosotros —dije yo.

Y, todos de acuerdo, dimos por cerrado el caso.

La letra e
[Fragmentos de un Diario]

EL OTRO M.
Sobre "La letra e"

Dedicado a B.

JORGE RUFFINELLI

No te muestres mucho ni permitas demasiadas
familiaridades: de tanto conocerte la gente termina por no saber quién eres.

—En todo lo que escribo oculto más de lo que
revelo.
—Eso crees.

A. MONTERROSO, *La letra e*

ENTRE 1983 y 1985 Augusto Monterroso nos abrió una puerta,
o una ventana, o un resquicio para mirar hacia el interior. Lo
había hecho parcialmente, por interpósitas personas, en *Viaje
al centro de la fábula,* y lo digo como uno de sus aláteres, uno
de esos "compañeros de viaje" de su libro. En *La letra e* (1987)
Monterroso se aligera de entrevistadores y emprende su viaje
al centro (o a los centros), a la periferia (o a las periferias) de sí
mismo casi solo. Y si no digo solo es porque la presencia de B.
es sensible, aparece mencionada varias veces y la sentimos como sustento emocional, intelectual y espiritual de ese viaje y
sus cuadernos.

Los estudiosos de la literatura de Monterroso han hablado
ya de una estética del fragmento, entendiendo a éste no como
una parte, sino más bien como una totalidad diminuta que,
anexada, interrelacionada con otras unidades, compone y descompone permanentemente la figura completa. Literatura lógica y paradójica, hedónica y lúdica, la de Monterroso ha sido
"puzzle", rompecabezas, meccano; también relojería, por la
necesidad de que cada una de las pequeñas piezas juegue con
las otras para poner en funcionamiento una totalidad. En esto
hay, insisto, una "estética" del fragmento, que podemos en-

contrar en cada uno de sus libros, cada vez más nítida en ellos, desde los cuentos de estructura más tradicional de *El concierto* y *El eclipse* (1947) hasta los fragmentos (o unidades dispersas) de *La letra e*, que, para probar más esta hipótesis, fueron originariamente escritos en "cuadernos, pedazos de papel, programas de teatro, cuentas de hoteles y hasta billetes de tren" (prefacio).

Es interesante notar que esta estética se relaciona con una modalidad personal, una idiosincrasia, un modo de ser. Por ejemplo, en las primeras páginas de *La letra e* Monterroso nos convence, en una sucesión encadenada de razonamientos perfectos, por qué prefiere las formas breves de expresión (el cuento, el ensayo) a las más extensas: "Un libro es una conversación. La conversación es un arte, un arte educado. Las conversaciones bien educadas evitan los monólogos muy largos, y por eso las novelas vienen a ser un abuso del trato con los demás. El novelista es así un ser mal educado que supone a sus interlocutores dispuestos a escucharlo durante días". Luego aclara que el novelista puede ser encantador ("Bien por la mala educación de Tolstoi, de Víctor Hugo"), "pero, como quiera que sea, es cierto que hay algo más urbano en los cuentos y en los ensayos". En el mismo fragmento (que titula "Las buenas maneras") el autor incursiona en otro aspecto importante de su estética: el arte combinatoria, la combinación de esas formas breves, ya que una cosa es tenerlas, ser capaz de producirlas, y otra es jugar con ellas, jugar el malabarismo que ellas exigen. Se pregunta: "¿Qué ocurre cuando en un libro uno mezcla cuentos y ensayos?" Algunos críticos dirán que en ese libro falta "unidad" y hasta podrán señalar "esto como un defecto". "Unidad", palabra mágica y trágica. De ahí los prólogos en que un autor de textos diversos tratará de convencer a sus lectores de que él es "bien portado", es decir, que en su libro existe unidad de tema, espíritu o materia, a pesar de la apariencia contraria. Ese prologuista intentará los argumentos con que calmar aquel *horror diversitatis* que presumiblemente todos padecemos; tales prólogos, según Monterroso, funcionan, "ni más ni menos que como [...] las malas conversaciones". Como casi siempre sucede en sus textos, el anticlímax aquí lo provee la autoironía, y Monterroso acaba el ensayo preguntándose si toda aquella reflexión no será simple calmante a sus temores personales ya que en esos días "comienza a circular en México un libro mío en el que reúno cuentos y ensayos".

Estas referencias me sirven ahora no sólo para hablar de la estética de la brevedad, lo fragmentario y la combinatoria en Monterroso, sino también sobre la presencia de él, su persona, sus temores, sus alegrías, sus placeres y enojos, sus complejos, sus fobias, su neurosis, su talento. En otras palabras, su literatura nos prueba, una vez más, contra todas las teorías formalistas (aquellas que quieren prescindir del autor), que es difícil pero también desaconsejable separar escritura de ser humano, o ser humano de escritura. Tal vez por eso, en la *e* de *La letra e* yo leo a la vez *ego* y *escritura*, el yo y la literatura. De eso se trata.

Entonces, buenamente y sencillamente también, me he preguntado: ¿Quién es Monterroso?, como un modo de preguntarme: ¿Qué es su literatura? Y preguntándomelo, busco a Monterroso en las páginas de *La letra e*. Es elusivo, y a diferencia de los diarios confesionales que Rousseau inauguró o impuso en moda, el de M. está lleno de escaramuzas de ocultación y revelación. Se corresponde, pues, a ese diálogo de la página 394: "—En todo lo que escribo oculto más de lo que revelo—. —Eso crees". Como era de esperarse de una literatura (y de una persona) tímida por osada, atrevida por tímida, que se preocupa por ser "bien portado" con el lector, pero cuya ironía, sentido del humor e irreverencia ante la solemnidad, desbarata las buenas maneras de la escritura burguesa, y mediante el arma mortífera de la paradoja, desarma al más intrépido, pone en ascuas al más frío, deja temblando al más seguro de sí mismo. Experto lector, García Márquez decía de *La oveja negra y demás fábulas*: "Este libro hay que leerlo manos arriba. Su peligrosidad se funda en la sabiduría solapada y la belleza mortífera de la falta de seriedad".

La letra e es otro de sus libros peligrosos, por inquietante y por perturbador, más allá del humor o debido a ese humor precisamente. Sólo que aquí las referencias al mundo exterior que le rodea se mezclan con las referencias al sujeto que observa y se observa observando, y el discurso predominantemente objetivo de su literatura alterna con el subjetivo de quien ha decidido confesarse, aunque sea confesarse a medias. Por este "a medias", por estas dificultades que vengo testimoniando co-

mo lector ansioso por conocer más de M. pero sin mezclarlo
con aquello que conozco personalmente de Monterroso, es que
me decido a observar al propio observador observándose, para
captarlo en el momento en que se observa observándose y comete la debilidad (¿o fortaleza?) de entregar algo, un fragmento, una parte, una parcela, de sí mismo. Son momentos especiales —su admirado Joyce hablaría de epifanías, Roland
Barthes llamaría *punctum*— que peligran disolverse en el todo,
especialmente en ese curso sabroso de la conversación ensayís-
tica, que tanto se ha perdido en América Latina pero que a
ratos Monterroso recupera en su libro. Hay pues ambas cosas
y ambas son monterroseanas: la epifanía o el *punctum*, y también la "causerie" que constituye una manera de compartir
con una especie de "hermandad literaria" la pasión por aquella literatura que el aprendiz ejercitaba, en la lejana adolescencia guatemalteca, mientras veía desfilar ante sus ojos las reses
destazadas del matadero; o que el hombre maduro comparte
con su compañera en proyectos absurdos y deliciosos como
elaborar antologías de los cuentos más tristes, o comparte con
los amigos (y el libro está repleto de visitas y comidas en que
se habla casi exclusivamente "de literatura") pertenecientes a
esa "hermandad", una de las más puras y legítimas e inútiles que
aún quedan en el mundo. ¿Quién es M., quién es Monterroso?
Busco, encuentro y recorto:

– es el lector de Swift, de Kafka, Proust, Rimbaud, Eliot,
   Dante, Cervantes, y continuaríamos con los clásicos y la
   completa literatura universal —pero los que he mencionado son claves—;
– es el lector de sus contemporáneos, que son también sus
   amigos: p. e. Cortázar, Bryce Echenique, Pepe Durand,
   José Donoso, Bonifaz Nuño, Claribel Alegría, Ninfa Santos, Juan Rulfo;
– es el lector y biógrafo —aunque no sé si amigo— de un autor de larga carrera: Eduardo Torres, de San Blas, San Blas;
– es quien, de paso por Praga, visita y se emociona en el departamento en que Kafka vivía con su familia; y también
   se conmueve en la casita de la calle de los Alquimistas que,
   luego se descubrirá, Kafka nunca habitó;
– es quien encuentra a *Platero* "libro demasiado angelical se-

gún mi gusto deformado para siempre por las inmundicias de los yahoos de Swift";
- es quien, viajando de Barcelona a París en tren, lleva sus
sándwiches preparados "para no usar el carro comedor que,
nadie sabe por qué, se ve con alivio desde los andenes pero
una vez adentro siempre asusta";
- es quien, tímidamente, cuando escribe de la antología *Short
Shorts* de Irving Howe, "olvida" decir que él está incluido;
pero unas páginas más adelante no resiste señalarlo y vuelve al tema;
- es quien habla de la angustiante imposibilidad de saber
si se tiene talento. "Es fácil confundir deseo con vocación";
- es quien confiesa que el público lo intimida, y las entrevistas también;
- que ha dado conferencias "por error";
- que no asistió a las fiestas de Carlos Fuentes porque no lo
invitaron;
- que intentó imitar de Juan Rulfo el gesto heroico de no
escribir. "Pero la carne es débil";
- que se enoja leyendo las conferencias de Vladimir Nabokov
sobre Don Quijote, y las llama "cantidad de tonterías";
- que se fascina por los palindromas que canjea con los amigos como en la infancia se canjeaban canicas, y que sin
duda le entretienen varias horas diarias;
- que confiesa debilidad por el siguiente palindroma: "ACA
SOLO TITO LO SACA";
- que se ha negado durante mucho tiempo a leer la autobiografía de Charles Chaplin porque se titula *Mi autobiografía*
(también en inglés: *My Autobiography);*
- que dice lo que todos callamos: "No me gusta trabajar";
- que reconoce sin empacho querer la fama, igual que Don
Quijote. "No tiene otro origen nuestra neurosis: queremos
fama";
- que se burla de su propia erudición y confiesa, en relación
con sus latines, haberle recitado al obispo francés de un
país de África Central, "entera la fábula de Fedro que comienza: *Vacca et capella et patiens ovis injuriae* como si yo
supiera latín, que en realidad no sé, pero me gusta presumir con esas fábulas y con algunas odas de Horacio *(Sol-*

vitur acris hiems) que aprendí de memoria en mi adolescencia";

– que reconoce sus dualidades personales (y justifica así que yo lo llame M y Monterroso): "Uno es dos: el escritor que escribe (que puede ser malo) y el escritor que corrige (que debe ser bueno)", dualidad que a veces se transforma en terceto: "Si el tercero es el que tacha sin siquiera corregir", y que incluso puede llegar a ser cuarteto: "Un cuarto que lee y al que los tres primeros han de convencer de que sí o de que no, o que debe convencerlos a ellos en igual sentido";

– que visita la tumba de Julio Cortázar en Montparnasse;

– que visita la tumba de César Vallejo en Montparnasse;

– que se aísla con los libros de Kierkegaard y recibe "con frecuencia la dosis de pesimismo necesaria para ver el mundo con esa esperanza que él pedía a su Dios";

– que desea aclarar esta "última frase";

– que "decide no hacerlo";

– que confiesa: "continúo siendo más lector que escritor";

– que se burla de la concisión de su propio estilo: "Cuando vine a México tropezaba mucho con un anuncio que decía: *No escriba; telegrafíe,* que yo interpreté al pie de la letra";

– que, experto como buen satírico, en la tontería humana, reconoce que no es tan fácil distinguirla de la inteligencia. "Los tontos se empeñan en hacer (y está bien) o en decir (lo que está menos bien) cosas inteligentes. En cambio, es fácil ver cómo los inteligentes hacen o dicen cosas tontas todo el tiempo sin proponérselo";

– que anhela un público local que entienda los "matices", las dobles y las triples intenciones;

– que se identifica con Pessoa (en una "oleada de afecto, de amistad, de compenetración") cuando lee a Pessoa escribir sobre una mosca;

– que confiesa sin rubores gustarle la palabra "espíritu", aunque alguno pudiera impugnar afrancesamiento;

– que rechaza la placidez: "La placidez no me estimula";

– que elogia la irritación: "Necesito revulsivos. Trabajo más a gusto cuando me encuentro de mal humor, o enojado, con alguien, con un simple servicio que falla, con la sociedad, conmigo mismo";

– que reconoce su ambivalencia ante los elogios: le dan "miedo", no los cree; pero también tiene vergüenza de sentir eso y deja entonces "que el elogio resuene internamente, largamente en mis oídos, como una música";
– que es perfectamente consciente de todo lo que deja afuera de su mundo escritural: es decir, "el mundo del cine, de la radio, del periodismo, de la televisión".

Éste y muchos otros, en estos y otros momentos, es M., o Monterroso. Apenas he entresacado algunos fragmentos, *snapshots*, visiones de una unidad que está allí, que todos reconocemos pero no podemos sin duda definir completamente. Sin embargo, a este retrato le faltan elementos esenciales que están en *La letra e* aunque no con el mismo humor de los ejemplos anteriores. Es el Monterroso que nos recuerda las atrocidades de las fuerzas militares y paramilitares en Centroamérica, las torturas en Argentina; que viaja solidariamente a Nicaragua y a Cuba; que reconoce no poder escribir sus notas de viaje sobre Cuba porque se conmueve y emociona con la vida cotidiana donde encuentra otras epifanías diferentes de las que hablábamos antes, y que no es posible anotar en ningún cuaderno: "¿Cómo escribir vi una ola, ésa, que fue especial entre miles; vi un árbol, vi un pájaro, vi el gesto de un hombre en la fábrica, vi determinados zapatos en los pies del niño que iba a la escuela y que me conmovieron por todos los niños que en el mundo no tienen zapatos, ni escuela, ni papá trabajando en la fábrica mientras dos poetas sudamericanos de lo más bien intencionados le dicen sus poemas en que hablan de jovencitas y niñas muertas en sus países, o desaparecidas en sus países? Todo almacenado en la emoción; no anotado en ningún cuaderno".

Este Monterroso se corresponde más con el que en 1944 participó en un movimiento contra Ubico en Guatemala; con el detenido y refugiado político durante el régimen de Ponce Váidez; luego el diplomático arbencista en México, en Bolivia, o el exiliado en Chile, es decir, el que ha *vivido* las circunstancias latinoamericanas, y las conoce de primera mano. Esa experiencia política no podía faltar de la escritura, en *La letra e*, y constituye parte de la ética personal, como individuo, como ciudadano.

Como escritor, hay otra ética específica, y me complace terminar señalándola, así como empecé hablando de una estética. La ética de Monterroso va a la raíz de la literatura: es la que lo obliga a escribir bien, y más que bien, intachablemente. Una prosa que lo destaca de la literatura improvisada que nos rodea y nos invade en América Latina y en España. Una prosa que se filia en Cervantes pero también en Borges y no en la academia. Una prosa que él admiraba en escritores como Borges pero que nosotros ahora admiramos en él. Hace ya varios años Ángel Rama observó que Monterroso, gracias a esta prosa, "puso punto final al mito del tropicalismo literario", sin desprenderse de su cultura: "Siendo la literatura de Monterroso un testimonio de radical modernización, no ha dejado de procurar una reelaboración de su cultura regional, lúcidamente asumida". Éste es el otro viaje: el viaje por el lenguaje, el viaje que ha hecho de Monterroso uno de los mejores escritores de nuestra lengua. Que es precisamente lo que estamos celebrando.

Texto leído durante la Semana de Autor: Augusto Monterroso, Madrid, noviembre de 1991.

PREFACIO

Nuestros libros son los ríos que van a dar en la mar que es el olvido.

La primera versión de las líneas que siguen se halla en cuadernos, pedazos de papel, programas de teatro, cuentas de hoteles y hasta billetes de tren; la segunda, a manera de Diario, en un periódico mexicano; la tercera, en las páginas de este libro.

Lo que ha quedado puede carecer de valor; sin embargo, escribiéndolo me encontré con diversas partes de mí mismo que quizá conocía pero que había preferido desconocer: el envidioso, el tímido, el vengativo, el vanidoso y el amargado; pero también el amigo de las cosas simples, de las palabras, de los animales y hasta de algunas personas, entre autores y gente sencilla de carne y hueso.

Yo soy ellos, que me ven y a la vez son yo, de este lado de la página o del otro, enfrentados al mismo fin inmediato: conocernos, y aceptarnos o negarnos; seguir juntos, o decirnos resueltamente adiós.

Florencia, abril de 1986

1983

KAFKA

Este año se celebra el centenario del nacimiento de Franz Kafka. Durante meses rehuí invitaciones para escribir o hablar sobre el asunto, por pereza o, más seguramente, por timidez, pues la verdad es que Kafka me ha acompañado desde hace mucho tiempo, y que me gusta recordar que allá por 1950 un grupo de escritores, entre los que se encontraba Juan José Arreola, más tarde su admirador incondicional, habíamos instituido un premio de 25 pesos (moneda nacional) para quien fuera capaz de leer *El proceso*, y de demostrarlo; o releer las aventuras del adolescente Karl Rossman en *América* (mis preferidas); o evocar las ocasiones en que he estado en Praga y he ido a ver con cierta fascinación el segundo piso en que Franz vivió con su familia y en cuya esquina hay una cabeza suya de hierro con dos fechas. Y desde ahí, desde un ángulo propicio, contemplar el castillo, allá lejos pero al mismo tiempo cercano, imponente y misterioso; y después ir a la casita de la calle de los Alquimistas, en la que ahora se sabe que Franz no vivió y que antes era conmovedor imaginar como la casa en que había vivido ascéticamente y escrito sus interminables postergaciones.

Yo mismo me sobresalté la otra tarde cuando en la sala de conferencias de la librería Gandhi, y ante un público compacto, atento y vagamente intimidatorio, junto al señor Nudelstejer y Jennie Ostrosky, me vi finalmente opinando sobre Franz y su vida y su obra, después de, en un descuido, haberme comprometido a hacerlo, como siempre con la esperanza de que el día que uno acepta para presentarse en público no llegará nunca si el plazo fijado se va partiendo en mitades, una vez tras otra, hasta el infinito, como en cualquier y vulgar aporía de Zenón. Pero como no falla que los demás saben indefectiblemente más que yo sobre cualquier tema, para salir con cierta cara del paso me concreté a leer dos o tres cosas que años antes había dedicado a Kafka y que llevé en calidad de manto protector, y finalmente aproveché una pregunta del público para declarar en serio, y creo que hasta con énfasis, que en el pleito de Kafka contra su padre yo estaba de parte de este último. Al principio hubo algunas risas, pero estoy seguro de que los asistentes con hijos mayores comenzaban a estar de acuerdo conmigo cuando Jennie Ostrosky, siempre inteligente y en su papel de moderadora, dio por terminado el acto.

MEMORIA DEL TIGRE

EDUARDO LIZALDE vino a casa con su *Memoria del tigre*, recién (y espléndidamente) editado, en el que recoge sus libros anteriores de poesía y su impresionante producción "de la última época".

No sé cuánto tiempo hace que Lizalde y yo somos amigos, pero creo que a estas alturas no habrá ya nada, ni ideas políticas, ni problemas de trabajo, ni malentendidos, todo ese tipo de cosas enemigas de la amistad y hasta de las buenas maneras, que nos haga borrar u olvidar un afecto y una admiración (que optimistamente pienso mutuos) persistentes durante por lo menos los últimos veinticinco años, años en que ambos hemos visto crecer nuestro trabajo, él siempre firme y empeñado, sin decirlo pero lográndolo, en convertirse en el mejor poeta de su generación y, por qué no habría de pensarlo yo, en uno de los dos o tres mejores del México actual. Basta leer los poemas de esa "última época" para darse uno cuenta del poeta que ha llegado a ser, y del que está constantemente naciendo y renovándose en él.

DEJAR DE ESCRIBIR

DESPUÉS de proponerlo por teléfono y de una cancelación debida o achacada a la lluvia vino a almorzar mi amigo, escritor y periodista, como de costumbre obsesionado por el tema de la melancolía y la depresión, que se propone a sí mismo como fondo de una novela, de un cuento, de algo que no dejó muy preciso. Naturalmente, nos referimos a Robert Burton y su

Anatomía de la melancolía, y yo recordé a Tristram Shandy y a Yorick y al Laurence Sterne del *Viaje sentimental,* pues por supuesto hablamos también de viajes y de otros países, lejanos y cercanos. Le entrego la cuartilla que me había pedido para un sondeo con la cuestión de por qué un escritor deja de escribir, o un pintor de pintar, etcétera.

El asunto da para más de una cuartilla, pero parece ser que ésa es en la actualidad la medida ideal, según los encuestadores, para responder a cualquier pregunta sobre no importa lo que sea. Por pura casualidad, hoy mismo había contestado, dentro de la misma medida, otra de los *Cahiers du Monde Hispanique et Luso-Brésilien (Caravelle),* de la Universidad de Toulouse, sobre en qué forma han influido en mí las circunstancias sociales, culturales y políticas en que vivo o he vivido, para responder lo cual había tardado mes y medio. Más interesante me parece el otro cuestionamiento: ¿qué hace que uno deje de pronto y para siempre de escribir, de pintar o de componer música? A esto contesté pronto y sin vacilaciones y razonada y claramente, como siempre lo hace uno cuando responde a una pregunta cuya respuesta no existe.

10 de diciembre

EDUARDO TORRES

A PROPÓSITO de lo anterior, recuerdo la proposición de Eduardo Torres consistente en que a todo poeta debería prohibírsele, por ley o decreto, publicar un segundo libro mientras él mismo no lograra demostrar en forma concluyente que su primer libro era lo suficientemente malo como para merecer una segunda oportunidad. Dentro de este tema de la persistencia en el esfuerzo o el abandono total, que puede volverse obsesivo, con frecuencia me viene a la memoria la escena en que don Quijote, después de probar su celada y darse cuenta de que no sirve para maldita la cosa, desiste de probarla por segunda vez, la da por buena y se lanza sin más al peligro y la aventura sin preocuparse de las consecuencias. Por otra parte, hay grados: no publicar, no escribir, no pensar. Existen también los que recorren este camino en sentido contrario: no pensar, escribir, publicar.

LAS NIÑAS DE LEWIS CARROLL

CONTRAVINIENDO mis principios y movido quién sabe por qué fuerzas extrañas, el otro día me encontré dando una conferencia (que preferí llamar charla y convertir en una especie de diálogo con el público, lo que no logré), sobre literatura infantil, en la Capilla Alfonsina. En México muchos damos por supuesto que este nombre de Capilla Alfonsina se entiende fácilmente porque conocemos su historia, tratamos aunque fuera de lejos a Alfonso Reyes y sabemos que originalmente ésta fue su biblioteca y que él mismo, en broma o en serio, esto será siempre un enigma para mí, la llamaba gustoso en esta forma. Pero a un extranjero, si es que a Borges se le puede llamar extranjero, la cosa no le suena y se ríe un poco, y ahora recuerdo que en una conversación le dijo a un periodista en Buenos Aires: "Imagínese si aquí se le ocurriera a alguien llamar Capilla Leopoldina a la biblioteca de Lugones". Comoquiera que sea, la Capilla es la Capilla y últimamente, ya sin los libros que formaron la biblioteca original de Reyes, se ha convertido en museo y en centro de conferencias y presentaciones de escritores. En otro tiempo, todavía rodeado por los viejos volúmenes, me tocó dirigir en ella un taller de cuento, más bien de teoría literaria con el pretexto del cuento, y una vez por semana, como a las once de la mañana, acudía allí a enseñar algo que yo necesitaba aprender, lo que no dejaba de atormentarme los seis días anteriores.

En esta ocasión fui presentado por Florencio Sánchez Cámara, cuyo libro *Los conquistadores de papel* acaba de aparecer. Previamente me había pasado más de un mes leyendo unas veces y releyendo otras lo que tenía olvidado o recordaba mal del tema. Fue un gran placer reexaminar *Alicia* y cuanto encontré a su alrededor; halagó mi vanidad ver otra vez mi nombre, a propósito de espejos fantásticos, en el prólogo de Ulalume González de León a su libro *El riesgo del placer*, que recoge sus traducciones de *La caza del Snark*, *Jabberwocky* y otros divertimientos de Carroll que sólo con gran optimismo podría considerarse hoy en día literatura para niños; leí y releí otros prólogos y biografías de este hombre extraño y me acerqué a sus juegos matemáticos que no entiendo para nada, si bien poco

me costó entender su afición a las niñas menores de edad
cuando una vez más escudriñé, con curiosidad malsana, sus
fotografías de la ninfeta Alice Liddell y amigas a quienes el
buen Lewis trataba incluso de fotografiar desnudas. Ni qué decir que releí también *El principito*, con la melancolía propia del
caso ante la inutilidad de los llamados a la cordura que en él
hace Saint-Exupéry y el recuerdo de su desaparición noctur-
na; o que intenté con denuedo interesarme en el *Platero* de Juan
Ramón Jiménez, libro demasiado angelical según mi gusto
deformado para siempre por las inmundicias de los *yahoos*
de Swift. Total, más de un mes de lecturas para a última hora
no decir nada *de* la literatura infantil sino dos o tres cosas
contra los crímenes que se cometen en su nombre, cuando
para alimentar las supuestamente ingenuas mentes de los niños se adaptan, por ejemplo, los *Viajes de Gulliver* en veinte
páginas y *Don Quijote* en otras tantas, con por lo menos dos
resultados nefastos: reducir esos libros a su más pobre expresión visual (enanitos febriles empeñados en mantener atado
a un hombre inmenso que comienza a despertar en una playa;
un hombre y un caballo escuálidos lanzados al ataque de unos
molinos de viento, ante la alarma de un hombre rechoncho
y su burro condenados sin remedio a representar la postura
contraria al ideal) y hacer que, de adultos, esos niños crean
sinceramente haber leído esos libros e incluso lo aseguren
sin pudor.

17 de diciembre

MOSCÚ

La Asociación Mexicana de Escritores me invita a comer con
los soviéticos Roman Solntsev e Igor Isaev, quienes han venido
a México dentro de un programa de intercambio de escritores
soviéticos y mexicanos. La dificultad del idioma queda supe-
rada por el español del agregado cultural y gracias a que entre
los otros invitados no falta quien sepa suficiente ruso. Y así intercambiamos las frases rituales. Entre interrupciones y brindis yo trato de contar que hace tres años Bárbara y yo visita-
mos la URSS, con mi emoción en el inmenso cementerio de
Leningrado en el que reposan cerca de un millón de víctimas

de la invasión hitleriana, y la alegría de estar por fin, algún día, en persona, en la avenida Nevsky (llamada "perspectiva" en las traducciones de antes), como personajes de Gogol o Dostoievski, y en el Museo de Pintura Rusa del siglo pasado, en el que se encuentra ya en embrión mucho de lo que sucederá con la pintura en París durante las primeras décadas de nuestro siglo; y luego la estada en Moscú, en el viejo hotel Pekín, que nos había sido asignado con la protesta de alguien pero que nosotros preferíamos a los enormes y lujosos hoteles modernos moscovitas porque en él y no en éstos había vivido nada menos que Lillian Hellman, y porque enfrente se encuentra la plaza Maiakovski, con una gran estatua del poeta, detrás de la cual, en las noches claras, podíamos ver a la luna en pantalones, y de cuya poesía vale decir lo mismo que ya anoté de la pintura rusa. Como era natural, yo quería hablar de esto en la comida, pero nadie me dejaba, cada quien ocupado en decir lo suyo. También quise contar, sin lograrlo, lo que me sucedió en una librería de Moscú cuando se me ocurrió comprar un ejemplar de *Don Quijote* en ruso:

Yo (dirigiéndome a nuestro acompañante y traductor, Yuri Gredin, de la Sociedad de Escritores): Quisiera comprar un *Don Quijote* en ruso, ¿usted cree que lo tengan?

ACOMPAÑANTE (sin vacilar): No; no lo tienen.

Yo: ¿Cómo lo sabe? ¿No me haría el favor de preguntar?

ACOMPAÑANTE: Bueno, pero es inútil. (Lo hace. La dependiente le dice que no lo tienen, con gesto sonriente de *nyet.*) ¿Lo ve? Siempre que lo tienen hay cola para comprarlo.

Tampoco se me permitió meter en la conversación que más tarde fuimos a Bakú con Sergio Pitol, ni nuestras aventuras allí cuando, después de haberlas encontrado, nunca pudimos entrar en la casa en que vivió una temporada el poeta Esenin, ni en la imprenta en que Lenin imprimía el periódico clandestino *Iskra*. Total que nadie me dejó hablar, pero fue grato tener enfrente al dramaturgo Solntsev y escuchar los exaltados (no faltaba más) poemas del poeta Isaev, que seguía con evidente complacencia la lectura que de dos o tres de ellos hizo en español, traduciéndolos con eficacia del inglés, la señora Fernanda Villeli, a quien yo me había acercado atraído por la curiosidad: "Es la autora —me había dicho alguien furtivamente al oído— de la telenovela *El maleficio*".

En la misma comida, el autor de *Olímpica* y director de teatro H. Azar. Por alguna razón recuerdo en ese momento que en *Opio* Jean Cocteau, entre otras cosas sobrenaturales y maravillosas que dice que ocurrieron en diversos lugares del mundo cuando el estreno de su *Orfeo*, afirma (ahora copio literalmente de la traducción de Julio Gómez de la Serna, Ediciones Ulises, Madrid, 1931): "Representaban *Orfeo*, en español, en México. Un temblor de tierra interrumpió la escena de las bacantes, derruyó el teatro e hirió a unas cuantas personas. Una vez reedificada la sala, volvieron a representar *Orfeo*. De pronto, el director artístico anunció que el espectáculo no podía continuar. El actor que desempeñaba el papel de Orfeo, antes de resurgir del espejo, se había desplomado muerto entre bastidores".

Atraído por la coincidencia del nombre de las ediciones de Ulises, me viene el recuerdo de que en México existió por ese tiempo una compañía teatral llamada también Ulises dirigida por Salvador Novo o por alguien de su grupo. Le encargo a Azar averiguar si es cierto lo del terremoto y lo de la muerte del actor durante la representación, pero en ese momento le cuenta a alguien su viaje a Líbano y no creo que me escuche. En todo caso, hay que recordar que en esa época México era un país mágico y todo podía suceder; todavía lo es, pero ahora se habla más bien de la magia de la televisión y en el mundo no hay muchos poetas como Jean Cocteau.

LA SOLEDAD

Releo la biografía de Proust de George Painter, y encuentro, abriendo por cualquier parte el segundo volumen, esta cita de Pascal hecha por Proust en circunstancias en que acaba de comenzar a vivir en una suite de un hotel, rodeado de ocho criados, entre ellos un portero, la esposa de éste, encargada de atender el teléfono, un joven cuyas funciones precisas no se especifican, otro portero-lacayo y un camarero jefe: "Todas las desdichas de los hombres derivan de su incapacidad de vivir aislados en una habitación".

24 de diciembre

CORTÁZAR

Recibo un recordatorio de la Editorial Nueva Nicaragua acerca del libro-homenaje que prepara con el título de *Queremos tanto a Julio,* dedicado a Julio Cortázar y con testimonios de muchos escritores amigos a quienes se les ha pedido lo mismo. He enviado sólo media cuartilla, aduciendo que el afecto no es cosa de muchas explicaciones. Otra cosa sería —señalo en ella— si el libro llevara por título *Admiramos tanto a Julio* o algo así, caso en el cual el número de páginas de mi contribución sería muy alto.

Ya para mí ahora, recuerdo el alboroto que en los años setenta armó su novela *Rayuela,* cuando las jóvenes inquietas de ese tiempo se identificaron con el principal personaje femenino, la desconcertante Maga, y comenzaron a imitarla y a bañarse lo menos posible y a no doblar por la parte de abajo los tubos de dentífrico, como símbolo de rebeldía y liberación; y luego los cuentos de Julio, que eran espléndidos y existían desde antes pero que gracias a *Rayuela* alcanzaron un público mucho mayor; y más tarde sus vueltas al día en ochenta mundos y, como si esto fuera poco, sus cronopios y sus famas; y uno observaba cómo, fascinados por las cosas que veían en estos seres de una nueva mitología que suponían al alcance de sus mentes, los políticos y hasta los economistas querían parecer cronopios y no solemnes, y lo único que lograban era parecer ridículos. De todo esto, y de sus hallazgos de estilo y del entusiasmo que despertó entre los escritores jóvenes, quienes a su vez se fueron con la finta y empezaron a escribir cuentos con mucho *jazz* y fiestas con mariguana y a creer que todo consistía en soltar las comas por aquí y por allá, sin advertir que detrás de la soltura y la aparente facilidad de la escritura de Cortázar había años de búsqueda y ejercicio literario, hasta llegar al hallazgo de esas apostasías julianas que provisionalmente llamaré contemporáneas mejor que modernas; y sus encuentros de algo con que creó un modo y —*hélas*— una moda Cortázar, con su inevitable cauda de imitadores. Los años han pasado y bastante de la moda también, pero lo real cortazariano permanece como una de las grandes contribuciones a la modernidad, ahora sí, la modernidad, de nuestra literatura. La modernidad, ese espejismo de dos caras que sólo se hace realidad cuando ha quedado atrás y siendo antiguo permanece.

EN LATÍN

Me llega la *Revista de la Universidad de México*, septiembre de 1983, núm. 29. Trae cinco fábulas de mi libro *La oveja negra* traducidas al latín por Tarsicio Herrera Zapién, con su correspondiente texto en español al lado. Herrera Zapién, investigador del Instituto de Investigaciones Filológicas de la UNAM, ha traducido al español en verso, entre otros, a Horacio *(Epístolas, Arte poética*, ambas en la Biblioteca Scriptorum Graecorum et Romanorum del Centro de Traductores de Lenguas Clásicas de la Universidad), y al latín, igualmente en verso, a sor Juana Inés de la Cruz, a Neruda, a López Velarde. Ahí mismo declara su proyecto de traducir al latín todo mi libro. Quienes conocen esta lengua me dicen que las fábulas hasta ahora publicadas "suenan" muy bien en latín, y un amigo que se cree ingenioso me manifiesta su envidia por esta paradoja o inmortalidad al revés que significa pasar a una lengua muerta. Añade que, considerando el estado actual de los estudios clásicos entre nosotros, quizá sería conveniente, para ayudar a los lectores de mi libro en latín, añadirle unas cuantas notas en griego.

GALILEO

Encuentro en el café con José Antonio Robles, filósofo, matemático y cuentista. Como ocurre con los buenos amigos, cuando nos vemos hablamos invariablemente de lo mismo; pero dejamos siempre el suficiente espacio temporal entre un encuentro y otro para que nuestros aportes a la conversación nos resulten novedosos. Y a veces lo son, o casi. En esta ocasión, antes de saludarlo en forma, le pregunté si recordaba el siguiente anagrama

SMAISMRMILMEPOETALEVMIBVNENVGTTAVIRAS

que Galileo publicó en 1610, y que pasado al latín dice

ALTISSIMVM PLANETAM TERGEMINVM OBSERVAVI

y al español

HE OBSERVADO QUE EL PLANETA MÁS LEJANO ES UN TRIPLETE

Sí; lo recordaba más o menos, pero lo que le extrañó fue que yo se lo preguntara cuando él acababa de escribir el nombre de Galileo en un trabajo que revisaba ahí mismo, en el café. Naturalmente, después de esto hablamos de magia, tema mucho más rico que el del azar o las meras coincidencias. Por mi parte, yo no sé qué cosa sea un triplete, pero no tuve más remedio que traducir así el término inglés "triplet", que es el que usa W. H. Auden en el libro del que lo tomé. Robles me contraatacó con un palindroma que yo no conocía:

SUMS ARE NOT SET AS A TEST ON ERASMUS

y entonces yo recordé, aunque no se lo dije, que Julio Cortázar me ofreció hace años buscarme en una biblioteca de París el Evangelio según San Mateo puesto en alejandrinos palindrómicos franceses por alguien en el siglo XVIII, ofrecimiento que no le acepté por temor a hacerlo perder el tiempo.

31 de diciembre

1984

UN PASO EN FALSO

A LAS nueve de la mañana llamó por teléfono Fernando Cuenca. Me informó que su resfriado de varios días había quedado atrás y que ya podía verme, o, mejor, pasar dentro de dos horas a este hotel de Barcelona en que B. y yo estábamos desde hacía una semana tratando de contactarlo para entregarle un gran sobre con cartas y poemas urgentes que un amigo común le enviaba desde México. Llegó a las once en punto.

El único de los dos escritores del mismo apellido que conozco, Fernando me ha parecido siempre andaluz, y por eso y por varias otras cosas (como cuando para indicar que alguien le propinó un golpe a otro dice que le dio un "coñazo") me cae bien, y las veces que hemos estado juntos no puedo dejar de verlo, mientras conversamos (nuestro tema favorito, no sé por qué, es sin remedio la situación de Nojueria, quizá porque tanto él como yo, en diferentes épocas lejanas, vivimos un tiempo allí y esto alivia un poco los encuentros, esos encuentros entre escritores en que ninguno de los dos ha leído al otro pero en los que ambos disimulan ese hecho lo mejor que pueden), con sombrero calañés, pantalón ajustado y botas con tacón alto con las que estaría siempre a punto de subir a un tablado y ponerse a zapatear.

En el café a que nos ha llevado en su coche abre el sobre con una sonrisa y poco a poco hace aparecer su contenido. Me doy cuenta de que Fernando se esfuerza en ganar tiempo y en terminar caballerosamente (no hay uno solo de sus actos que no sea caballeroso) el encuentro con nosotros en este tranquilo establecimiento en que la humanidad está representada únicamente por dos empleados dedicados a contar cientos de monedas que acaban de extraer de una máquina musical.

En tanto busco la presencia de un posible mesero, confirmo la sensación satisfactoria de que cada minuto que pasa yo cumplo con mi deber de entregar el encargo y Fernando con el suyo de recibirlo, pues intercambiamos gestos de inteligencia para que no quede duda de que nos entendemos y de que las ocasiones en que nos hemos visto antes en congresos de escritores en España, México o cualquier otro país, han estado bien, han sido algo, pero no tanto como para permitirnos familiaridades.

En un momento dado yo revelo que en una hora más debo ir a ver a Carmen R. y él exclama pero cómo, si somos grandes amigos, ¿tienes cita con ella, en su editorial?, yo voy por ese rumbo, os llevo; y nos lleva, y frente a la puerta bajamos del coche, yo digo: "saludos", y nos despedimos como quien se va a reencontrar dentro de tres horas a la vuelta de la esquina o quizá dentro de quince años, probablemente en Nojueria.

Uno entra en la editorial y de inmediato experimenta la agradable seguridad de que se encuentra precisamente en el lugar que buscaba, una editorial pequeña pero famosa, con libros por el suelo semienvueltos para envío o acabados de recibir, y al fondo varias personas activas, una de las cuales me preguntó que a quién buscaba y mi nombre y yo le dije que a la señora R. y él dijo que muy bien, que en un momento, y desapareció para reaparecer pronto y decir de nuevo un momento. Y nos sentamos.

Buscando en las paredes algo para olvidar la inevitable relación con la espera en el consultorio del dentista, pronto encontré en una, y después en otras, varios dibujos de Oski considerablemente ampliados y enmarcados, y ahora no recuerdo si eran carteles o qué, pero pronto reconocí en ellos la serie que Oski dedicó al Descubrimiento del Nuevo Mundo. Éstos que ahora tenía ante mí representaban animales americanos dibujados tal como los imaginaban, creían verlos, o en todo caso los describían los cronistas españoles del siglo XVI; recordé mi antigua admiración por Oski y la vez que hacía años habíamos recorrido con L. G. Piazza un barrio de la ciudad de México que le interesaba, y a mí me impresionaba lo enfermo y cansado que se veía, y en efecto unos años después murió.

Pensando en todo esto me levanté a ver de cerca los dibujos y los admiré tanto que cuando llamé a B. para que los viera y traté de leerle en voz alta los textos, la emoción que Oski me provocaba me impidió hacerlo y ella tuvo que descifrar el enre-

vesado español en que estaban escritos y, como siempre ocurre, para disimular yo me reí, y volví en silencio a sentarme.
Y así pasó una larga media hora.

Cuando B. y yo comenzábamos a intercambiar miradas pre-
paratorias de una retirada furtiva nos dijeron que podíamos
pasar.

Carmen R. es una mujer elegante y bella, y, me pareció, en-
tregada con enorme seriedad a su trabajo. Le hablé de Oski y
me dijo sí y le pregunté si ella lo editaba y me dijo no. Nos recibió de pie y así permaneció hasta que a mí la timidez me hizo
sentarme y ofrecerle un asiento a B. Entonces Carmen se sentó y con ademanes y gestos adecuadamente amables me indicó
que ya podía yo comenzar a hablar.

No sé por qué esa misma amabilidad provocó que yo me des-
plomara un poco, lo que absurdamente me llevó a hablarle de
tú, como si nos conociéramos de toda la vida, y a decirle a lo
que venía; que Hélène me había dicho que le iba a telefonear
para anunciarle mi visita y me pidió que de ninguna manera
me fuera a ir de Barcelona sin ofrecerle este libro para sus co-
lecciones infantiles; y le pasé el libro en edición de lujo con ilustraciones en colores y capitulares en blanco y negro (acercán-
dome por encima del escritorio y señalándolas con el índice), y
ella comenzó a hojearlo mientras yo hacía bromas sobre la gran
calidad de los textos y sobre la seguridad que tenía de que este
libro, si lo leía con cuidado, o, peor, si se descuidaba, podía
cambiar su vida, y me reía y decía tonterías en forma inconte-
nible a medida que me iba dando cuenta, ah, querida Carmen,
de que jamás habías oído mi nombre y de que la llamada previa de Hélène no se había producido nunca. Carmen, como la
llamé dos veces, estaba seria, muy seria.

En ese momento comencé la huida procurando que fuera lo
más ordenada posible y me pareció que era bueno hablarle de
sus novelas y entonces trajo tres y me las regaló con una sonrisa, la primera, y yo dije que qué bonitas ediciones, cambié
una vez más con B. las miradas necesarias y salí con una enorme cola enredada entre las piernas, como un animal americano dibujado por Oski y que según Carmen, probablemente, no
sólo hablaba, sino que encima le hablaba a la gente de tú.

7 de enero

LA PALABRA IMPRESA

Dijo Montaigne de su libro: "Éste es un libro de buena fe". Seguramente quiso decir que se trataba de un libro sincero. Pues bien, lo que aquí escribo es también de buena fe y me propongo que lo sea siempre. Se puede ser más sincero con el público, con los demás, que con uno mismo. El público, como la otra parte del escritor que es, suele ser más benévolo, más indulgente que esa otra parte de uno llamada superego. Qué cosa sea el público es ya otro problema. ¿Los amigos? ¿Otros escritores? ¿Decenas o cientos, o miles de lectores que uno no ve, que no lo ven a uno pero que conservan el respeto por la palabra impresa y creen lo que leen, al contrario de lo que sucede con los del mismo oficio?

LEER Y RELEER

En sus artículos, en sus cartas, en sus diarios, los escritores franceses dicen siempre que releen, nunca que leen por primera vez a un clásico, como si en el liceo hubieran debido leerlo todo y un autor importante no leído fuera un total deshonor: "Releyendo a Pascal...", "Releyendo a Racine..." No siempre hay que creerles. Pero con esto hay que tener cuidado. Cuando en mi adolescencia leí un artículo de un famoso escritor guatemalteco que comenzaba confesando no haber leído nunca a Montaigne, le perdí todo respeto y escribí y publiqué una adolescente diatriba contra su ignorancia. Así que más vale: "Releyendo el otro día a Cervantes..."

TREN BARCELONA-PARÍS

Después del libro, probablemente lo mejor que ha inventado el hombre sean los trenes. Tengo una teoría: a partir de este invento, la economía, el estado general de un país corren paralelos a la velocidad y la organización de su sistema ferroviario. Como son sus trenes, como marchen sus trenes marchará todo lo demás. Por supuesto, ésta es una teoría enteramente abstracta y no debo pensar que nuestras librerías, nuestro cine, nuestras orquestas o nuestro futbol sean como nuestros trenes, pues éstos apenas los conozco y hasta hoy no he encontrado a nadie que los haya usado dos veces, o que no se refiera a ellos con un ataque de risa.

Comienzo a ojear el libro de Carol Dunlop y Julio Cortázar, que Mario Muchnik me obsequió hace unos días en Barcelona: *Los autonautas de la cosmopista*. Mucho que observar en él: el plan, las fotografías, los dibujos, las dedicatorias, la nota en la página del *copyright* que dice: "Los derechos de autor de este libro, en su doble versión española y francesa, están destinados al pueblo sandinista de Nicaragua. Por su parte, el editor español destina al mismo fin el 2 % del precio de venta de cada ejemplar". Y todo se mezcla con mis propios recuerdos de hace apenas algo más de un año cuando en Managua sus autores me (nos) contaron su proyecto de recorrer en un mes y dos días en un Volkswagen-Combi (que aquí pasó a llamarse tiernamente Fafner, como el dragón del *Sigfrido* de Wagner) la autopista París-Marsella —lo que normalmente puede hacerse en unas cuantas horas—, parando sólo en los *parkings* (dos por día) y en uno que otro motel cuando lo hubiera: todo lo cual se convertiría en este bello, alocado y melancólico libro que no puedo dejar de relacionar, claro, con el *Viaje sentimental* de Sterne por lo que tiene de amorosa ironía, pero sobre todo, desde el primer momento, con el *Tartarín de Tarascón* por lo que hace a su humor estrafalario; libro que ahora, con menos deseos de aventura pero igualmente imbuido de ese afán de experimentar por el que murió Bacon, leo cómodamente sentado en este vagón del TGV (Train Grande Vitesse, del que los franceses están tan orgullosos) mientras B. lee o saca los sandwiches de jamón que hemos traído para no usar el carro comedor que, nadie sabe por qué, se ve con alivio desde los andenes pero una vez adentro siempre asusta; o veo los últimos restos de la campiña que pronto será tragada por la noche en la misma forma en que hasta ahora lo ha sido por la velocidad. "Es como ir en avión", nos ha dicho alguien; pero no, es algo mejor, es como ir en tren.

14 de enero

EL GLOBO

En junio pasado se celebró en Francia, y en muchas formas se sigue celebrando, el segundo centenario del día en que los hermanos Joseph y Étienne Montgolfier soltaron por primera vez en forma oficial las amarras de un globo inflado con aire caliente, ante el entusiasmo maravillado de las autoridades y de un público, por decir lo menos, inquieto. Tengo ante mí, encima de la tapa de un viejo piano Gaveau que no me atrevo a tocar entre otras cosas porque no sé tocar el piano ni ningún instrumento musical, una especie de cartel con un lindo globo dorado en relieve, y dos o tres folletos conmemorativos de aquel extraordinario hecho, que ahora vemos con una sonrisa en viejos grabados, pero que en esos días provocó que un vecino del pueblo de Annonay, en donde ocurrió la cosa, enviara una carta al *Mercure de France*, de la que traduzco un párrafo:

> Acaba de tener lugar aquí un espectáculo realmente curioso, el de una máquina hecha de tela y cubierta de papel, que tenía la forma de una casa de treinta y seis pies de largo, veinte de ancho y más o menos lo mismo de alto. Se la hizo elevarse en el aire por medio del fuego, a una altura tan prodigiosa que se veía de tamaño no más grande que el de un tambor. Fue vista desde tres lugares de la villa. Los campesinos que la vieron, asustados al principio, creyeron que era la luna que se desprendía del firmamento, y vieron este terrible fenómeno como el preludio del Juicio Final.

Y el espontáneo corresponsal del *Mercure de France* de hace dos siglos, que informa de todo esto mes y medio después de ocurrido, sigue contando cómo el objeto fue a caer a un cuarto de legua del lugar desde el que fue lanzado, con los proyectos para el próximo futuro de sus inventores y otros detalles increíbles, todo lo cual sabemos y olvidamos una y otra vez, y quizá yo ni lo registraría aquí ahora si no fuera porque toda esta información me la acaba de proporcionar Mme. Cécile Landel, dueña del piano en cuestión y bisnieta en línea directa de Étienne Montgolfier, a cuya casa, 42, rue de Clichy, París, he venido a vivir desde México, como caído del globo de Cantoya.

POSTERGACIONES

El VERDADERO escritor no deja nunca de escribir; cuando deja
de hacerlo dice que lo pospone. En estas posposiciones puede
pasársele la vida.

LAS BUENAS MANERAS

UN LIBRO es una conversación. La conversación es un arte, un
arte educado. Las conversaciones bien educadas evitan los monólogos muy largos, y por eso las novelas vienen a ser un abuso
del trato con los demás. El novelista es así un ser mal educado
que supone a sus interlocutores dispuestos a escucharlo durante días. Quiero entenderme. Que sea mal educado no quiere
decir que no pueda ser encantador; no se trata de eso y estas
líneas no pretenden ser parte de un manual de buenas maneras. Bien por la mala educación de Tolstoi, de Víctor Hugo.
Pero, comoquiera que sea, es cierto que hay algo más urbano
en los cuentos y en los ensayos. En los cuentos uno tantea la
buena disposición del interlocutor para escuchar una historia,
un chisme, digamos, rápido y breve, que lo pueda conmover o
divertir un instante, y en esto reside el encanto de Chejov; en
los ensayos uno afirma algo que no tiene mayor cosa que ver
con la vida del prójimo sino con ideas o temas más o menos
abstractos pero (y aquí, querido lord Chesterfield, volvemos a
las buenas maneras) sin la menor intención de convencer al
lector de que uno está en lo cierto, y en esto reside el encanto de
Montaigne.

   ¿Qué ocurre cuando en un libro uno mezcla cuentos y ensayos? Puede suceder que a algunos críticos ese libro les parezca carente de unidad ya no sólo temática sino de género y que
hasta señalen esto como un defecto. Marshall McLuhan les diría que piensan linealmente. Recuerdo que todavía hace pocos
años, cuando algún escritor se disponía a publicar un libro de
ensayos, de cuentos o de artículos, su gran preocupación era la
unidad, o más bien la falta de unidad temática que pudiera cri-
ticársele a su libro (como si una conversación —un libro— tuviera que sostener durante horas el mismo tema, la misma for-

ma o la misma intención), y entonces acudía a ese gran invento (sólo comparable en materia de alumbramientos al del fórceps) llamado prólogo, para tratar de convencer a sus posibles lectores de que él era bien portado y de que todo aquello que le ofrecía en doscientas cincuenta páginas, por muy diverso que pareciera, trataba en realidad un solo tema, el del espíritu o el de la materia, no importaba cuál, pero, eso sí, un solo tema. En vez de imitar a la naturaleza, que siente el *horror vacui*, eran víctimas de un *horror diversitatis* que los llevaba invenciblemente por el camino de las verdades que hay que sostener, de las mentiras que hay que combatir y de las actitudes o los errores del mundo que hay que condenar, ni más ni menos que como en las malas conversaciones.

No debo pensar que todo esto se me ocurre a raíz de que en estos días comienza a circular en México un libro mío en el que reúno cuentos y ensayos.

21 de enero

EL NIÑO JOYCE

Encuentro en un viejo ejemplar de la *Quinzaine Litteraire* de hace tres años, a propósito de James Joyce cuando se ganaba la vida dando clases de inglés en Trieste:

> 1913. Se debate en medio de los acreedores. Lecciones particulares en las tardes: por la mañana enseña en la Escuela Superior de Comercio. Sus lecciones particulares a la señora Cuzzi son suspendidas porque cuando terminaba de darlas bajaba la escalera deslizándose por el pasamanos, como los niños.

YO SÓLO CORRIJO

Veo en *Le Monde*, en la sección dedicada este día a los libros, una nota con un titular destacado: "Un humorista genial: Alfredo Bryce-Echenique", en la que Claude Couffon, traductor, entre otros, de Miguel Ángel Asturias y Carlos Fuentes, comenta *La vida exagerada de Martín Romaña*, la última novela de Bryce, que acaba de aparecer aquí traducida al francés.

Los escritores no siempre se alegran mucho de ver elogiados a sus colegas. Lo contrario suele ser lo común. Pero ésta, como tantas otras, puede ser sólo una verdad a medias. A mí, en este momento, me alegra ver esos elogios, como también me alegró encontrar que *Le Nouvel Observateur* escoge *Martín Romaña* como una de las cuatro mejores novelas publicadas en la semana, al lado de Joseph Roth, Dashiell Hammet y Frédérick Tristan (Premio Goncourt estos mismos días).

Conocí a Alfredo hace años en la Universidad de Windsor, Canadá, casi bajo la nieve que nos mantuvo encerrados cinco días durante un coloquio de escritores hispanoamericanos al que asistieron como figuras principales Manuel Puig, Salvador Elizondo, Ernesto Mejía Sánchez, Vicente Leñero. Ahí Alfredo, con su ingenio habitual, le contó a un público sumamente atento cómo escribía (casi sin corregir), mientras yo deseaba que alargara lo más posible su intervención porque el siguiente era mi turno. Cuando éste llegó, a mí, paralizado por el miedo, no se me ocurrió otra cosa que decir: "Yo no escribo; yo sólo corrijo", lo que al público, no sé por qué, le pareció gracioso y comenzó a reírse y a aplaudir, y a mí me dio la impresión de que los estudiantes y los maestros tomaban la cosa como que yo estaba diciendo que mi forma de escribir era mejor que la de Bryce y ya no pude decir nada más, ni mucho menos ponerme a dar explicaciones; pero Alfredo, que aparte de un gran escritor es un hombre de mundo, lo tomó con humor y después en el pasillo nos confesamos riéndonos que ambos habíamos dicho lo que habíamos dicho nada más por miedo escénico. Desde entonces Alfredo y yo somos muy amigos y con frecuencia nos vemos ante una copa en México o en alguna otra parte, pero sobre todo aquí en Francia.

Precisamente, una de mis mejores razones para venir esta vez a Francia en tren era ver a Alfredo en Montpellier, en la universidad en que ahora enseña literatura, pero un amigo común me dice en Barcelona que no lo busque, que está enfermo o fatigado o algo, y después otro amigo me lo confirma y atribuye todo a la salida de su libro y al éxito, al cual, pienso yo, Alfredo debería estar, bueno, debería irse acostumbrando.

"Pero a través de sus mil y una aventuras —termina Couffon refiriéndose a Martín Romaña— de encantador desencanta-

do, de 'víctima de una educación privilegiada', Martín Romaña
nos dice lo esencial: el inmenso talento de su inventor, un tal
Bryce-Echenique."

LAS CARAS DE LOS CABALLOS

VISITA a la exposición À la Recherche de Franz Kafka, en el Museo de Arte Judío de París, perdido éste, naturalmente, en una
de las calles de más difícil acceso de esta ciudad. Decepcionan-
te de principio a fin. Unas cuantas ediciones, conocidísimas, en
francés; las consabidas vistas de Praga, malas pinturas y dibujos inspirados (es un decir) sin duda en la ya tradicional mala
lectura de Kafka encaminada dócilmente a encontrar símbolos
de la angustia de nuestro tiempo, claro, hasta en los pasajes de
sus novelas en que Kafka más se divirtió escribiéndolos; y por
fin, una vez más también, las fotografías de esas mujeres con
cara de caballo (bueno, qué tienen de malo las caras de los caballos, me diría Gertrude Stein, con quien Henri Matisse se
enojó en una ocasión por haber ella dicho en *La autobiografía
de Alice B. Toklas* que su mujer tenía cara de caballo, y es como
si Porfirio Barba Jacob se hubiera enojado porque Rafael Aré-
valo Martínez lo retrató ya no sólo con cara sino con cuerpo y
alma y gestos y modales equinos en *El hombre que parecía un
caballo*, o Swift no hubiera escogido los caballos como encar-
naciones de la perfección o por lo menos de las virtudes que no
encontraba en el hombre), mujeres con cara de caballo que
no se sabe si Kafka amó o qué, y que en estas fotografías aparecen a veces riéndose felices en balnearios y en traje de baño en
compañía de otras mujeres, sus amigas o sus primas, cuyas figuras irán de este modo incorporándose a la leyenda del artista, de ese artista del que en vida no vieron nada, no sospe-
charon, no comprendieron nada. Y bien, tampoco tengo nada
contra ellas, pero esto es así.

28 de enero

HACERSE PERDONAR

De vuelta en México. Muchos libros nuevos, editados aquí, en las librerías; muchos libros nuevos, de aquí y de allá, en casa: de autores que no conozco, pero que veo con interés; de amigos. Y, entre esta muchedumbre de letra impresa, algo que no sucede en todos los regresos: un libro nuevo *mío*. Me había alejado de México para no estar presente cuando apareciera; pero las cosas no siempre suceden como se espera y los primeros ejemplares salen a la calle justo el día siguiente de mi regreso. De cualquier manera, alegría de hojearlo y de ver de diferente modo lo que antes eran unas cuantas cuartillas escritas a máquina y que Vicente Rojo ha convertido en un objeto tan distinto y, en una palabra, tan bello (puedo decirlo sin rubor puesto que se trata de su trabajo, no del mío) que me tranquilizo con la idea de que, así presentada, mi parte será vista también con buenos ojos, o logrará en todo caso hacerse perdonar.

EDUARDO TORRES DIXIT

"Si un periodista te llama por teléfono sólo para saludarte significa que al día siguiente hablará mal de tu libro en su periódico."

LIBRO A LA VISTA

Cuando alguien publica un libro pueden suceder muchas cosas; entre ellas, que el hecho pase ignorado, que la crítica lo trate mal o, la más frecuente entre nosotros, que el libro sea objeto de críticas y reseñas medio favorables o medio negativas que finalmente no hacen mucho bien o mucho daño ni al autor del libro ni a los de las reseñas, y son como el pan cotidiano, espiritual, se entiende, de los periódicos.

Supongo que después de haber publicado varios libros, un escritor, cualquier escritor, debería recibir con resignación toda clase de críticas (quiero decir escritas: las no escritas se dicen entre amigos, generalmente en medio de risas y sarcasmos lo más parecidos a bromas que nos ayuden a soportar equis realización ajena), incluso las favorables y, si es joven, no creer ni en unas ni en otras para valorar su propia calidad. El otro día la directora de una publicación universitaria preguntaba a varios amigos cuáles son los principales elementos (¿o dijo instrumentos queriendo significar dones?) con que debe contar un escritor. Pensando para mis adentros que ya quisiera yo saberlo, a mí sólo se me ocurrió aventurar que quizá los básicos serían el talento y la dedicación, y que en la medida en que el escritor a lo largo de su vida (de pocos o muchos años) cultive el primero y mantenga la segunda es probable que logre algo valioso. Ella dijo entonces que cómo saber si se tiene talento. La cuestión es tan subjetiva y peligrosa que alguien puede vivir engañado por siempre y trabajar duro y publicar muchos libros y morirse sin llegar a saber nunca que no estaba llamado para aquello. Es frecuente tener vocación para algo sin contar con el talento y viceversa; y es fácil confundir deseo con vocación. En cuanto al talento, la opinión de los demás ayuda poco, en especial la de los críticos, pues los críticos enfrentan el mismo problema, aparte del que se echan encima al juzgar el trabajo ajeno, y no son sus juzgados ni su esposa o su novia quienes los convencerán de ser buenos o malos críticos (en caso de que sean lo suficientemente inteligentes como para dudarlo).

SE CIERRA UN CICLO

CUANDO publiqué mi primer libro, en 1959, un crítico tituló así su nota de una cuartilla: "Un humorista sin humor", y la terminó afirmando un poco enojado que yo no tenía nada que decir, ni ameno ni interesante; que era, precisamente, lo que yo temía que se descubriera. Pero o su revista, un semanario, no era muy leída, o su opinión cayó en el vacío o produjo el efecto contrario; y así, cada vez que he podido, la he hecho publicar y repetir para ver si a mi vecino se le quita la idea de que yo pretendo hacerlo reír con sus propias miserias y frustraciones.

Ahora, después de seis libros y veinticuatro años de publicarlos con el mismo temor que cuando me arriesgué con el primero, veo que un ciclo se ha cerrado y en un semanario local encuentro una extensa nota de Sergio González Rodríguez, de la cual, quizá por masoquismo o con el ánimo perverso de que su autor me acompañe imperecederamente en el olvido, copio la parte que cierra el círculo: "En *La palabra mágica* el bostezo mata el juego; la esterilidad se traga a la brevedad y las risas predecibles al golpe ingenioso".

ATRAVESAR LOS ESMERILES

"¿Qué hubiera sido de las mejores prosas de Carlos Monsiváis, por ejemplo, si las hubiera atravesado por el esmeril de la página perfecta?" Sergio González Rodríguez *(ibid.)*.

4 de febrero

OCASO DE SIRENAS

José Durand, quien desde hace varios años ha enseñado literatura hispanoamericana en las universidades de Michigan y Berkeley, me hace llegar su *Ocaso de sirenas*. La primera edición apareció en 1950 y es en la actualidad inencontrable excepto en manos de especialistas o manatiólogos, como los llama el poeta Ernesto Mejía Sánchez en el propio libro de hoy, ilustrado con los dibujos originales de Elvira Gascón, más nuevos grabados antiguos. (¿No suena mal eso de nuevos grabados antiguos, a manera de oxímoron por grabados antiguos nuevamente publicados?)

Durand insiste hoy por teléfono en que no se trata de una simple reedición ni de una antología como según él podría desprenderse de la solapa. Y así es, y yo lo sé muy bien pues en los últimos años he visto los capítulos añadidos y las nuevas versiones en borrador aquí y en otros países hasta los que me han alcanzado por correo, y lo he observado a él trabajar infinitamente, ésta es la palabra, en la ampliación y reducción y ampliación de esta obra en sí misma con algo de sirena por su pertenencia al mundo de los seres mezclados (como si hubiera de otros), mitad esto, mitad aquello; y de esta manera *Ocaso* tiene, si se lee bien, una mínima parte de documento y una máxima del talento de Durand para convertir la historia en literatura y los ficheros en este producto de creación y delectación morosas.

En este instante tengo que hacer un gran esfuerzo para no anotar aquí historias personales de Durand, que le dejo de buena gana en estos momentos en que él mismo juega con el proyecto de escribir sus memorias de Hamburgo 29-12. Durand, el hombre que más sabe sobre los *Comentarios reales* y toda la obra de Garcilaso de la Vega *el Inca* (su compatriota); el único de mis amigos que tiene la facultad de decir, sin equivocarse, claro, y en minuto y medio, si la grabación de una sinfonía de Mahler está dirigida por Bruno Walter o por Georg Solti; el solo capaz de escribir en una tarde un ballet basado en un cuento de Juan Rulfo; y (no sé si cometo una indiscreción) de perseguir durante varios meses a una mujer, de preferencia bailarina, durante dieciocho horas hábiles diarias por todos los medios de comunicación posibles, incluido el cajón (instrumento musical), que puede tocar doce horas seguidas, digamos de las siete de la tarde a las siete de la mañana del día siguiente, sin importar para nada que la bailarina, con pies ligeros, naturalmente, haya huido a las siete y cuarto de la tarde anterior; y el único, en medio de todo esto, capaz de perseguir a la vez, paso a paso, en las páginas de Cervantes, las huellas del amor platónico, plotínico y dantesco; y entre las de Cristóbal Colón, Antonio de Torquemada, fray Toribio de Benavente (dicho Motolinía), fray Bartolomé de las Casas y tantos otros, las huellas, por fin, del manato, o manatí o pejemujer, según el Diccionario de Autoridades "pez así llamado por la semejanza que tiene del medio cuerpo arriba con las facciones o miembros humanos, especialmente de la mujer, y a ellos cría sus hijos", hasta llegar a producir esta insólita obra de paciencia erudita y de persecución melancólica, no a lo largo y lo ancho de los mares abiertos (pero al fin agotables), como Melville a su ballena, sino del tiempo y de las bibliotecas sin límites, como su maestro Raimundo Lida, a quien está dedicada.

EPITAFIO ENCONTRADO EN EL CEMENTERIO
MONTE PARNASO DE SAN BLAS, S. B.

Escribió un drama: dijeron que se creía Shakespeare;
Escribió una novela: dijeron que se creía Proust;
Escribió un cuento: dijeron que se creía Chejov;
Escribió una carta: dijeron que se creía lord Chesterfield;
Escribió un diario: dijeron que se creía Pavese;
Escribió una despedida: dijeron que se creía Cervantes;
Dejó de escribir: dijeron que se creía Rimbaud;
Escribió un epitafio: dijeron que se creía difunto.

SUBCOMEDIA

Hay un mundo de escritores, de traductores, de editores, de agentes literarios, de periódicos, de revistas, de suplementos, de reseñistas, de congresos, de críticos, de invitaciones, de promociones, de libreros, de derechos de autor, de anticipos, de asociaciones, de colegios, de academias, de premios, de condecoraciones. Si un día entras en él verás que es un mundo triste; a veces un pequeño infierno, un pequeño círculo infernal de segunda clase en el que las almas no pueden verse unas a otras entre la bruma de su propia inconsciencia.

11 de febrero

LA ENCUESTA DE QUIMERA

La revista *Quimera* de Barcelona me pide que declare, sin explicaciones, cuáles serían, en mi opinión, las quince obras literarias de mayor influencia mundial producidas en el siglo xx. No los autores, sino las obras; y de las obras, una. Por un momento me resisto a contestar, pues siempre que se me hace este tipo de preguntas imagino que se trata de una cortesía que uno debe declinar como persona educada que se supone que es; pero Miguel Riera, el editor de Montesinos y director de la revista, insiste y no tengo más remedio que ponerme a pensarlo y finalmente dársela escrita a vuelapluma en una servilleta de café.

Desde el primer impulso decidí suponer que no se trataba de las obras que a mí me gustaran más, sino de las que según yo hubieran tenido, de manera objetiva, una mayor significación en este siglo; pero como al mismo tiempo la respuesta sería, después de todo, algo personal, me propuse asimismo no dar nombres de obras que yo no conociera o que carecieran de importancia en mi propia formación o visión de la literatura contemporánea.

VENTAJAS DE UN GÉNERO

(AL MARGEN: entre las ventajas de escribir un diario, sin importar si ha de publicarse, en partes o en su totalidad, se encuentra esa confianza que da la idea previa de estar escribiendo para uno mismo, sin preocuparse de cuántas veces aparece el yo ante el escándalo de los colegas de San Blas, más hechos a la reticencia, la ambigüedad o la hipocresía que a la naturalidad del que cuenta tal cual cómo le fue en la feria. O uno acepta esto, o no lo escribe; o alguien acepta esto o no lo lee.)

LOS GRANDES DEL SIGLO

MI LISTA para *Quimera* resultó la siguiente, no recuerdo ahora si en el mismo orden en que la entregué, pero es probable que no:

Marcel Proust *(En busca del tiempo perdido)*
James Joyce *(Ulises)*
Franz Kafka *(El proceso)*
Gertrude Stein *(La autobiografía de Alice B. Toklas)*
Thomas Mann *(La montaña mágica)*
Luigi Pirandello *(Seis personajes en busca de autor)*
Pablo Neruda *(Residencia(s) en la tierra)*
Jorge Luis Borges *(Ficciones)*
Vladimir Maiakovski (Poesía)

Anton Chejov (Teatro)
Guillaume Apollinaire *(Alcoholes)*
André Breton *(Manifiestos del surrealismo)*
T. S. Eliot *(La tierra baldía)*
Ezra Pound *(Cantos)*
George Bernard Shaw *(Pigmalión)*

¿Por qué sólo estos autores y estas obras y no otros? En primer lugar, como es obvio, porque el límite son quince. ¿Y en segundo y en tercero y en cuarto? He visto las respuestas de, por ejemplo, Rafael Humberto Moreno-Durán o Augusto Roa Bastos y, lo inevitable, hay coincidencias, pero a la vez ellos señalan nombres que a mí me sorprenden tanto como ellos se sorprenderán con algunos consignados por mí.

Días más tarde, conversando de esto en París con Jorge Enrique Adoum y otros amigos con quienes entramos en el juego quimérico, cada quien mencionaba autores tan diferentes (después de estar de acuerdo, por supuesto en lo que se refiere a Pound, Joyce, Proust y Kafka) que no había más remedio que convencerse de que lo interesante (o el chiste, como decimos nosotros) de estas listas es, venturosamente, dar pie al desacuerdo y a la discusión.

Pocos narradores o poetas recuerdan hoy día a Pirandello; pero cuando uno lo menciona no hay quien no diga ¡claro! De Thomas Mann otros prefieren el *Doctor Fausto*, y quizá yo también, pero *La montaña mágica* fue antes, y su tratamiento de la idea del tiempo y su defensa del humanismo surgieron en el primer cuarto del siglo como un deslumbramiento. Respecto a Chejov debo confesar que hice algo de trampa, pues apenas alcanza a pellizcar el siglo, pero su obra fue traducida ya bien entrado éste; ¿y qué escoger, sus cuentos o su teatro, y de éste sino todo, con sus intensos retratos de una sociedad desencantada al borde del gran cambio? Y hablando de cambios, ¿no fue Gertrude Stein la que dio el enorme paso en el uso del lenguaje coloquial y en la liberación de la prosa como nadie se había atrevido a hacerlo antes? Es difícil, para los que lo hacen, negar todo lo que Neruda significó en el mundo de la poesía: un nuevo lenguaje, una nueva sensibilidad. Y sí; ¡está Vallejo!, dicen mis amigos, y es cierto, y uno quisiera ponerlo siempre a la cabeza de todos precisamente por su nuevo lenguaje y su nueva sensibilidad, pero, una vez más, no se trataba sólo de

mis gustos sino de quién cambió las cosas en este siglo y puede ser que Vallejo las cambie, o las termine de cambiar en el
próximo, como Borges, apoyado en Quevedo, en Schwob y en
Chesterton, lo hizo a su modo con el ensayo, incluso en otros
idiomas. Los pantalones con que Maiakovski vistió a su nube
hicieron tanto, por su parte, como los alcoholes de Apollinaire.
¡Apollinaire! ¡Apollinaire! Parece que no hay objeción para incluir a Eliot, pero sí alguna por lo que se refiere a Breton, sobre
todo si la política asoma por ahí su nariz, como la ha asoma-
do a lo largo del siglo al oír el nombre de casi todos éstos. Y a
propósito, de Bernard Shaw debí decidirme por *Hombre y su-
perhombre*, pero a la hora buena me ganó el recuerdo del padre
de Eliza Doolittle, quizá el personaje secundario más encantador de todo el teatro moderno.

Y así, uno tras otro, sin mucho pensarlo, cada uno de esos
autores fue ocupando su lugar en mi lista, sin orden de estatura ni de edad ni de género, como niños buenos y bien por-
tados, pero cada uno de ellos con el bolsillo cargado de ta-
chuelas y petardos y hasta de dinamita con que hacer estallar
diecinueve siglos anteriores de literatura y buenas costumbres.

25 de febrero

LA PREGUNTA DE SIEMPRE

—HAY que ser neurótico para dedicarse a esta tontería —me
dice mi amigo por teléfono, refiriéndose a la angustia que le
produce escribir.

¿Quién es quien lo pone a uno en esto —pienso por mi parte— sino esa fuerza negativa que me empuja otra vez a lo
mismo, a sabiendas de que lo que se haga hoy tampoco basta-
rá? Y en ese momento yo leía en Berenson:

Se necesita la adolescencia para pronunciarse sobre el porqué y el
cómo de las cosas; más tarde nos damos cuenta de que las cosas
son bien sencillas, y cualquier explicación crítica, cualquier inda-
gación sobre la naturaleza aparece como una tentativa inútil, una
superfluidad. Se puede, con la edad madura, adquirir un ojo seguro y dar un juicio exacto sobre cómo "están" las cosas; pero este
juicio no interesa a los jóvenes. Los jóvenes quieren el mensaje, la

excitación, y lo encuentran fácilmente en autores deshonestos, poco escrupulosos, que no conocen los límites de su propia mente y buscan el aplauso con cada una de sus manifestaciones.

Pero decir esto y no decir nada es lo mismo: *1)* ¿Quién quiere qué mensaje? Los mensajes están ya todos dados. Si de veras los quisiéramos sabemos que están ahí, en alguna parte, sólo que nos falta el valor para tomarlos, aun para siquiera verlos; y la vida entera puede pasarse con diversos mensajes frente a nosotros, a la mano, sobre nuestra mesa de trabajo. *2)* ¿Quién conoce los límites de su propia mente? *3)* Si ya tienes el aplauso, el aplauso no te importa, y no sé qué otra cosa debería esperar la gente sino el aplauso, la fama. La gente admira mucho a don Quijote (no el libro, al personaje), pero olvida que todos sus sacrificios, sus desvelos, su defensa de la justicia, su amor incluso estaban encaminados a un solo fin: el aplauso, la fama. No tiene otro origen nuestra neurosis: queremos fama. Cualquier acusación de vanidad por desear esto es sólo signo de la hipocresía de la sociedad en que vivimos, en la cual desear el aplauso vendría a ser malo, y uno sólo debería hacer cosas pequeñas, mezquinas, que pasen inadvertidas, por temor a "llamar la atención".

Prefería al Berenson de una página antes:

¿Qué he hecho en toda mi vida? Nada más importante que esa hebra de hierba que está usted arrancando... Ni siquiera en los primeros años, cuando más urgía en mí el deseo de expresarme, no debí nunca poner en primer lugar el trabajo. Y, como los sabios hindúes, habría debido retirarme, a los cuarenta años, a otra vida, a una vida de comunicación con la naturaleza y la soledad... Ahora, en cambio, me ocupan pequeños problemas cuya solución no servirá a nadie.

En cuanto a mí, trato de ver en lo que he escrito, y apenas, aquí y allá, como a escondidas, he dejado deslizar alguna verdad, un testimonio sincero de tal o cual experiencia vivida por mí o, siquiera, pensada por mí. Y entonces, ¿a qué tanta palabrería? ¿Producir una "obra de arte" por medio de palabras convenientemente colocadas para causar una sensación equis en el ánimo del lector? ¿Y luego?

SCORZA EN PARÍS

El 15 de noviembre pasado me encontré con Manuel Scorza. B. y yo fuimos a verlo en su departamento, 15, rue Larrey, en París. Comenzamos a hablar, como siempre, de México, de amigos comunes, para desembocar, como siempre, en la literatura. Noté que Scorza había adquirido una nueva manía. Cada poco tiempo sacaba una especie de libretita y un lápiz y anotaba cualquier broma de las que decíamos, cualquier ocurrencia, mientras declaraba: "Lo pondré en mi próxima novela", y guardaba su papelito para volver a sacarlo cinco minutos después. Entonces yo le recordé que Joyce practicaba también esa costumbre y que hubo una época en que en las reuniones ya nadie quería decir nada delante de él porque todos sabían que sus frases (generalmente de lo que se hace una conversación entre escritores, sólo que la mayoría las deja escapar, o las desperdicia sin preocuparse, o cuando mucho espera a llegar a su casa para anotarlas) irían a dar a sus novelas. Pero Manuel dijo: "A mí no me importa, y eso también lo voy a anotar". Y así seguimos un buen rato hasta que en un momento dado se levanta y dice riéndose: "¿Saben una cosa? Por fin ya aprendí a escribir, ya no me interesan los adjetivos ni las comas ni nada de ese tipo; ya descubrí el humor, ya hago lo que quiero, sin preocuparme neuróticamente por la forma o la perfección o esas vanidades. ¿Les leo las primeras páginas de mi nueva novela?"

Cuando le dijimos que sí, la trajo y comenzó a leer. Mientras lee yo alcanzo a ver las páginas escritas a máquina y según él ya en limpio, en las que observo tachaduras en una línea y en otra, y cambios producto quizá de la relectura preocupada de esa misma mañana, o del último insomnio.

Scorza, que comenzó leyendo con cierto brío y distintamente, va perdiendo poco a poco el aplomo y acaba por decir que mejor hasta ahí, que nos está aburriendo, pero que más adelante la obra mejora, que en todo caso le falta todavía mucha investigación que hacer en la Bibliothèque Nationale porque hay cosas que tienen que estar bien documentadas. Qué fastidio, dice, ahora que ya aprendí a escribir. Y prefiere contarnos los problemas que tuvo para cobrar sus derechos de autor a no sé qué editorial, y cómo casi lo logró cuando hace algunos años, durante un congreso de escritores en una capital sudamericana, ante las cámaras de televisión y un auditorio nacional, el Presidente de la República dijo señalándolo:

PRESIDENTE: Es un honor para nosotros tener aquí al gran novelista peruano Manuel Scorza. ¿Qué mensaje nos trae, señor Scorza?

SCORZA: Señor Presidente: yo no traigo mensaje; traigo una factura.

Fue cuando yo saqué mi libreta, anoté su dicho, y nos reímos.

3 de marzo

LA PALABRA ESCRITA Y LA PALABRA HABLADA

CON frecuencia vuelvo, y creo que lo haré muchas veces más, al tema de los diarios como género literario. A manera de broma, o porque así lo creía, Eduardo Torres dijo en una ocasión que "llevar un diario es un ejercicio y un placer espiritual que no practican ni gozan aquellos que no lo llevan". Lo que hasta aquí parece una de esas simples tautologías que según él deberían repetirse siempre a manera de recordatorio de nuestra acostumbrada forma de pensar sin pensar, se complica un tanto cuando poco después añade: "Apuntar un pensamiento *is a joy forever*. Cuando el pensamiento no vale la pena debe apuntarse en un diario especial de pensamientos que no valen la pena".

"¿Por qué leemos el diario de un escritor?", escribe Susan Sontag en su ensayo sobre Pavese-diarista "El artista como sufridor ejemplar" *(Against Interpretation)*.

(Llamada telefónica para invitarme a participar en una mesa redonda sobre no sé qué tema de literatura hispanoamericana que tendrá lugar durante el Congreso Internacional de Editores: no, gracias, no puedo; ¿por qué no lo decide más tarde?, va a ser muy importante; no, gracias, ya lo decidí, el público me intimida; sin embargo, usted ha dado conferencias; sí, es cierto, pero por error; ¿no lo pensaría y nos responde en tres días?; no, gracias, no me entienda mal, el problema es ése: lo pensaría demasiado durante los tres días, aceptaría, y me arrepentiría durante los treinta siguientes.)

"¿Porque da luz sobre sus libros? —continúa Susan Sontag—. Suele no ser ésta la razón. Es más probable que lo hagamos sencillamente porque se trata de un género en bruto, aun cuando esté escrito con la mira a ser publicado" —oh ingenua Susan, publica tus diarios y verás si es un género en bruto—. "En él leemos al autor en primera persona; nos encontramos con el ego detrás de las máscaras de ego que aparecen en la obra de un autor. [...] El diario nos muestra el taller del alma de un escritor. ¿Y por qué nos interesa el alma de un escritor?"

(Llamada telefónica de un periodista amigo para insistir en una posible entrevista: no, gracias, ya son demasiadas entrevistas, tengo publicado un libro de ellas; pero su libro, acaba de salir su nuevo libro; así es; ¿entonces?; por favor, no me interprete mal, las entrevistas me intimidan, dejémoslo para otra ocasión; bueno, pero que conste, lo llamaré en diez días, ¿está bien?; está bien.)

"No porque nos interesen tanto los escritores como tales —sigue Susan Sontag— sino más bien a causa de la insaciable preocupación moderna por la psicología, el legado más reciente y poderoso de la tradición cristiana, por la introspección, descubierta por Pablo y Agustín" —Susan, Susan, ¿qué son esas familiaridades? Yo te puedo llamar a ti Susan, pero, ¿no es un poco fuerte que sigas la moda de llamar Pablo a san Pablo y Agustín nada menos que a san Agustín como si se tratara de un Rousseau cualquiera, de quien más bien arranca todo esto y a quien mencionas de pasada sin llamarlo, pudiendo, aquí sí, hacerlo, Jean-Jacques, o John James o como Dios te diera a entender?—, "que iguala el descubrimiento del ser con el descubrimiento del ser sufriente. Para la conciencia moderna, el artista, que remplaza al santo" —¿en qué artista estarás pensando? ¿En Bloy, quizá? Yo no puedo pensar en otro. Me da risa pensar en Picasso como santo (¿éste sí *san* Pablo?), en Joyce como santo; aunque tal vez Proust, considerándolo bien—, "es el sufridor por excelencia. Y entre los artistas, el escritor, el hombre de palabras" —¿no es mucha casualidad que tú seas, precisamente, mujer de palabras?— "es de quien se espera que sea el más capaz de expresar su sufrimiento" —¿no sientes que son las palabras, da la casualidad, las que te han llevado a olvidar a Van Gogh o a Beethoven?—.

B. viene a decirme que está con ella nuestra amiga crítica

literaria. Dejo las líneas anteriores, voy a verla y la encuentro, como siempre, bella e inteligente. Viene a otra cosa, pero aprovecha un resquicio de la conversación para informarme que ya aparecerá su nota sobre mi libro (con una sonrisa); bueno, debo decirte que en ella señalo mis desacuerdos; yo (curioso y un poco afligido): ¿como cuáles?; ella: bueno, como que estés en contra de las autobiografías al mismo tiempo que en ese mismo libro tienes páginas autobiográficas; yo (ahora sí alarmado de veras): pero si es lo contrario, en el libro yo defiendo el derecho que tiene cualquiera de escribir y publicar su autobiografía, con obra o sin obra y a la edad que sea, y pongo el ejemplo de Ginés de Pasamonte, que tenía treinta años cuando escribió la suya, y lamento que Keats, que murió a los veintiséis, no lo hubiera hecho (traigo el libro, leo en voz alta); ella: ah, ¿pero todo eso no es irónico?, tú siempre eres irónico y yo interpreté eso como que estabas en contra; yo (pienso): Susan, siempre es bueno recordar el título de tu libro: *Contra la interpretación* (y digo): bueno, así son los críticos, ven lo que creen que debe estar ahí, ¿qué le vamos a hacer?

(Llamada telefónica de Bellas Artes: ¿podemos ir a fotografiar sus cuadros de Francisco A. Gutiérrez?; sí, vengan mañana a las doce y cuarto.)

Susan, créeme, admiro tu obra y cada tantos años he releído tu libro y ahora lo abrí por casualidad y me interesó lo que dices de Pavese y su diario, pero ¿por qué llevar agua a tu molino y pensar que el escritor es el más capaz de expresar sufrimiento? ¿No podría ser que las formas, los colores, los sonidos, sean más puros, menos engañosos que las palabras, quizá más aptas (cuando las pobres lo son) para transmitir razones mejor que sufrimientos, *i.e.*, sufrimiento? ¿Y yo, a mi vez, no te estaré interpretando mal sin que tampoco tú puedas defenderte de mi mala lectura, porque estás muy lejos o porque tampoco a ti te importa? Bueno, finalmente quizá no sea un mal consejo el de Torres cuando dice que los pensamientos que no valen la pena deben apuntarse en un diario especial de pensamientos que no valen la pena.

10 de marzo

ACTITUDES ANTE UN GÉNERO

La PALABRA "diario" suscita en muchos la misma reacción que la palabra "autobiografía" o la palabra "memorias". Entre nosotros todas tienen algo de descaro, cuando no de impudicia y de tabú, y los colegas (quienes nos deberían importar menos, pues como tales son comprensivos y generosos, siempre, claro, que uno no se muestre demasiado) reaccionan ante ellas con hostilidad, y cuando te sonríen en realidad lo que están haciendo es mostrarte los dientes.

¿QUÉ COSA ES TODO POEMA?

La CIUDAD nos separa, las distancias, los malos medios de transporte; sin embargo, todos lo vamos aceptando. Los teatros se sienten cada vez más remotos; los cines, más extraños; no existen cafés y probablemente ya no se hagan ni fiestas, porque las amistades han ido también desmoronándose y hay algo triste, muy triste, en esto; y cada quien está cada vez más solo imaginando agravios ajenos o quién sabe qué cosas sin atreverse a decirlas por teléfono antes de las doce del día y después de las doce ya es muy tarde pues los teléfonos han terminado por dar miedo y su campanilleo te sobresalta, aparte de que el correo está muy lejos y habiendo teléfonos resulta insólito escribir cartas que llegarán ocho días después o un mes después, cuando la cosa ya no importa, como en *Bartleby*, oh Bartleby, oh humanidad. Hay una gran fatiga, tan grande como la ciudad; los amigos comienzan a tener algo de sobrevivientes de un raro naufragio y, como dice el verso de Eliot que Ninfa Santos pone en su libro *Amor quiere que muera:* "Every poem an epitaph".

Entonces te entregas a escribir tu diario y a publicar partes, como quien en la islita desierta despliega su camiseta en la única palmera.

(Con miedo de que alguien la descubra, a decir verdad.)

DUALIDADES

Uno es dos: el escritor que escribe (que puede ser malo) y el escritor que corrige (que debe ser bueno). A veces de los dos no se hace uno. Y es mejor todavía ser tres, si el tercero es el que tacha sin siquiera corregir. ¿Y si además hay un cuarto que lee y al que los tres primeros han de convencer de que sí o de que no, o que debe convencerlos a ellos en igual sentido? No es esto lo que quería decir Walt Whitman con su "Soy una multitud", pero se parece bastante.

NULLA DIES SINE LINEA

—Envejezco mal —dijo; y se murió.

LIBROS NUEVOS

Veo tantos libros nuevos que por enésima vez agradezco al Innombrable no haberme hecho crítico. ¿El crítico tiene que leer todo, o por un mecanismo mental que va formándose en él hasta llegar a ser su salvación, o por instinto, escoge lo que habrá de leer y, una vez leído, lo que vale la pena comentar con objetividad, o fría, o apasionadamente? Y una vez en este terreno, ¿podrá ser frío con lo que lo apasiona, o viceversa, o tendrá el ojo lo bastante abierto para no dar por supuesto lo que se espera de determinado libro, o para descubrir, acaso, lo que no se espera de éste? ¿Y así con la pintura y con la música?

ENCUENTROS Y DESENCUENTROS

Desencuentros con el poeta Francisco Cervantes durante más o menos diez días en que ambos luchamos con entusiasmo para entregarnos-no entregarnos nuestros libros recientemente pu-

blicados y prometidos, hasta que llega el momento, hoy, en
que pierdo o gano yo, pues me lo encuentro casualmente en el
periódico, o saliendo del periódico, él sin su libro y yo sin el mío.
Hay reclamaciones, explicaciones, disculpas y, por supuesto,
las consabidas acusaciones a la ciudad. Como siempre que esto
llega en calidad de excusa, yo recuerdo por lo bajo la sátira
de Juvenal sobre los inconvenientes de la vida en Roma hace
dos mil años, y la imitación de la misma que en el siglo XVIII
inglés hizo el doctor Samuel Johnson, su famoso *London;* sólo
que ahora me viene también a la memoria y se acumula en ella
la lectura reciente en labios de Fernando Benítez de un poema, imitación a su vez del de Juvenal, de José Emilio Pacheco,
que entre otras cosas dice:

> No tendríamos la *Eneida* sin la casa de campo
> y los esclavos de Virgilio. ¿Cómo pretendes
> que escriba bien el pobre Rubrenus Lapa
> si ya no puede
> comprar al menos una tablilla de cera?
> ¿Qué cosecha recoges de tu trabajo,
> del aceite quemado
> noche tras noche
> y de los miles de papiros en vano?
> Con todo su saber y su gran estilo
> ¿ganó Horacio en su vida entera
> lo que gana en media hora el procónsul Caco Nepote?

De pronto vuelvo en mí y en esta ocasión no dejo escapar al
poeta Cervantes, lo traigo casi a la fuerza a mi casa, bebemos
algo, hablamos de Fernando Pessoa y de poesía porque cualquier otro tema lo irrita, y en un descuido le doy mi libro.

17 de marzo

LA MUERTE DE UN POETA

UN AMIGO me lo cuenta, y hoy veo en una esquela en el periódico, dos días después, que murió Fernando Sampietro. Era muy
joven y tenía un gran talento para muchas cosas. Para la pintura: cierta vez me mostró unas vacas que acababa de pintar,
y eran unas vacas todas llenas de vida, de colores firmes y con-

tornos precisos y siempre de perfil como deben estar las vacas para serlo plenamente en un cuadro. Creo que yo le dije eso y él me miró con su mirada entre cándida y maliciosa, siempre acompañada de una vaga sonrisa difícil de descifrar.

Vicente Rojo nos presentó hace unos ocho años, cuando Sampietro deseaba pedirme permiso para hacer una película de dibujos animados con cinco fábulas mías, película que realizó y que a su tiempo pasó por la televisión y concursó en Francia, y de la cual me obsequió una copia que guardo con afecto y emoción, entre otras cosas porque en ella aparece también una vaca, la Vaca que invocaba la Constitución y los Derechos Humanos para evitar que el León se la comiera, y el León se la come porque las vacas son inocentes y los leones también, pero comen vacas.

Años después Sampietro llegó un día a mi casa y me dijo quiero publicar este cuento, sólo que no era un cuento sino un poema largo, largo como de cuarenta cuartillas y lo leí todo ahí mismo y en ese momento; se titulaba *Marilyn Monroe y yo* y en él Sampietro narra en versos muy modernos y libres sus amores con Marilyn, y sus paseos con ella en el lago de Chapultepec.

"Bueno, Sampietro —le dije— esto parece o para usted es un cuento, pero en realidad es un poema, y creo que debe publicarlo tal como está, sin cambiarle una palabra ni una coma ni nada"; cosa que hizo, y el libro apareció con su título original y yo sigo creyendo que es muy bello, con la candorosa Marilyn en la portada; pero la crítica no le prestó la menor atención, tal vez porque Sampietro no figuraba en su lista registrada y oficial de poetas. Sin embargo, la última vez que lo vi, Sampietro me dijo con su sonrisa de siempre que sí, que había aparecido una nota en un periódico, y entonces lo cité para vernos en diciembre, en una fiesta en la que se cantaría música electrónica y en la que a media noche doce niños de pureza indudable (si encontrábamos tales niños por Coyoacán o San Ángel) lanzarían desde el techo, a falta de vacas voladoras como las de Chagall, doce gallinas vivas que caerían lo más lentamente que pudieran sobre los invitados. La idea le gustó y anotó la fecha y la hora; pero el proyecto se pospuso y yo ya no pude decírselo.

EL TIEMPO IRREPARABLE

LA EDITORIAL KATÚN me envía su *Agenda* 1984. Quizá sepan, pienso, como si se tratara de un regalo personal, que tengo debilidad por ellas, por los calendarios, por los diarios, por los relojes (siempre que no sean para llevar encima), por los de sol, por los de arena, por las fases de la luna y hasta por las visitas cada setenta y cinco años del cometa Halley, en un afán de tener la percepción clara del paso del tiempo, de organizarlo para asirlo de alguna forma. Por otra parte, esta agenda cuenta con ciertas características que la hacen notable: relación de los libros publicados, a veces con la fotografía del autor o de la autora, que inspirarán en su oportunidad el deseo de que ese día transcurra más rápido o menos rápido, según de quien se trate; pequeños trozos, al pie de las páginas, de los poetas en cuestión, como éste de Guadalupe Amor perteneciente a su libro *Las amargas lágrimas de Beatriz Sheridan:*

> Bebes arsénico puro
> por tu teléfono largo.
> Por tu teléfono amargo
> aspiras sólo cianuro.

Y una más que me inquieta: el día, de trece horas a partir de las ocho de la mañana, está aquí dividido en veintisiete segmentos de media hora y cuatro milímetros cada uno, relación espacio-temporal que me hace preguntarme si cada lapso debo llenarlo con algo distinto o si es válido dedicarlos todos a una sola cosa o, mejor, a no hacer nada mientras los espacios se van llenando de nada o de pequeños actos inocuos como ver las nubes o contestar una llamada telefónica imprevista de veintiocho minutos.

ROSA, ROSAE

SESIÓN especial de la Academia Mexicana de la Lengua para recibir como nuevo miembro a Tarsicio Herrera Zapién, a la que asisto con B. sabiendo de antemano que ahí saludaría a amigos cordiales, y deseoso de curiosear en ese mundo de honores y conocimientos tan lejos de mi posición de autodidacto, con poco latín y menos griego.

Discurso lleno de sabiduría literaria de Herrera Zapién: "Lengua y poetas romanos en Alfonso Reyes", en el que rastrea las opiniones de Alfonso Reyes sobre Horacio, más bien contrarias en favor de Virgilio (¿qué diría Pound?, me pregunto; a Herrera tampoco le parece bien, hasta donde yo entendí); respuesta de A. Gómez Robledo, con su enojo de hombre dolido, entre otras cosas, por la actitud de la Iglesia contra el latín.

Desde mi asiento de la fila dieciocho recuerdo que hace cuatro meses me tocó en suerte cenar, en casa de amigos comunes, en París, con el obispo (francés) de Bengui, capital de África Central, quien enfáticamente me dijo que la misa ahí se decía en francés, sí señor, sin aparentemente darse cuenta de que para los habitantes originales de aquel país ese idioma sería tan ajeno como el latín; y entonces por divertirme le recité entera la fábula de Fedro que comienza: *Vacca et capella et patiens ovis injuriae* como si yo supiera latín, que en realidad no sé, pero me gusta presumir con estas fábulas y con algunas odas de Horacio *(Solvitur acris hiems)* que aprendí de memoria en mi adolescencia precisamente en un descuartizadero de vacas en Guatemala, y cuando se decía que para saber bien el español había que estudiar latín, y yo con toda ingenuidad lo creía y lo sigo creyendo; y en todo esto pensaba cuando esta tarde, en la Academia, veía en la mesa, al lado de José Luis Martínez, a don Octaviano Valdés, autor de *El prisma de Horacio,* uno de mis libros favoritos durante mis primeros días de exilio en México, a mediados de los cuarentas; y resultaba que ahora yo podía llamarme su amigo y así lo saludé al finalizar este acto que los periódicos no registran aturdidos por el ruido de las noticias importantes.

24 de marzo

ADN LITERARIO: LA CRÍTICA GENÉTICA

Leo el *Cuaderno de bitácora de "Rayuela"* de Ana María Barrenechea, en el que se reproduce el manuscrito del plan original de *Rayuela* que Julio Cortázar obsequió a Anita, investigadora y crítica argentina, y una de las primeras que se ocuparon (junto con Emma Susana Esperatti) de la literatura fantástica en Hispanoamérica. Pero el libro no es sólo eso. Trae además un extenso estudio de crítica genética que me siento incapaz de resumir sin enredarme, por lo que prefiero copiar el primer párrafo de la introducción: Los pre-textos de *Rayuela:*

> Se ha dado la circunstancia de que Julio Cortázar me regaló el *Cuaderno de bitácora de "Rayuela" (log-book* como él mismo lo llamó en una ocasión). No es en realidad un verdadero borrador o sea una primera redacción de la historia novelesca. Es un conjunto heterogéneo de bosquejos de varias escenas, de dibujos, de planes de ordenación de los capítulos (como índices), de listas de personajes, algunos con acotaciones (predicados), que los definen, de propuestas de juegos con el lenguaje, de citas de otros autores (en parte para los capítulos prescindibles); rasgos positivos y negativos de los argentinos, meditaciones sobre el destino del hombre, la relación literatura-vida, lenguaje-experiencia, y aun fragmentos no muy extensos que parecen escritos "de un tirón" y que luego pasarán a la novela ampliados o con escasas modificaciones. En resumen un diario que registra el proceso de construcción de *Rayuela* con ciertas lagunas.

Es consolador y estimulante ver en la parte facsimilar del manuscrito los avances y retrocesos, las vacilaciones ante los temas, la caracterización de las personas, los adjetivos corregidos o suprimidos, los diagramas, las "rayuelas" con sus números y los supuestos pies de un jugador imaginario dibujados por el autor, los planos de edificios que después serán descritos, todo ese proceso que hace sufrir (según vayan las cosas) o gozar (según vayan las cosas) a los cuentistas, los novelistas o los poetas. Recuerdo ahora la edición facsimilar, y he ido por ella, de *The Waste Land* (Harcourt Brace Jovanovich, N. York, 1971) con las correcciones y cambios sugeridos por Pound, y el breve prefacio de éste que traduzco porque viene al caso:

> Entre más cosas conozcamos de Eliot, mejor. Agradezco que las cuartillas perdidas hayan sido desenterradas. El ocultamiento del manuscrito de *The Waste Land* (años de tiempo perdido, exasperantes para el autor) es puro Henry James. "El misterio del manuscrito desaparecido" está resuelto. Valerie Eliot ha hecho un trabajo

erudito que le hubiera encantado a su esposo. Por esto y por su paciencia con mis intentos de elucidar mis propias notas al margen, y por la amabilidad que la distingue, le doy las gracias. *Ezra Pound.*

T. S. Eliot. Julio Cortázar. Dos autores auténticamente modernos, en estas dos publicaciones de sus manuscritos que se llevan apenas algo más de una década y en las que se puede ver algo (nunca puede verse todo) de su forma de encarar eso que algunos llaman creación y que tal vez no sea sino un simple ordenamiento; su respeto, o su irrespeto, qué diablos, por la palabra escrita; o su humildad, finalmente, ante la inmensidad de un sí o de un no que a nadie le importa pero que al artista le importa; de un párrafo que se conserva o que se suprime, las enormes minucias que diría Chesterton y que el lector, ese último beneficiario o perdedor invisible, apenas sospecha.

31 de marzo

BUMES, PROTOBUMES, SUBBUMES

LA "HISTORIA PERSONAL DEL BOOM" de José Donoso, que no se reeditaba desde su primera aparición en 1972, presenta ahora tres novedades: doce años más de nostalgia, un Apéndice titulado "El boom doméstico", escrito por la mujer de Donoso, María Pilar Serrano, y otro Apéndice actualizante del mismo Donoso. Así, aparte del valor documental que tienen los recuerdos y testimonios del novelista sobre el nacimiento y desarrollo de ese fenómeno según pocos a punto de extinguirse y según muchos ya extinguido, más sus clasificaciones en protobumes y bumes junior, a lo que reaccionaron sin entusiasmo, por decir lo menos, algunos autores (recuerdo que Jorge Ibargüengoitia escribió en su columna del diario mexicano *Excélsior* que no le interesaba para nada figurar clasificado en lo que Donoso llama el grueso del bum: Roa Bastos, Puig, Leñero, Viñas, Martínez Moreno, Benedetti y otros). María Pilar escribe ahora su parte con la espontaneidad literaria de alguien que no se pretende escritor pero asimismo con la malicia y el ojo más penetrante de quien, aparentemente al margen, como suele pensarse de las esposas de los artistas (abominables o encantadoras según vayan los estados amistosos), vive y observa y, lo que con el tiempo representa más peligro, recuerda. De modo que aquí surgen Fulano y Mengano vistos no como escritores o a través de sus obras, sino como los amigos de todos los días, con sus afectos o sus odios, sus debilidades o sus fortalezas políticas, contadas también por quien las observó desde sus propios prejuicios o posiciones, pero en todo caso con valiente sinceridad.

Fui y sigo siendo amigo de ambos y de su perro Peregrín (hoy muerto), que muchas veces durmió en mi cama; pero nunca asistí, como podría desprenderse de un pasaje del libro, a las fiestas de Carlos Fuentes, entre otras razones porque nunca fui invitado; pero la memoria de los escritores es así y ahora yo parezco formar parte de aquellos alegres veintes mexicanos que no viví en 1965. De nostalgia a nostalgia, recuerdo más bien que con Pepe y María Pilar celebrábamos en mi casa las fiestas que yo llamaba fiestas Walter Mitty, que consistían en formular grandes listas de personajes a quienes invitaríamos, y después, de acuerdo con los defectos o la simpatía de cada uno de ellos, en ir tachando nombres hasta que, como a las dos o tres de la mañana, no quedaba ninguno, y la fiesta no se hacía porque ya la habíamos vivido. Ignoro si todos podrán seguir diciendo (bueno, sintiendo) que son sus mismos amigos de antes. Por mi parte, cuando la suerte me lleva a Madrid organizo la manera de ir con B. al edificio de departamentos que Pepe y María Pilar ocuparon allí durante un tiempo, y en donde nos despedimos hace tres años, dos días antes de su regreso a Chile; una vez ahí le pregunto al portero si están los señores Donoso y él ingenuamente me dice siempre que no, que "se han marchado".

TIRAR EL ARPA

Y AQUÍ, recuerdo una vez más, un periodista local preguntaba por qué un escritor deja de escribir. Bueno, es una tentación diaria; pero no creo que nadie lo sepa, excepto el que lo decide, y tal vez ni él mismo. De cualquier manera me vinieron a la memoria, como siempre, los tres casos clásicos de gente que lo ha hecho: Shakespeare cambiando el teatro por los negocios; Rossini abandonando la ópera por la repostería, y Rimbaud renunciando a la poesía para terminar en el tráfico de armas, tal vez el trueque más respetable de los tres y más afín con lo que se hacía antes (los poetas y los escritores en general se disparan unos a otros con lo que pueden: cuando las palabras no le bastaron, Verlaine le pegó un tiro a Rimbaud). Hay que añadir que los tres dejaron su arte en pleno éxito y que en todo caso para ellos eso significaba una liberación. Lo importante es tener claro si abandonar este oficio (de golpe, se entiende: la mayoría prefiere ir renunciando en forma paulatina a hacer lo que se propuso como ideal en la adolescencia, y así vemos a multitud de novelistas convertidos en cualquier otra cosa, y de poetas que en el fondo siguen siéndolo pero sin tomar la pluma, aterrorizados con razón ante la hoja en blanco), si tirar el arpa significa una derrota o una victoria sobre uno mismo.

EL CAIMÁN BARBUDO. LA HABANA

COPIO partes de un cuestionario (con mis respuestas) que me envía Víctor Rodríguez Núñez, de la revista cubana *El Caimán Barbudo:*

PREGUNTA. De ti he recibido testimonios encontrados. Mientras Norberto Fuentes afirma que eres un tipo peligroso, al que hay que acercarse "tomando todas las precauciones", José Luis Balcárcel sostiene que eres tímido, al punto de no sobrevivir a una lectura en público de tus cuentos.

RESPUESTA. Me gusta la idea de que Norberto Fuentes tenga razón y estoy seguro de que Balcárcel la tiene.

P. Te propuse la anterior interrogante porque ahora quiero darte una noticia, que desearía me comentaras: eres uno de los narradores latinoamericanos de hoy más leído y admirado por los jóvenes escritores cubanos.

R. Es la mejor noticia que he oído en mucho tiempo, y me alegra de veras por venir de donde viene, pues cuando he estado allá en algún congreso y me he perdido en las calles de La Habana vieja, o lo que ha sido más frecuente, entre los demás congresistas, siempre he pensado que en algún periódico podría publicarse un aviso que dijera:

PERDIDO Y ENCONTRADO
Escritor desconocido extraviado.
Se gratificará a quien
logre identificarlo.

P. ¿Compartes la fórmula faulkneriana de que un escritor, si es malo, hace novelas; si es bueno, cuentos, y si es muy bueno, poesía?

R. Sí.

P. Me gustaría que te refirieras a la literatura guatemalteca de hoy, y en especial a la obra de los más jóvenes escritores.

R. No conozco la obra de los más jóvenes; pero siempre los imagino escribiendo desde la persecución, o en la montaña, bajo las balas o bajo las estrellas, y los admiro.

7 de abril

"ET IN ARCADIA EGO" Y LO OBVIO

a) DICE A. N. Whitehead que "se necesita una mente fuera de lo común para ocuparse del análisis de lo obvio". Yo no sabría decir si mi mente es de ésas o de las muy comunes, pero es en lo obvio en lo que con mayor frecuencia encuentro sorpresas.

Era algo más que un adolescente cuando leí por primera vez la frase *Et in Arcadia ego*. Busqué entonces en mi Pequeño Larousse y encontré que se trataba de una frase "que expresa la efímera duración de la felicidad y el pesar que se siente por el bien perdido", lo que en ese tiempo me bastó, o más bien no me dijo nada, pues yo no sabía lo que era la felicidad ni mucho menos el bien perdido. Pero cuando más tarde esa expresión asomaba en los libros que leía, algún amigo me aseguraba que *obviamente* eso estaba en Virgilio y yo volvía a tranquilizarme. ¡Hasta que de pronto apareció en un libro mío!

En la solapa de *Lo demás es silencio* el licenciado Efrén Figueredo exclama: *Et in Arcadia ego!* Y en seguida parafrasea: "¡Yo también he vivido en San Blas!" ¿San Blas como una Arcadia cuando según sus habitantes es modelo de todo lo contrario? O eso estaba dicho en tono irónico o se refería a la mera exclamación retórica de alguien que, lo mismo que yo, daba por supuesto su significado nostálgico.

Precisamente: una herencia retórica. En México existió a fines del siglo pasado y principios de éste un grupo de escritores y poetas que entusiasmados por las letras clásicas adoptaron nombres eglógicos y se hicieron llamar nada menos que "árcades", esto es, habitantes de la Arcadia. El obispo Ignacio Montes de Oca se convirtió así en Ipandro Acaico; Joaquín Arcadio Pagaza en Clearco Meonio; Juan B. Delgado en Alicandro Epirótico. En 1965 Andrés Henestrosa publicó un artículo en el que apunta que la literatura mexicana me adeudará (ejem) para siempre el haber yo descubierto que "Ipandro" es anagrama de Píndaro, lo que a mí me pareció obvio cuando leí por vez primera a Píndaro traducido por el obispo Montes de Oca.

b) Los caminos de Serendipity

Miércoles, tres de la mañana. Leo *The Nabokov-Wilson Letters 1940-1971* (Harper Colophon Books, New York, 1980), volumen que recoge la mayoría de las cartas que estos dos maniáticos de la literatura en general y de la precisión en particular intercambiaron desde la llegada del primero a los Estados Unidos, y en las que se ve por una parte la inagotable generosidad de "Bunny" (Wilson) y por otra el refinado espíritu oportunista con que "Volodya" (Nabokov) aprovecha día por día todo lo que su poderoso colega puede ofrecerle en materia de contactos y oportunidades para afianzarse en el mundo de la *élite* intelectual, las casas editoriales y las universidades norteamericanas, en tanto que, como un extraño Foma Fomitch al revés, se valía de su origen supuestamente aristocrático para ahondar el sentimiento de inferioridad que adivinó latente en aquel nativo de un país tan provinciano como los Estados Unidos; hasta que Bunny no soportó más y publicó en *The New York Review of Books* su famosa y demoledora crítica a la edición anotada del Eugene Onegin de su a esas alturas ya célebre amigo y desde ese día casi ex. Y uno ha podido estarse leyendo esas cartas hasta las tres de la mañana fascinado por la táctica que Nabokov empleó hasta ese momento para atacar las partes blandas de Wilson, táctica que consistía la mayoría de las veces en negar con desdén todo lo que Wilson admiraba: desde el marxismo y la Revolución soviética hasta autores como Henry James o William Faulkner.

Cinco de la mañana. Pero he aquí que terminando la página 318 del libro, y en carta de Wilson del 20/21 de junio de 1957, encuentro de pronto: "I forgot about *Et in Arcadia ego*", y luego (traduzco):

Turguenev en "Una correspondencia" tiene "Nosotros también hemos vagado en sus hermosos campos". Esto, es evidente [ojo a lo obvio según Wilson], deriva de la Égloga Séptima de Virgilio: *Ambo florentes aetatibus, Arcades ambo,* seguido por *Huc ipsi potum venient per prata juvenci.* O Turguenev pudo haber confundido las dos citas.

Y añade:

Pero la edición soviética señala que esto se refiere a un poema de Schiller que comienza: *Auch war in Arkadien geboren* [Yo también nací en la Arcadia]. Sin embargo, Schiller *obviamente* [subrayo el "obvio" de Wilson] está pensando en *Et in Arcadia,* etc., y para esto el Larousse lo remite a uno a la pintura de Poussin *Les bergers d'Arcadie.* [...] ¿Pero de dónde tomó esto Poussin? Me parece recordar con claridad que en el original la frase termina con un *vixi;* aunque algunas veces yo imagino tales cosas [...] ¿De dónde te viene a ti la idea de que esto procede de la Edad Media? En el cuadro, el *ego* no alude a la Muerte, como entiendo que tú dices que originalmente lo hacía, sino al hombre muerto en la tumba.

(De paso, a Wilson le parece también obvio que el cadáver en la tumba sea de un hombre y no de una mujer. ¿Por qué?)

c) PARTIR HACIA DONDE UNO ESTÁ

Jueves. A todos estos razonamientos —que he tratado de resumir y dejar lo más claros posible— Nabokov contesta en tres líneas y mes y medio después: "Mi fuente para entender que *Et in Arcadia ego* significa 'Yo (la Muerte) (existo) aun en la Arcadia', es un excelente ensayo de Erwin Panofsky en *The Meaning of the Visual Arts,* Anchor Books, New York, 1955". Nada más. Y pasa a otra cosa, sin decirle, pero *obviamente* implicándolo: ¿Cómo es que hoy, agosto de 1957, tengas que acudir a fuentes soviéticas detestables, tú, que eres el mejor crítico de los Estados Unidos, teniendo ese libro en inglés, aquí, en tu ciudad, y quizá hasta en tu biblioteca, desde 1955?

Por mi parte, me lancé a la búsqueda de ese libro en inglés por toda la ciudad de México, incluida la Biblioteca Franklin, sin ningún resultado, para finalmente encontrarlo traducido (Erwin Panofsky, *El significado de las artes visuales*, Alianza Editorial, Madrid, 1979) en la biblioteca del Instituto de Investigaciones Filológicas de la Universidad de México, a un paso de mi escritorio. Pero el capítulo "Et in Arcadia ego: Poussin y la tradición elegiaca" es tan rico que cualquier resumen resultaría, obviamente, una muestra muy pobre. Panofsky no deja duda: es la Muerte y no ningún pastor, o árcade, la que dice: Aun en la Arcadia estoy yo.

Y Virgilio no tuvo nunca nada que ver con la frase.

14 de abril, 1984

PROBLEMAS DE LA COMUNICACIÓN

Hasta ahora he sido incapaz de hacer de esto un verdadero diario (la parte publicable). Demasiado pudor. Demasiado orgullo. Demasiada humildad. Demasiado temor a las risitas de mis amigos, de mis enemigos; a herir; a revelar cosas, mías, de otros; a hablar de lo malo que parece bueno y viceversa; de lo que me aflige; de lo que me alegra; de lo que vanamente creo saber; de lo que temo no saber; de lo que observo; de lo que quisiera no observar; de mis libros; de mis proyectos; de mis sueños; de mi angustia; de mis visiones; de mi aburrimiento; de mis entusiasmos; de mi amor; de mis odios; de mis frustraciones; de mi digestión; de mi insomnio; de mis propósitos de Año Nuevo, de Mes Nuevo; de Semana Nueva; de Día Nuevo, de cada hora y de cada minuto que comienza; de mis amistades rotas; de la muerte de mis amigos; de mis problemas sin resolver con las comas (el estilo); de mis problemas resueltos con las comas (el estilo); de la lluvia; de los árboles; de las nubes; de las moscas cuando alguna me acompaña en mi cuarto para recordarme lo que nos espera; de mis afectos; de mi miedo a escribir y a no escribir; de lo que detesto en mis amigos, que son los que importan; en los restaurantes, en las reuniones, en las cenas formales; en los actos públicos; en los políticos (de otros países); en los triunfadores; en los perdedores; en la religión; en el ateísmo; en los funcionarios; en los colegas; en los que me miran; en los que no me miran; en las premiaciones; en los homenajes; en las condecoraciones; de lo que me gusta en los animales; de los niños que vienen a mi casa conducidos por sus padres a confesarse y a pedirme perdón porque en un concurso literario de su escuela ganaron el primer premio plagiando un cuento mío y desde entonces no han podido dormir y se han enfermado de culpa y arrepentimiento como si la cosa tuviera importancia; de fotografías de mujeres desnudas que se abrazan entrando a un coche en el Bois de Boulogne en la Colección Anatole Jakovsky; de mis influencias según los críticos; de mis influencias según yo, mías, recónditas, escondidas en lo más íntimo, como tesoros secretos e incompartibles, semillas germinadoras después de dos mil años, o casi, o más, amuletos contra el Mal o la negación de todo o la desesperanza; de mi perro que se pasó tres días encerrado en un pedazo de jardín haciendo el amor con la linda perrita que le trajeron y de la forma en que ambos corrieron el uno hacia el otro y empezaron a besarse en medio de gruñidos y muestras de odio que en realidad eran muestras de amor y de deseo que finalmente cumplieron hasta el hastío con la posterior partida de ella y la actitud de él durante dos días, extrañamente tranquilo, extrañamente inquieto, hasta que por las mañanas vuelve a ocuparse en perseguir sombras de mariposas sobre el pasto y bajo el fuerte sol de marzo teniendo a las mariposas en persona al alcance de la boca, de la mano o de la pata o de lo que sea, pero siempre tras las sombras, y él sabrá por qué y yo no pienso sacar de esto ninguna ridícula conclusión filosófica.

LOS CUENTOS CORTOS, CORTOS

CORREO con ejemplares de la edición de bolsillo de *Short Shorts*: Chejov, Tolstoi, Maupassant, Kafka, Crane. Me detengo en éste, el novelista y cuentista, no el poeta: Hart, de cuya permanencia en México ando buscando huellas desde que el otro día, leyendo el volumen *Poems 1909-1925* de T. S. Eliot (editado en Londres por Faber and Gwyer en 1926), de mi propiedad, me encontré con la novedad de que en algún momento perteneció a Hart, pues en la primera página en blanco tiene bien estampada con tinta negra su firma: Hart Crane, y durante años yo no me había dado cuenta o lo había olvidado.

Así que, como de costumbre, comienzo a preguntar a mis amigos qué sabes de Hart Crane que vivió en México en 1931 con una beca Guggenheim; sí, me dicen, se suicidó tirándose al mar en el Golfo de México en 1932. Yo aventuro que habiendo vivido un año en México debe de haber sido amigo de alguien, del poeta Villaurrutia o de algún otro Contemporáneo; en todo caso es seguro que conoció a Siqueiros, quien le hizo un retrato al óleo, y que fue aquí muy amigo de Katherine Ann Porter, su compañera de beca; los libros afirman que vino a escribir un poema sobre la Conquista de México y que tenía influencia de Rimbaud, y lo mismo, pero contradictoria, de Eliot, y lo que me gusta es que sea precisamente de Eliot —ese amor-odio suyo— el volumen que poseo, con palabras y nombres como Priapus y Tiresias copiados a lápiz en la página blanca final, si bien arriba de la firma de Crane hay otra también con lápiz de un tal E. R. Chase (que podría ser Richard Chase, autor de *Walt Whitman* —otra influencia de Crane— *Revisited* y posible amigo de Crane si compartieron este libro), y habría que hacer una comparación caligráfica para averiguar de cuál de los dos son las anotaciones.

Pienso en algún mexicano especialista en Crane, alguien que en México haya hecho su tesis o un trabajo sobre él o que le haya seguido la pista aquí, pues a su estadía en México los libros que he visto le dedican no más de cuatro o cinco líneas, y a este respecto casi se concretan a asombrarse de que el barco en que vino y el de su regreso fuera el mismo, de nombre *Orizaba*, y ven en esa coincidencia un signo ominoso. Por mi parte, me he llevado un buen chasco cuando al encontrar en su poema *The Bridge* los nombres de Luis de San Ángel y Juan Pérez, me entusiasmé pensando que pudieran ser todavía vecinos míos de Chimalistac, y resulta que se trata de Luis de San Ángel, cobrador de impuestos eclesiásticos en España, y de Juan Pérez, nada menos que confesor de la reina Isabel la Católica; o me desilusiono cuando apenas se cuentan sus exalta-

ciones en alguna fiesta popular en Taxco o se hace referencia a su posible única relación hétero, Peggy Baird, con quien
estuvo también allí y con quien iba en el barco *Orizaba* de regreso a los Estados Unidos; pero los recuerdos de esta mujer
son vagos e inseguros incluso sobre la fecha de embarque y
no puede decir con certeza si el poeta se tiró al agua, lo tiraron
al agua, o fue un accidente, lo que contradice un tanto la leyenda según R. W. Lewis, quien señala asimismo que los pa-
rientes de Crane nunca aceptaron la versión del suicidio y
pusieron claramente en la tumba de su padre: "Harold Hart
Crane. 1899-1932. Perdido en el Mar"; aunque es claro que a
los familiares de los suicidas no les gusta declarar en las esquelas o siquiera mencionar esta forma de muerte. En cambio,
Waldo Frank, que fue su amigo pero que no se encontraba allí
para verlo, afirma elegantemente: "Se quitó el saco con calma,
y saltó".

Sólo hasta este momento imagino que Luis Mario Schneider
o Ernesto Mejía Sánchez, que está al tanto de todo e incluso ha
traducido poemas de Crane, deben de saber cuanto hay que
saber sobre Crane en México, pero ya es demasiado tarde para
borrar lo escrito. Vuelvo al Índice de *Short Shorts:* Von Kleist,
Mishima, Joyce, Babel, etc., en esta antología de cuentos cortos publicada en Nueva York por Irving Howe e Iliana Wiener
Howe, su mujer.

21 de abril

LAS ALMAS EN PENA

ME PRESENTARON a Hugo Gola hace cerca de siete años y desde
entonces nos vemos una que otra vez; pero cuando esto sucede la poesía o la literatura se interponen entre nosotros, de tal
manera que si alguna cosa, digamos las cuestiones políticas,
quieren también asomarse a la conversación, son bienvenidas,
aunque en este caso siempre terminen por referirse a meros
intelectuales o teóricos; y así, el infaltable tema del exilio (ambos somos exiliados) tiene invariablemente que ver con el paraíso perdido (en verso blanco inglés) o con el infierno —a condición de que sea en tercetos—. Como consecuencia, hasta el
día de hoy yo no conozco nada de su vida familiar ni él de la

mía, y no sé si esto es bueno o malo, pero así es. Nuestros encuentros son breves, muy breves, y se efectúan en cualquier lugar y a cualquier hora, con cita previa o sin ella.

Casi de improviso llega esta tarde a casa. Antes de que tenga tiempo de poner sus papeles en alguna parte, o de sentarse, le pregunto abruptamente si sabe italiano, lo que en buena medida es probable dada su nacionalidad argentina. Sin esperar su respuesta, y con un libro abierto en la mano, le leo en voz alta:

> ¡Apiádate —yo le grité —de mí,
> ya seas sombra o seas hombre cierto!,

pero pronto me doy cuenta de que no era eso lo que quería leerle. Le ruego por fin que se siente y que me espere un momento mientras busco algo en el libro, y ahora sí leo despacio y en voz alta:

> A Lucía llamar hizo a su lado
> y le dijo: "Tu fiel te necesita
> y yo lo recomiendo a tu cuidado".
> Lucía, que al dolor sus armas quita,
> fuese al lugar en el que yo me era,
> junto a Raquel sentada, la israelita.

—¿Es la traducción de Ángel Crespo? —me pregunta Gola.
—Sí.

Entonces examinamos el original de Dante en la página par, *Infierno,* Canto segundo, verso 102: *Che mi sedea con l'antica Rachele,* y nos convencemos de que lo más parecido que en ese verso y aledaños hay a "israelita" es *"antica",* pero como "antigua" no es consonante del "quita" de dos versos arriba, ¿qué mejor que este oportuno "israelita"?

Esto nos lleva al asunto de otras traducciones en verso de la *Divina Comedia.* Hugo recuerda la de alguien —cuyo nombre no retuve— en endecasílabos no aconsonantados y por tanto mucho más fiel, menos alegre; y yo la vieja del español Juan González de la Pezuela, Conde de Cheste, pero sobre todo la del general y presidente de la República Argentina Bartolomé Mitre (1821-1906), del que Raimundo Lida nos contaba aquí en México hace años, en el café Triana, que en Buenos Aires los niños de la escuela oyen el nombre y lo escriben como Bartolo Memitre; y de otros que, quizá más imaginativos, entienden el primer verso de la Égloga Primera de Garcilaso de la Vega

El dulce lamentar de dos pastores

como

El dulce lamen tarde dos pastores.

En ese momento pienso que algún día debo enviar todo esto a Darío Lancini, el gran palindromista venezolano autor no sólo de *Oír a Darío* (hablando de lo mismo, Jaime García Terrés me adelantó la otra tarde que en una próxima *Gaceta del Fondo* vienen palindromas suyos [de Jaime] y comentamos de paso el libro reciente, *Palindromía,* del veterano en esta manía, Miguel González Avelar, con sus hallazgos, su obra de teatro en palindromas y su acucioso prólogo en que denodadamente trata de establecer las leyes que rigen —no en balde Miguel es presidente de la Gran Comisión del Senado— estos viajes de ida y vuelta de las palabras, con algunos atajos y hasta con callejones sin salida, como sucede, no faltaba más, con cualquier ley), autor no sólo de *Oír a Darío*, sino asimismo de unos *Textos bifrontes* ("que comparados textualmente tienen diferente grafía pero igual masa fonética", señala Jesús Sonaja Hernández) de que anoto dos pequeñas muestras:

Entrever désaires
Entre verdes aires
El Hacedor mira un ave sin alas timada
Él hace dormir a una vecina lastimada.

Vuelvo al general y presidente de la República Argentina Bartolomé Mitre y le recito a Gola de memoria, como muestra ripiosa:

Papé Satán, papé Satán alepe,
grita Pluto con voz estropajosa,
y el grande sabio, sin que en voz discrepe,
me conforta diciendo: no medrosa
tu alma se turbe, porque no le es dado
impedir que desciendas a esta fosa

(*Infierno*, Canto séptimo, versos 1-6), en donde, por la fuerza del consonante, Virgilio, el más dulce de los poetas, como
decían antes, resulta hablando con voz estropajosa, casi en la
misma forma en que con Crespo la antigua Raquel, símbolo de
la vida contemplativa, se vuelve una mujer con su buena nacionalidad israelita, y uno puede imaginarla contemplando algo
en su kibutz.

Como en ese momento yo tenía que salir, ya no hallé la oportunidad de aclararle a Gola que cuando llegó minutos antes y
le pregunté si sabía italiano yo había estado, desde hacía un
buen rato, comparando el verso de Dante "Ya seas sombra o
seas hombre cierto" (*qual che tu sei, od ombra od omo certo*)
con la inmortal imprecación que el gran don Ramón del Valle
Inclán le lanzó cierta tétrica media noche a unas sombras, cerca de un cementerio:

¿Sois almas en pena o sois hijos de puta?,

que viene a ser, ahora lo descubro, el mismo verso de Dante traducido en prosa por quien mejor sabía.

28 de abril

LA NATURALEZA DE RUBÉN

a) VISITO esta mañana en la Universidad a Rubén Bonifaz Nuño.
Sobre su escritorio, siempre lleno de cartas, telegramas, libros
y folletos, distingo claramente un grueso volumen. Busco el título: Tito Lucrecio Caro *De la natura de las cosas,* en la versión
de Bonifaz que ha venido trabajando desde hace varios años,
como antes lo hizo con las *Geórgicas,* las *Bucólicas* y la *Eneida*
de Virgilio, los *Cármenes* de Catulo, las *Elegías* de Propercio,
el *Arte de amar,* los *Remedios del amor* y las *Metamorfosis* de
Ovidio, más unas *Églogas* de Dante y una *Antología de la poesía latina* (con Amparo Gaos). ¿En unos veinticuatro, veintiséis
años? A esto habría que añadir su propia obra poética, mucho más difundida, y ampliamente reconocida como de primer
rango; pero este día, en este instante y a la vista del Lucrecio,
me impresionan una vez más sus traducciones, este trabajo y
este brío.

Hoy, mientras hablamos, pienso en su invencible voluntad, y lo envidio; en su indiferencia ante el éxito momentáneo, y lo envidio; en su resignación (no es ésta la palabra, pero no se me ocurre otra) a que este prodigioso esfuerzo sea conocido casi sólo por especialistas (llama su secretaria, habla de un pasaporte: en estos días Bonifaz se dirige a Roma, en donde ha sido elegido miembro de la Academia para Fomentar la Latinidad entre las Naciones) y a que aquí y ahora ni siquiera se vislumbre, ya no digamos sea apreciado por un gran público, que si supiera evaluarlo miraría todo como el trabajo de un hombre fuera de este mundo, pero el que apenas percibe, o del que difícilmente se entera, y envidio su tranquilidad y me avergüenzo cuando me recuerdo a mí mismo colocando mi librito en lugar visible cada ocasión que voy a una librería o me sorprendo entristeciéndome porque alguien que me importa pasó por alto esta página hace una semana.

El título dice así, la *Natura*, no la *Naturaleza*, como se ha traducido tradicionalmente; pero Bonifaz prefiere, desde que comenzó a traducir a estos autores, usar hasta donde le es posible los términos españoles que ajustándose más a los latinos sigan siendo español, y de esta manera los *Carmina* de Catulo en su versión original continúan siendo *Cármenes* en la traducción de Bonifaz, y no "poemas" o "poesías". Para él, pues, *De rerum natura* es la *natura* de las cosas, y el español, su español, es tan rico que puede ser latín y español al mismo tiempo, aunque en este caso uno se haya acostumbrado ya tanto a la natura de naturaleza que natura venga a constituir un lujo que Bonifaz ha adquirido todo el derecho a permitirse, y se lo comento. Pero él sólo sonríe mientras me señala en la portada del libro un ojo dentro de la figura recortada de un animal difícil de reconocer a primera vista. "¿Sabes lo que es?", me dice. Yo dudo un segundo, pero sólo un segundo. "Claro —le digo— la Loba Capitolina, que está en Roma", y es como si me hubiera ganado un premio, pues con anterioridad había hecho a otros la misma pregunta, sin buen resultado. Me viene a la memoria, entonces, y se la cuento, la vieja broma del niño de secundaria que interpelado sobre qué cosa es la Acrópolis responde con aplomo: la Loba que amamantó a Romeo y Julieta.

b) Todo es construir

En esta misma Bibliotheca Scriptorum Graecorum et Romanorum Mexicana, que a pesar de su belleza tipográfica y sus
alegres portadas asusta un poco a la gente con su serpenteante
nombre de tirabuzón o de tornillo sin fin, existe ya una traducción en prosa de la obra de Lucrecio, realizada por mi compatriota René Acuña. En 1959 Acuña pasó por esta ciudad, de
regreso de España, tremendamente necesitado de trabajo y
obligado a hacer cualquier cosa, de la naturaleza que fuera.
"¿Como qué?", le pregunté la noche que fue a visitarme en la
calle de Ebro, 12. "Bueno, puedo traducir latín, o colocar ladri-
llos, pero de esto último ya me aburrí —me respondió mostrán-
dome las manos sangrantes, con un gesto de Macbeth—; es lo
que he estado haciendo las últimas dos semanas."

Por supuesto, al día siguiente lo llevé a ver a Bonifaz Nuño
en la Imprenta Universitaria. Hablaron una media hora de diversas cosas, y entre otras, de Lucrecio. Al final de su conversación vi a Rubén darle un libro y papel y lo oí decirle: "Bueno, tradúzcame treinta páginas como prueba", quizá con la
idea de que eso sucedería dentro de cuatro o seis meses o tal
vez nunca. Pero Acuña las llevó traducidas al otro día, consi-
guió el encargo de traducirlo todo y hoy tenemos su versión en
prosa al lado del texto original y en la misma colección de
nombre penetrante y sin fin.

c) Así es la cosa

Con Bonifaz Nuño he compartido durante cerca de cuatro décadas (para hablar un poco en su idioma) muchas aficiones,
entre las cuales no es la menos importante la de la risa; la afición a reírnos epicúreamente de cantidad de cosas pero sobre
todo de nosotros mismos, antes y después de, de pronto, poner-
nos serios de veras ante la naturaleza de algunas cosas, bien,
¿lo diré?, de cosas como el alma, de cosas como la verdad, que
en épocas hemos buscado juntos; en oportunidades hemos estado a punto de encontrarla y sospecho que en un tiempo
hasta creímos haberla encontrado; la naturaleza de la verdad

artística, del destino humano, del nuestro, del de nuestro trabajo. Pero he aquí que esos cinco minutos, una vez más, han
pasado: suena el teléfono, o llega alguien a pedirle una firma,
y el diálogo se interrumpe de nuevo entre bromas, y así son estas cosas, y su natura.

Compartimos también desde que nos conocemos la *Divina
Comedia*, el *Quijote*, a Garcilaso y *Los tres mosqueteros*, y cuando hemos tenido que tomar entre los dos o individualmente
alguna decisión: valerosa, sentimental, sutil o de simple habilidad, consideramos lo que hubiera hecho, pensado o sentido
cualquiera de éstos.

Admiro mucho su poesía, y creo tanto en su perdurabilidad
y permanencia que en varias ocasiones le he pedido que me
permita corregir las pruebas de sus libros con el fin de aparecer en el colofón e introducirme así en su viaje al futuro. Lo comentamos y lo hacemos, y esto podría tomarse como una broma de mi parte, pero no lo es tanto.

En mi libro *Lo demás es silencio* figura un personaje que
mientras habla lo hace con una espada en la mano, dando saltos hacia atrás y pasos hacia adelante y colocando la punta de
esa espada entre los ojos de su interlocutor, en posición de es-
tocada de Nevers. Esa imagen es un homenaje a Bonifaz Nuño,
que naturalmente y entre multitud de otras cosas sabe también
esgrima, y cuando le pedí su asesoría para no errar en este
campo me aseguró que las cinco líneas dedicadas allí a ese tema están bien.

Hasta hace poco yo le mostraba cualquier página mía antes
de darla a la imprenta; ya no, porque respeto cada vez más su
tiempo.

5 de mayo

MELANCOLÍA DE LAS ANTOLOGÍAS

Ahora me doy cuenta de que cuando la otra tarde comencé a
anotar algo sobre la antología de cuentos *Short Shorts* recopi-
lada por Irving Howe e Iliana Wiener Howe, publicada originalmente en Estados Unidos por D. R. Godine y después por
Bantam Books en edición de bolsillo, lo que deseaba era escribir a toda costa que yo estaba en ella con un cuento, "El eclip-

se", traducido al inglés por Will H. Corral; pero el pudor y lo
que tenía que decir de Hart Crane me lo impidieron.

Hart Crane está bien, pero ¿por qué pudor? Porque se trataba de algo *positivo*, y si uno se detiene en estas cosas suena a
vanidad. Otra vez: ¿Por qué? La historia de las antologías demuestra que uno puede estar en ellas sin que suceda nada, y
que uno puede no estar en ellas sin que nada suceda. Finalmente, todo es cuestión de suerte, o de amistades. Por ejemplo, en el momento en que me disponía a escribir esto llega a
casa, desde el aeropuerto, procedente de Alemania, mi amigo
Peter Schultze-Kraft, con dos nuevas antologías que ha preparado y en las que, ya sin ninguna sorpresa de mi parte, me
incluye: *Die Berge hinter den Bergen* (Beltz & Gelberg, 1983),
con "La fe y las montañas", y *Die Wahrheitsprobe des Gran-Man*
(Eichborg Verlag, 1983), con "El eclipse", para variar. En ambas encuentro muy buena compañía: Álvaro Mutis, Eliseo Diego, J. L. González; y también en *Short Shorts*, en la que los amigos entre quienes me encuentro son asimismo cercanos; tal
vez en otro sentido, pero de cualquier modo cercanos: Tolstoi,
Chejov, Maupassant, Stephen Crane, Lawrence, Joyce, Kafka.
Y yo pregunto, ¿todo esto es vanidad? No hay otra respuesta: Sí.

A propósito de antologías y de alemanes, la Editorial Sudamericana publicó en 1975, pero sólo hoy llega a mis manos, una
Nueva literatura alemana, selección y epílogo de Martin Gre-
gor-Dellin, que no podía haber caído más a tiempo. En el epílogo se sostienen dos cosas dignas de ser anotadas. Una, en las
primeras líneas:

> Los autores comienzan a advertir lo dudoso del honor que repre-
> sentan esas propuestas que les llegan por docenas, ya no les entu-
> siasma mucho que sus colaboraciones se agradezcan con un "Dios
> se lo pague" [bueno, no siempre es así: yo tengo enmarcada la
> copia de contrato con una editorial noruega que me pagó un dólar
> (Dlls. 1.00), menos diez por ciento de trámite, por un cuento para
> su antología de ese momento] y la mención de la fuente.

Y dos, en las últimas líneas:

> Es posible que de muchos escritores no quede otra huella que su
> contribución a una antología, descubierta en un futuro remoto

por algún recopilador, en la babilónica biblioteca del espíritu universal: un minúsculo fragmento de inmortalidad en letras de molde.

12 de mayo

GOLDING-TORRES

WILLIAM GOLDING, premio Nobel de Literatura 1983, autor de *El señor de las moscas* (en alguna parte):
—El hombre es malo.
Eduardo Torres:
—Sólo es tonto.

19 de mayo

GERMANIA

A COMER en dos ocasiones dentro de los últimos treinta días en casa de Jochen Bloss, director del Instituto Goethe de México; la primera para conversar con la poeta Anna Jonas, en gira de trabajo por América Latina; la segunda con el novelista y también poeta Horst Bienek, de paso por México; y ambas muy gratas. Con Jonas, amigos comunes en Berlín, recuerdos de mi estadía de cerca de tres meses ahí con mi hija Marcela en 1973, de la Avenida Kurfürstendam (de cariño Kudam), de la biblioteca del *Iberoamerikanische Institut* —de la que se asegura ser la más nutrida del mundo en cuestiones hispanoamericanas—, del Museo de Arte Moderno (arquitecto Mies van der Rohe), de Nefertite, de la Sinfónica (director Herbert von Karajan), de la ópera *(Don Giovanni),* del circo en compañía del escritor nicaragüense Sergio Ramírez, su mujer y sus hijos, del Museo Pérgamo y del *Fausto* de Goethe en la parte oriental guiado por el ensayista colombiano Carlos Rincón. Con Bienek, ninguna nostalgia de este tipo o relación, excepto mi admiración por Günter Grass (quien una vez dijo: "No estoy dispuesto a dar un peso trágico a mis humores, a mis melancolías, a mis necesidades de fuga; me opongo a ello con toda mi capacidad para observarme a mí mismo, con todo mi poder de reflexión y mis talentos vitales".), y que conoce a las gentes de Diógenes Verlag, en Zürich, la editorial que publicó un libro mío en alemán que Horst promete buscar a su regreso, en tanto me muestra un ejemplar de su novela recientemente traducida y publicada en Estados Unidos: *The First Polka*.

Aunque nos entendemos en idiomas que no son el alemán (que yo no hablo) ni el español (que él no habla) una intérprete nos acompaña y en un momento dado nos reparte —debemos ser unos dieciséis entre escritores, poetas, filósofos y críticos en esta casona del Callejón del Arco en Coyoacán— la traducción al español de una reseña muy reciente de *The New York Times* firmada por Jan Kott, en que éste declara que se trata de una novela histórica y autobiográfica y, como es costumbre ahí, la cuenta y al final reprende al autor por no haber hecho una novela como a él le hubiera gustado.

Con el editor Joaquín Díez Canedo a la derecha del escritor y el poeta Homero Aridjis enfrente, Jochen brinda y después Horst, a través de la intérprete, agradece nuestra compañía. Refiere con una sonrisa su predilección por los poetas de edad muy avanzada, como Borges, a quien fue el primero en hacer publicar en alemán, y no recuerdo si habló, aunque creo que sí, de Aleixandre y de Alberti en España.

Desde otra mesa, Marco Antonio Campos, Luis Chumacero y yo observamos la escena. Cuando Horst dice que la próxima etapa de su viaje es Guatemala, alguien le sugiere a la distancia que busque ahí a Bernal Díaz del Castillo. Pero la intérprete, o muy lejos o muy ocupada en lo suyo, no lo oyó.

LULIO-RIMBAUD

a) MIGUEL ÁNGEL PORRÚA me obsequió el otro día su edición facsimilar (de la impresa por la viuda de Frau, 1749) de la traducción al español del *Libro del amigo y del amado* de Raimundo Lulio, beato, retórico, viajero, alquimista, poeta, místico, aventurero, filósofo, novelista, misionero, mártir, figura inmensa de la literatura, quien, como recuerda Horacio Labastida en su prólogo, aquí llamado elegantemente proemio, nació en Palma de Mallorca hacia 1235 y murió en Portopí en 1315, y fue "un radical enamorado de la carne [...] hasta el día en que la amada exhibióle tiernos senos desgarrados por la enfermedad maligna".

¿No sucedió esto, según la leyenda, después de un escándalo en el interior de una iglesia en la que Lulio ha entrado a caballo en su persecución, y no se llamaba esta mujer Blanca de Castelo, como creo recordar de un poema de Gaspar Núñez de Arce en que ella le muestra en tercetos el pecho, y él le dice a este propósito muchos versos pero de los que sólo retengo los finales de los últimos cuatro:

> [...] estrecho lazo
> [...] ¡oh Blanca de Castelo!
> [...] pero el plazo
> [...] espérame en el cielo?

Núñez de Arce era un mal poeta y un buen versificador, pero sus rimas solían ser pobres.

Lulio no versifica en este libro, pero es un gran poeta y probablemente el primer ."diarista" catalán, catalán o español. Sólo que en este "diario" no registra lo que hizo o vio o leyó sino temas para meditar todo un día durante los 366 del año: "cánticos de amor entre el amigo (cualquier cristiano) y el amado (Dios) [...] ejemplos abreviados y parábolas por las cuales el entendimiento sube más alto en la contemplación, devoción y amor de su amado". *V. g.* Día 46. "Solo estaba el amigo a la sombra de un bello árbol; y pasando varios hombres por aquel paraje le preguntaron por qué estaba solo. Respondióles el amigo: ahora estoy solo, que os he visto y oído, pues antes tenía la compañía de mi amado." Día 73. "Las sendas del amor son largas y breves, porque el amor es claro, puro, limpio, fuerte, diligente, resplandeciente y abundante de nuevos pensamientos y de antiguos recuerdos." Día 142. "El amigo se consolaba y alegraba en las noblezas de su amado. Mas a poco rato se acordó del desorden de este mundo, y sus ojos se llenaron de lágrimas por la abundancia de su dolor y tristeza."

Y parecen y son cosas de otro mundo.

b) Correspondencias

Bastante inquieto ahora por pequeños hallazgos: esta vez relaciones, coincidencias entre Raimundo Lulio y... Arthur Rimbaud. ¿Solamente eso? Coincidencias entre dos espíritus separados por setecientos años en este mundo, pero a lo mejor unidos, o que son uno solo quién sabe dónde.

Como no deseo seguir en este plan, anoto simplemente que en el siglo XIII la exaltación mística de Lulio llegó a ser tan grande que fue tildado y acusado de loco, lo que me recuerda que en el XX Paul Claudel calificó a Rimbaud de místico en estado salvaje, y no sé cuántos otros lo tuvieron también por loco, como su madre lo hacía, o lo hacía la buena esposa de Lulio, que luchó cuanto pudo para resguardar sus bienes, y no era para menos.

La cosa sería preguntarse qué tienen de malo estos locos que generaciones después son vistos con veneración. Y "Bueno —me dice Jorge Prestado, que acaba de aparecer sin anunciarse, como es su costumbre—, el asunto es muy claro: comprometen el patrimonio familiar, perturban la tranquilidad de la gente; en realidad yo no quisiera encontrarme en un camino con don Quijote, pero contemplado así, a la distancia y en libro, me gusta mucho ver cómo arremete contra los malos y contra los tontos, esas especies de infieles a los que Lulio quería convertir con palabras mágicas y con retórica, y de los que abominaba también Rimbaud, cuya poesía leo ahora cómodamente sentado y tranquilo, toda vez que la recibo en pureza y no tengo que compartir sus amistades o soportar su locura".

Otro pequeño hallazgo que me inquieta hoy es más alarmante y espero, como dicen los escritores que necesitan una frase como ésta, desarrollarlo en otra ocasión.

El "Desvarío" o "Delirio" II de *Una temporada en el infierno* de Rimbaud se titula "La alquimia del verbo", y esto de la alquimia verbal propuesta por Rimbaud ha dado y sigue dando mucho que hablar en relación con la poesía moderna. Sin embargo, esta alquimia de las palabras en boca de Rimbaud como una *nueva* magia es curiosamente para él mismo, en esa misma página, una "antigualla poética". Se asegura que Rimbaud leyó enormemente en la biblioteca de Charleville y, entre otras cosas, en el colegio estudió retórica, que para mí es hoy —por

lo que anoto después— una de esas *"antiguallas* poéticas que
formaban gran parte de mi alquimia del verbo".

Hasta aquí todo bien; pero esta noche, refrescando mi
memoria sobre las cosas de Lulio, abro mi viejo tomo primero de la *Historia de las ideas estéticas en España* de Menéndez
Pelayo y encuentro que Lulio había definido su propia *Retórica* nada menos que como "alquimia de la palabra" *(Alchy-
mia verborum nuncupatur)* y nada menos que con los mismos
términos que Arthur Rimbaud. (No insinúo que Rimbaud
haya leído a Lulio; pero que ambos se dan la mano en esto,
se la dan.)

Para terminar, pues por ahora no quiero seguir anotando
coincidencias (por ejemplo, su mutua atracción por el idioma
árabe y por África, en donde ambos reciben las heridas o adquieren los males que los matarán), coincidencias que sin duda
vendrán solas como siempre que uno lee más de cinco libros
al mismo tiempo, ¿no es extraño que el autor de esta Retórica,
o Alquimia, que aceptaba y proponía y rechazaba el poeta de
las *Iluminaciones*, fuera hace setecientos años Raimundo Lulio,
el Doctor *Iluminado?*

Apago la luz.

2 de junio

NUEVA YORK

De regreso de un breve viaje me encuentro como desborda-
do por pequeños acontecimientos, y escribir estas líneas sobre
los del viaje y los de aquí no es nada fácil. La sensación de
desbordamiento viene sola, y donde digo pequeños acontecimientos quiero decir libros. Para bien o para mal, lo que en
mayor medida me acontece son libros, y cuando en uno
mío se señala que la primera palabra que la figura principal
pronuncia a los cinco años de edad no es ni "papá" ni "mamá" sino "libro" se estaría dando a entender que ésta será
también la última.

Aun cuando, como es natural, en este viaje anoté muchas
otras cosas en libretas *ad hoc*, es muy improbable que vaya a
repetirlas aquí. Todo el mundo ("todo el mundo" significa quienes leen esto) ha viajado y sabe cómo son los trenes, los autobuses, las demoras en los aeropuertos y la emoción de los ate-

rrizajes. Cualquier tentación que en el pasado o en el presente haya yo podido tener de contar un viaje se ha visto siempre aplastada (perdóname, Yorick, pero ésa es la palabra, aunque tú, estoy seguro, darías cualquier cosa o emplearías los términos más corteses para que yo no me sintiera así) por respeto al *Viaje sentimental*, el mejor relato de viaje que se haya escrito jamás. Ya lo sé, está el *Quijote*, pero si nos ponemos así no vamos a llegar a ninguna parte, porque también existe la *Odisea*, o para algunos niños Julio Verne o, para los espíritus selectos si bien un tanto desarrapados, lo de Kerouac. Pueden intentarse otros, con más aventuras o menos aventuras, más largos o más cortos; viajes alrededor de nuestro cuarto, como el de Xavier de Maistre; viajes al Infierno; a la Luna, como el de Cyrano de Bergerac; más cargados de pesimismo, como los de Gulliver; más llenos de peligros; con amores más intensos, como el de Des Grieux y su buena Manon; en vehículos más refinados y cómodos que la *désobligeante* de Yorick, o más veloces, incluidos los espaciales: nada igualará nunca el encanto del *Viaje* de Sterne, porque nada se parecerá nunca más a ese instante del siglo XVIII inglés en que Sterne se convierte a sí mismo y por derecho propio en el representante número uno de la Melancolía, de la melancolía que, como la ironía, no puede improvisarse ni adoptarse como programa; y hoy la melancolía se desprende de las cosas y de ciertas situaciones pero no está más en las personas, entre otras razones, tal vez, por exceso de farmacias o de nombres para designarla. Pero quizá toda la digresión anterior haya estado encaminada a registrar el pequeño acontecimiento que en este viaje significó para mí el encuentro con otro Sterne, otro y el mismo. Y si uno no se deja llevar por la digresión al recordar a Sterne ya no lo hará por nada.

Se supone que quien haya ido a Nueva York conocerá dos librerías (la Gotham y la Strand) a las que no puede dejar de dedicar una mañana, de preferencia una mañana a cada una, para consolarse de lo que sucede en ciertas otras, elegantes, bueno, más bien caras, en las cuales, a pesar de que los libros y sus autores cambian casi cada día, el espectáculo sigue siendo el mismo: el de una acumulación de llamativos objetos de todos los colores con todos los géneros literarios y todos los

autores vendibles adentro; y el problema consiste en pasar una
y otra vez frente a ellos y hojearlos y decidir si comprarlos en
ese momento o no, porque uno sabe que tres cuadras adelante
hay otra librería en que ese mismo libro puede venderse a un
precio ridículamente bajo, aunque si uno finalmente se decide
por esto último resulta que cuando llega allá el libro ha desaparecido, y así lo más aconsejable es comprarlo en donde uno lo
ve primero venciendo ese temor de persona pobre de estar gas-
tando sus pesos donde los gastan los ricos, y uno cree que los
ricos no se preocupan de esto pero sí se preocupan y por eso
son ricos. O encontrarse, al buscar en la librería X (no escribo
el nombre por superstición: la editorial homónima publicó en
inglés un libro mío), como lo había hecho en otras de la Quinta Avenida, la edición de *Don Quijote* traducido por Samuel
Putnam (que me servirá a su debido tiempo para aclarar la cantidad de tonterías que Vladimir Nabokov dijo en sus conferencias sobre ese libro en la Universidad de Harvard; pero ésta
es otra historia y no me han faltado críticos que se quejan de
que mis paréntesis los distraen tanto que se pierden y terminan
por no saber de lo que estoy hablando, pero qué haría uno sin
los paréntesis) (es decir, la más moderna, fechada en 1978, cuya primera edición apareció en 1949 y Putnam, que había traducido antes al Aretino, a Huysmans, a Cocteau y a Pirandello
entre otros, murió en 1950) y en la Colección Modern Library
que dirigió Bennett Cerf y que desapareció durante un tiempo
por publicar sólo libros buenos y ha medio revivido quién sabe por qué. O encontrarse, decía, con que el empleado, probablemente muy joven para estas cosas no sabía qué cosa fuera
Don Quijote, por lo que, dudando de mi inglés y de su oído hecho a otros requerimientos, pronuncié en todas las formas posibles la palabra Quijote: Quixote, Quishote, Quicsote, Cuishote
(todo por negarme a llamarlo Man of La Mancha), *by* Cervantes, *you know;* pero él *didn't know;* "Cervantes?"; "Modern Library"; "Modern Library?" Entonces le sugerí que quizá habría
clásicos; y sí, y fuimos, y ahí estaba, tranquilo, gordo de más de
mil páginas, barato, honrando a Bennett Cerf que en su tiempo se empeñó en publicar el *Ulises* de Joyce a pesar de todo el
lío correspondiente. En cambio, en la barata Strand, subida en
una escalera mientras yo la sostenía por un pie, B. encontró la
rara edición original de *The Life of Laurence Sterne* por Percy

Fitzgerald (J. P. Taylor & Co., New York, 1904), en dos volúmenes, intonsos, empastados, con canto superior dorado, grabados, y esta nota impresa: York Edition. The Coxwold Issue
of *The Life and Works of Laurence Sterne*, printed at the West-
minster Press, New York, is limited to Two Hundred and Fifty
Sets of which this is the Set No. 143 (143 escrito a mano). Que
uno compra por unos cuantos pesos para que sus amigos bi-
bliómanos le tengan envidia ya que no se la tienen por lo que
uno escribe.

9 de junio

PARA LO ALEGRE O LO TRISTE

LA SALVADOREÑA Claribel Alegría pasó por México de regreso de
un viaje de trabajo (lecturas, debates, entrevistas de prensa)
por los Estados Unidos y Canadá. Como de costumbre, alegre y aparentemente despreocupada; Darwin (Bud) Flakoll,
estadunidense, su esposo, chispeante también pero pronto a
la reflexión y al dato preciso. Hace muchos años que los
conozco y saber que somos amigos me ayuda más de lo que
ellos pueden imaginar; cada cierto tiempo nos vemos, y nos
llamamos desde dondequiera que estemos, para lo alegre o
lo triste.

En los primeros cincuentas convivimos en México días y meses de intensa literatura cuando Juan José Arreola y Juan Rulfo, por dar un ejemplo, eran desconocidos, pero no para nosotros, ni mucho menos para Claribel y Bud, que ya preparaban
en inglés su hoy histórica antología *New Voices of Hispanic
America* y que aparecería unos diez años después (Beacon Press,
Boston, 1962), con todos, o casi todos los que han significado
algo en la literatura hispanoamericana de hoy. Luego, en Santiago de Chile (Claribel y Bud han hecho invariablemente de
su casa, en cualquier sitio que estén, el lugar en que los escritores se reúnen y se sienten amigos).

En los últimos tiempos nos hemos encontrado en Nicaragua,
en donde viven y trabajan desde el triunfo de la Revolución sandinista, por la que luchan con el mismo coraje que ponen para
escribir, o por la que escriben con el mismo coraje que ponen
en la lucha. Uno va ahora a Nicaragua y ahí están ellos, no ocu-

pados en otra cosa que en la defensa (cercanos a Tomás Borge,
Sergio Ramírez y tantos otros) de la causa de Sandino, con la
sencillez de siempre. Hace pocos días, almorzando en casa con
Neus Espresate, su editora en México, y otros amigos, cuentan
que tienen planes de ir un tiempo a su hogar en Mallorca: "Si
las cosas van bien en Nicaragua —dice Claribel— iremos después de las elecciones; pero si hay invasión nos quedaremos."
Y todos nos damos cuenta de que así sería, porque ella no
añade nada del tipo de "a luchar" o "a morir", nada que drama-
tice su decisión.

No puedo menos que pensar en las veces que conversamos de
estas cosas con Cortázar y Carol, su mujer, en Managua, y la
determinación sigue siendo la misma. La misma que cuando
vi a Claribel hace unas semanas en una tribuna famosa de Nueva York, después de su recital, contestando las preguntas del
público (no siempre amistoso: un matrimonio salvadoreño se
retiró, con protesta escrita en el libro de visitantes, no faltaba
más), convertida en algo muy serio, ya no en plan de simple defensa de una causa justa y clara sino de desenmascaramiento
de las mentiras que dos días antes había dicho en la televisión
el presidente de un país como los Estados Unidos (bueno, así
de grande) contra un país como Nicaragua (así de minúsculo
según él lo ve) y era imposible no relacionar aquello con el pequeño Martí combatiendo al monstruo desde dentro, desde sus
entrañas.

¿HABLAR COMO SE ESCRIBE?

Dos problemas perturbadores: la sinceridad en literatura (no
sé si se plantea en otras artes); escribir como se habla. ¿Ser sincero es decir la, toda, y nada más que la verdad? ¿El escritor
no tiene derecho a acomodar las cosas de manera que pro-
duzcan el efecto que se propone, ese efecto de que trata Poe?
¿Es posible escribir como se habla? Me pregunto, más bien, ¿es
posible todavía creer que esto es posible? El poeta Ernesto
Cardenal sostiene en Nicaragua que los campesinos son capaces de hacer poesía con sólo escribir lo que piensan o sienten,
sin mayor elaboración; y tal vez sea así, y quizá hasta les pida
que escriban como hablan; pero no creo que los campesinos

"foneticen" sus poemas. Hay también lo inverso: hablar como
se escribe, o como quien escribe. Mas éste es otro problema.
Iba a escribir "otra plaga", que anda suelta en los cocteles, pero
no puedo ser tan sincero.

Pensando en todo esto, estoy a punto de dejar la relectura de
El amante de Lady Chatterley, novela que puede ser muy buena o muy mala, no soy crítico, pero la mayoría de cuyos diálogos no soporto, como no he podido soportar nunca la ingenuidad, por no decir la ignorancia en materia sexual de D. H.
Lawrence. Pensar que hubo un tiempo en que esto se discutía
y en que los novelistas imitaron estos diálogos y monólogos como modelos de verdad (algunos lo siguen haciendo) cuando
Proust ya había hecho su trabajo y el propio Lawrence permitía que Lady Chatterley y su esposo hablaran así (traduzco):

—¿Has leído alguna vez a Proust —le preguntó él.
—Lo he intentado, pero me aburre.
—Es un escritor realmente excepcional.
—¡Puede ser! Pero me aburre: ¡todo ese refinamiento! No tiene
    emociones, sólo un torrente de palabras acerca de las emo-
    ciones. Estoy harta de las mentalidades que se dan importancia.
—¿Preferirías animalidades que se dieran importancia?
—¡Quizás! Pero también podría descubrirse algo que no se diera
    tanta importancia.
—Bueno, a mí me gusta la sutileza de Proust y su anarquía bien
    educada.
—Eso lo deja a uno como muerto.

En lo que evidentemente hay sinceridad por lo que se refiere a Lawrence (pues él es esos dos) al reflejar sin quererlo sus
dudas e inseguridad ante el gigante Proust que se les venía encima a todos; pero sus dos personajes no hablan como se habla
sino como Lawrence escribía.

Así pues que en Proust no hay emociones y su anarquía bien
educada hace que uno se sienta como muerto.

LA VIDA REAL

NINFA SANTOS me reprocha que en estos fragmentos hablo siempre de escritores famosos, pero que no he anotado nunca haber

visto a un niño en la calle. Pues bien, hoy he visto más de diez niños en la calle, y todos tenían el aspecto de quien no ha comido; uno trató de venderme un paquete de chicles; dos me observaron mientras su madre me pedía limosna.

16 de junio

LO QUE EL HOMBRE ES

EL HOMBRE es fundamentalmente un ser que se tortura. Yo soy hombre; luego, trataré de torturar a los demás;

el hombre es un ser fundamentalmente tonto que hace o que es víctima de tonterías ajenas; comete tonterías y los demás cometen tonterías que se entrecruzan con las suyas para convertirse en la gran tontería universal;

el hombre es fundamentalmente un ser social. Yo soy hombre; luego, trataré de relacionarme con los demás, cosa que los demás estarán tratando de hacer también conmigo, así que cuando yo creo escoger tal vez en realidad estoy siendo escogido y de una forma u otra termino por dar en el grupo de mis afines, lo quiera o no;

entonces recuerdo que existe algo llamado soledad o, de manera menos pretenciosa, aislamiento;

pero Aristóteles dijo que el hombre solitario o es un dios o una bestia, y en un momento dado los otros también lo piensan, lo haya dicho Aristóteles o no;

y en ese momento tu pretendido aislamiento, que en realidad nunca llegó a existir, comienza a ser llamado orgullo o, modernamente, falta de compromiso, con que se te tortura o te torturas;

bueno, ¿esto es lo que el hombre es?

PALABRAS, PALABRAS

LEO con curiosidad y agrado, y releo abriendo el libro al azar, *La gramática fantástica*, que Raúl Renán, su autor, me había ofrecido y ahora me obsequia; cuentos, aforismos, poemas en que las palabras (y en especial la palabra palabra) son sorpren-

didas *in fraganti* y congeladas, pero también con frecuencia
puestas en estado de ebullición, en sus propias connotaciones:
a veces a simple vista; otras, recónditas; y siempre, en el trabajo de Renán, revelando su esencial poeticidad, si ésta es la
palabra. Y un aire de tristeza recorre este pequeño volumen
bien pensado, bien concebido, bien hecho con ese material tan
frágil y tan tenue que corre el riesgo de pasar por lo que apa-
renta ser y es y no es: un juego.

ACONSEJAR Y HACER

MIRO en las calles anuncios oficiales que invitan a la lectura.
"Leer —dicen— para ampliar horizontes", y no hay por qué no
atender esto.

Sin embargo, en la actualidad mi principal problema consiste no tanto en las dificultades que presenta el acto de escribir,
sino en la casi necesidad que siento de *no* leer. Cuando vine a
México tropezaba mucho con un anuncio que decía: "No escriba; telegrafíe", que yo interpreté al pie de la letra y quizá, ha-
biéndolo tomado demasiado en serio, sea de donde procede mi
tendencia a escribir con brevedad, o por lo menos frases breves. Pero volviendo a mi problema y al primer anuncio, continúo siendo más lector que escritor, y la verdad es que comprendo muy bien el placer de la lectura, pero todavía no alcanzo a
ver claro el que pueda derivarse de escribir.

En la época en que tenía alumnos, les aconsejaba que de las
dieciséis horas útiles del día dedicaran doce a leer, dos a pensar y dos a no escribir, y que a medida que pasaran los años
procuraran invertir ese orden y dedicaran las dos horas para
pensar a no hacer nada, pues con el tiempo habrían pensado ya tanto que su problema consistiría en deshacerse de lo
pensado, y las otras dos a emborronar algo hasta convertirlas
en catorce. Algo complicado, pero así era, y me quedé sin
alumnos.

Sin embargo, esto es más fácil aconsejarlo que hacerlo. En
su sentido más lato, leer es una actividad pasiva; en cambio, escribir implica siempre un esfuerzo que la mente (de por sí propensa al autoengaño) se halla con frecuencia dispuesta a des-

arrollar, pero al que el cuerpo, el brazo, la mano, se niegan; y es entonces cuando hay que educar el cuerpo y deseducar la mente para que sea el cuerpo el que escriba, como es el cuerpo del bailarín el que baila y el del alpinista el que escala montañas.

Precisamente, mientras recuerdo esto, veo ante mí, diseminados, varios libros abiertos esperándome, tentándome: *Leaves of Grass*, que releo; la *Défense de la littérature*, que releería, de Claude Roy (bueno, cedo, pero sólo para traducir el primer párrafo, que, después de todo, viene al caso:

Había una vez la madre de un filósofo cuyos libros han alumbrado y modificado el destino de los hombres y el curso de los acontecimientos. Pero la madre de ese filósofo se quejaba de verlo garabatear durante todo el día: "Karl haría mejor en amasar un capital que en escribir un libro sobre el Capital", decía suspirando la madre de Carlos Marx. Hay en ese sentimiento ingenuo la expresión cándida de un asombro, en el fondo bastante general, que invita a la mayor parte de los hombres a preguntarse, cuando existen tantas cosas apremiantes, placenteras y útiles en la vida, por qué, en lugar de vivir, los escritores escriben;

también sería ingenuo creer ese cuento, pero *se non é vero é bene trovato*); *Conversando con José Coronel Urtecho* (Editorial Nueva Nicaragua) de Manlio Tirado; *Orlando furioso narrado en prosa del poema de Ariosto* por Italo Calvino; *El Quijote como juego*, que trae a mi memoria los tiempos en que yo también enseñé el *Quijote* en la Universidad de México, de G. Torrente Ballester, y que tiene que ver con el de Calvino; *Lectures on Don Quijote*, que tiene que ver con los anteriores, de Vladimir Nabokov; *Estética e historia en las artes visuales*, de Bernard Berenson, que tiene que ver con todo.

¿Dos horas para despensar, catorce para escribir?

26 de junio

NINFA

Visita a Ninfa Santos en su casa de Santa Catarina, en Coyoacán, con B. y Fabienne Bradu, que desea conocerla, como todos los que no han tenido ese privilegio y han oído hablar de ella y nos oyen hablar a nosotros. A veces pienso que quieren convencerse de que Ninfa (para empezar, llamándose así; pero en Centroamérica, de donde Ninfa llegó a México hace muchos años, esos nombres, que cualquier árcade o poeta bucólico querría para seudónimo, son más frecuentes de lo que uno se imagina, aunque son precisamente los poetas los que hacen llamar la atención sobre ellos: Claribel Alegría al mismo tiempo que Eunice Odio y Hugo Lindo y Yolanda Oreamuno), de que Ninfa Santos de verdad existe; y hay alguna razón para esto porque Ninfa estuvo largas temporadas en el servicio exterior mexicano, en Nueva York, en Washington y por último un extenso periodo en Roma; hoy se la puede ver en su oficina de Relaciones Exteriores, en su casa y en ocasiones en el restaurante Los Geranios, de la calle Francisco Sosa en Coyoacán, siempre rodeada de amigos, de aquí y de todo el mundo, que la atienden con solicitud; todos están, estamos en deuda permanente con ella. El otro día corregí las pruebas de una nueva edición de su libro de poemas *Amor quiere que muera* (título extraído de un verso de Garcilaso de la Vega: "amor quiere que muera sin reparo", Égloga segunda, v. 374), que publicó por primera vez en 1949 con ilustraciones de Santos Balmori.

Mi amiga busca conversar de escritoras mexicanas que Ninfa trató o trata íntimamente. Y Ninfa comienza a recordar, a leer trozos de cartas, a contar anécdotas con su envidiable memoria para el detalle y con evidente afecto, pero a la vez entre bromas y autoironías (cuando en otras oportunidades la he oído hablar me he dado cuenta de que todavía no ha aprendido que la naturalidad, las bromas sobre uno mismo y la autoironía son tomadas por lo general en serio y que, contrario a lo que podría esperarse de personas inteligentes, reírse de uno mismo termina por hacer que los demás lo escuchen a uno con ligereza y dejen de tomarlo en cuenta, pues, aunque lo niegue, en realidad la gente no es muy sutil y respeta en secreto a los solemnes, o si no los respeta por lo menos les teme, y del miedo a la reverencia no hay más que un paso; pero nadie va a hacer cambiar a Ninfa, y éste es el precio que se paga por ser como ella es, y ella lo sabe y no le importa), bromas y autoironías que intercala en los recuerdos para ocultar su emoción y dar a entender que cuanto a ella le sucede es así de común, que lo extraordinario y lo insólito es así, así de sencillo, y así de todos los días como ella cree serlo.

HISTORIA FANTÁSTICA

CONTAR la historia del día en que el fin del mundo se suspendió por mal tiempo.

DIARIOS

DE UNA entrevista a Ernst Jünger publicada en *El País* de Madrid:

Sobre su cumpleaños: "Llegar a los ochenta años no es un mérito. [...] Pero la carga vital amenaza con hacer estallar la individualidad".

Sobre los últimos volúmenes de su *Diario:*

Al filo de los años la tarea es cada vez más difícil para mí. Al principio, el *Diario* no tenía más que una razón de ser: la clarificación interior, la conversación conmigo mismo. Pero cuando uno se hace famoso tiene que contar con sus futuros lectores. La actitud cambia insensiblemente. Evitar contemplarse escribir, no pensar en el *efecto* producido, permanecer sincero. Los mejores diarios son los que no se dirigen a ningún lector. Como el de los siete marinos que pasaron el invierno en 1963 en la isla de San Mauricio, en el Océano Glacial Ártico. Un poco más tarde, unos balleneros descubrieron el diario y siete cadáveres.

O como el de Samuel Pepys, añadiría yo, que fue descifrado de su taquigrafía original 118 años después de la muerte de su autor, y es hoy el más famoso de la lengua inglesa.

EXPOSICIÓN AL AMBIENTE

No TE muestres mucho ni permitas demasiadas familiaridades: de tanto conocerte la gente termina por no saber quién eres.

30 de junio

PERROS DE KAFKA Y DE CERVANTES

Cuando de joven uno empieza a escribir cuentos siempre hay un perro dispuesto a dejarse matar y a convertirse en el argumento ideal para producir un efecto terrible en los lectores. Uno piensa en su propio perro y lo imagina muerto, y eso es muy triste. Un perro mío imaginado pasó así a mejor vida en un relato, y supongo que yo tengo menos perdón, pues lo hice morir siendo yo ya adulto.

Con frecuencia, B. y yo urdimos antologías de los cuentos más *algo* del mundo. Entre éstas se halla la de los más tristes. Como es natural, el primer cuento que a mí se me ocurrió para ésta fue *Tobias Mindernickel,* de Thomas Mann, en el que ese hombre, de puro solitario y desamparado, da una cuchillada a su perro Esaú para poder tener cerca a quién consolar, a alguien más desgraciado aún que él. Supongo que así era la historia. En todo caso, así es como la recuerdo.

Pero en la literatura no todo lo referente a estos animales tiene que ser tan siniestro, y por el momento me interesan más bien otros, entre alegres, filósofos y cínicos (esto último, para los que saben etimologías lo más apropiado tratándose de un can): uno de Kafka y dos de Cervantes.

Pienso en la forma curiosa en que algunos críticos (por fin aprendí a decir "algunos" en vez de "los": ni los he leído a todos ni todos son iguales: no tiene remedio que cuando un autor se siente más o menos seguro comienza a hablar de "los" críticos) lanzan sus interpretaciones, la falta de duda con que ven significados en autores cuya fama se ha establecido sobre ciertas características (Voltaire siempre sonríe de lado, Eliot siempre se persigna, Kafka siempre inventa cosas extraordinarias o fantásticas). Para Marthe Robert en su *Livre de Lectures*, por ejemplo, es algo insólito y lleno de novedad o misterio que en las "Investigaciones de un perro" de Kafka ese perro piense y critique a otros perros, que analice la existencia de unos perros sabios, pero sobre todo de unos perros voladores. Si uno admite que se trata de una sátira sólo hay que cambiar mentalmente la palabra perros por la palabra hombres y lo inaudito deja de serlo (como cuando uno se da cuenta de que los *houyhnhnms,* caballos, tendrían el carácter y las maneras de los hombres como los hubiera deseado Swift) en el momento en que uno piensa que esos perros voladores no son otra cosa que los contemporáneos de Kafka que en esos días comenzaban precisamente a volar en sus nuevos juguetes, los aviones.

Se puede relacionar a este perro kafkiano con mentalidad científica y satírica, con otros perros parlantes, sabios y críticos de la sociedad y las costumbres de su tiempo, pero con mentalidad humanística, como es el caso de Cipión y Berganza. Sin embargo, prefiero que lo haga Johannes Urzidil en su libro *There goes Kafka (Da seht Kafka*, no hay versión española) en el melancólico capítulo final titulado "Sobre la destrucción de las obras de arte por su creador", que abre con el momento en que Ambrosio, en el lugar correspondiente del *Quijote*, se niega a incumplir el mandato de Grisóstomo, su amigo suicida, consistente en que queme todos sus versos cuando muera:

> Hasta aquí Cervantes, en cuyas obras, sin duda, pueden rastrearse muchas líneas que conectan con Kafka, no sólo, digamos, de *Don Quijote* a *El castillo*, sino también de las *Novelas ejemplares (e. g. La gitanilla)* a la protagonista de la ópera Carmen, tan amada por Kafka; o incluso del grandioso "Coloquio de los perros" a las "Investigaciones de un perro". Recuérdese, por ejemplo, la crítica social del perro Berganza, cuando dice: "¿Quién podrá remediar esta maldad? ¿Quién será poderoso a dar a entender que la defensa ofende, que los centinelas duermen, que la confianza roba y el que os guarda os mata?" A lo que Cipión responde con realista sequedad: "Y decías muy bien, Berganza".

EL ELOGIO DUDOSO

EL ÚNICO elogio que satisfaría plenamente a un escritor sería "Usted es el mejor escritor de todos los tiempos". Cualquier otra cosa que no sea esto comienza a tener, según el escritor, cierta dosis de mezquindad de parte del mundo y de la crítica. Vienen después algunas gradaciones, todas inaceptables cuando no francamente deprimentes: "Es usted el mejor poeta de su país"; "Está usted entre los mejores ensayistas de su generación"; "Usted, Fulano y Zutano encabezan la nueva hornada (cuando ya se sabe que Fulano y Zutano son un par de imbéciles) de cuentistas". "Es usted el más leído", puede ser ambiguo, pues los gustos cambian; "El más vendido", peor: en el fondo el autor, con poco que sea inteligente, aunque no siempre lo es cuando se trata de sí mismo, sabe que la publicidad y la promoción hacen milagros.

Puedo imaginar entonces lo que Rubén Darío pensó y sintió cuando leyó en una carta de Juan Ramón Jiménez: "Pero usted no esté triste; ya sabe que no pasa ni su obra ni su corazón. Usted —ya lo dije— es el mejor poeta que ha escrito en castellano desde la muerte de Zorrilla".

7 de julio

BULGARIA

RUMEN STOYANOV, escritor, traductor (ha traducido a muchos autores hispanoamericanos contemporáneos y, en estos días en que pasa a su lengua el *Popol Vuh* según la versión al castellano del guatemalteco Adrián Recinos, uno puede verlo recorrer diferentes bibliotecas e instituciones de la Universidad de México en busca de libros y personas que lo ayuden a aclarar dudas sobre puntos mayas) y estudioso búlgaro residente en México, en donde enseña su idioma, me trae —sólo prestada— una *Antología del cuento fantástico latinoamericano* (Danov, Plovdiv, 1979, selección de Rumen Stoyanov y Fanny Nazcemi, trad. de Nina Venova), en la que un relato mío, "Mr. Taylor", viene además calificado en el prólogo como "un encuentro fantástico de lo arcaico y lo moderno", y que, suele suceder, yo desconocía.

Conversamos de diversos temas y personas, entre otras Humberto Musacchio y la poeta Myriam Moscona, mexicana de ascendencia búlgara; del papel de Bulgaria en la historia de Europa (traigo un mapa: soy malo para visualizar el lugar de los países, del continente que sean); del más arrojado de los caballeros andantes, Cirongilio de Tracia; de cuando Ruggero abrazó la causa de Bulgaria contra los griegos, según Ariosto; de poetas y novelistas búlgaros, y de cuentistas. Stoyanov sabe que mi interés por estos últimos no es nuevo. En 1978 la Universidad Nacional Autónoma de México publicó el volumen *Diez cuentos búlgaros* con un breve prólogo mío del que son estos párrafos:

Hasta donde sé, el cuento es el género por excelencia de la literatura búlgara. La mayoría de los cuentistas de este país son maestros consumados. Saben siempre contar una historia; conocen su medida, su espacio. Es muy raro que en un cuento se ocupen de algo que no tenga que ver con el cuento mismo. Sus personajes son reales, son fantásticos, son legendarios. Pero son siempre lo que son. El cuentista búlgaro no trata nunca de dar a sus lectores una cosa por otra. Tiene, a través de diez siglos de práctica (oral o escrita) el instinto que le hace saber lo que su auditorio espera de los personajes que le presenta, para verse en ellos, identificarse con ellos, ser ellos; vale decir, el misterio del éxito de cualquier literatura, oral o escrita, medieval, renacentista o moderna.

Así, quizá arbitrariamente, he querido ver en estos diez cuentos diversos aspectos y tendencias (de ninguna manera todas) de la cuentística búlgara: el antiguo y siempre presente recluta obligado a soportar las exigencias de sus superiores y las burlas de sus iguales; el caso de la mujer encantada que alguien explota de feria en feria y que en "La mujer del sarcófago de oro" trae especiales resonancias del Retablo de Maese Pedro cervantino; el cínico personaje de transición del capitalismo al socialismo que hace cualquier cosa para sobrevivir en este último… y lo logra; la melancólica esposa que, como Madame Bovary, ve en "El extranjero" cercanas a la vez que remotas esperanzas de una aventura extraconyugal; un pueblo enloquecido ante la presencia del personaje más extraño y estrafalario que en este libro aparece: un globo; la poética y terrible humanización de animales salvajes, que nos recuerda a Horacio Quiroga.

Los críticos están de acuerdo en que el cuento tiene la supremacía en la literatura búlgara. ¿Por qué esta supervivencia y supremacía durante un milenio? Tal vez se pueda aventurar algo: digamos que allí la novela es un gran mariscal entorchado que desfila a la vista de todo el mundo en los días patrios; o, si se quiere, una gran matrona rodeada de comodidades, admiradores y cojines; el teatro, un señor que necesita meses para instalarse, y luces y multitudes que lo aplaudan; el cuento, calladamente, acepta su papel de guerrillero y durante diez siglos puede pasar y pasa del campo a la ciudad y de la ciudad al campo, de la casa del obrero o el maestro a la del campesino, haciendo lo que tiene que hacer, diciendo a cada quien lo que tiene que decirle, sin que apenas se note su presencia, ni menos se sospeche su poderosa carga explosiva.

14 de julio

LUDOVICO FURIOSO

MARIO MUCHNIK me envía desde Barcelona una carta con referencias a mis recuerdos de Bartolomé Mitre y Bartolo Memitre, textos bifrontes y,

> en cuanto a Juan de la Pezuela, oh sorpresa: acabo de editar el *Orlando furioso* de Italo Calvino, que es la narración en prosa del poema de Ariosto. Va ilustrada con versos del poema original, y los que hemos puesto, con el acuerdo de Calvino, provienen de la edición de 1883 de la traducción del Conde de Cheste. Los llamamos "los versos del Capitán [...]".

En entrega aparte recibo el libro, traducido del italiano por Aurora Bernárdez y el propio Mario y con "Versos de Ariosto traducidos por el Capitán General don Juan de la Pezuela, Conde de Cheste, de la Real Academia Española", a quien yo mencionaba también como el traductor en verso de la *Divina Comedia* anterior al general argentino Mitre.

He disfrutado de veras la buena ocurrencia de Calvino de recontar estas historias maravillosas (y releyéndolas uno comprende que fueran capaces de trastornar el seso a cualquiera con sus caballeros vencibles e invencibles, sus guerreros gigantescos que con "cada sablazo arrojan al cielo un vórtice de cabezas y brazos truncados, y orejas y pies y otros pedazos de cristiano", y cuyos "sarracenos asaltan el muro como las moscas del verano asaltan las mesas bien puestas"; sus caballos voladores y todo su mundo encantado y mágico) que, como sé poco italiano, releo en contra del parecer del Cura cuando el donoso y grande escrutinio: "[...] de donde tejió su tela el cristiano poeta Ludovico Ariosto, al cual, si aquí le hallo, y que habla en otra lengua que la suya, no le guardaré respeto alguno, pero si habla en su idioma le pondré sobre mi cabeza".

Yo conocía el *Roland Furieux Choisi et Raconté par Italo Cal-*

vino, es decir, este mismo libro, en la traducción francesa publicada por Flammarion en París en 1982. Aquí los versos de Ariosto incluidos por Calvino vienen en la traducción en prosa de un H. Hippeau, y los puntos oscuros o los nombres extraños para el lector de hoy son aclarados en notas de pie de página que, por lo visto, Muchnik consideró innecesarias en español, pero que yo echo de menos.

En casa, hablando el otro día de estas cosas con Álvaro Mutis, le contaba mi afición por las aclaraciones, regaños y enmiendas que los eruditos y comentadores hacen a los clásicos, el odio que se profesan unos a otros, y el goce que para mí añaden con esto a la lectura. Ese día no me cité a mí mismo por lo que consideré buena educación, pero ahora no tengo por qué abstenerme de copiar aquí estas líneas de *Movimiento perpetuo:* "En realidad, con un poco que a uno le guste la literatura, uno puede pasarse noches enteras leyendo las objeciones que Clemencín ponía al texto de Cervantes y las defensas de Cervantes a cargo de Rodríguez Marín, no menos enloquecido por un ideal de justicia que el propio Alonso Quijano".

No tengo a mano la traducción del conde de Cheste que de niño veía en mi casa, pero Guadalupe Pineda me acompañó esta mañana a ver la edición italiana que durante años ha estado presa bajo siete llaves en una biblioteca de la Universidad de México, como una aventura más de este Orlando que no sé si pondría triste o furioso a Ludovico, el Ludovico Ariosto que un día voló en su hipogrifo por los aires del mundo entero y hoy espera encerrado, ¿por cuántos siglos más?, que sus amigos poetas lo liberen en verso y en un nuevo español tan resplandeciente o más que el de Cheste en su tiempo. Pero a ello parecen estar más bien llamados los capitanes (como este De la Pezuela) o los generales (como Mitre).

NUEVA NICARAGUA

Telegrama de Managua: Tengo el gusto de invitarles en nombre del Gobierno Revolucionario a participar entre el 18 20 de julio próximo a la conmemoración del V Aniversario del triunfo de nuestra Revolución Popular Sandinista en cuyo marco realizaremos un encuentro de editores y escritores con motivo de la publicación del título 100 de nuestra Editorial Nueva Nicaragua. Le ruego responder a la Junta de Gobierno de Managua su aceptación. Saludos fraternos y revolucionarios. Sergio Ramírez Mercado.

Invitación aceptada.

PRIMEROS ENCUENTROS

ALFREDO BRYCE ECHENIQUE lo recuerda así en la revista *Oiga* (Lima, 17 mayo 1974):

> Fue la primera vez que vi a Borislav Primorac, responsable del congreso y jefe del Departamento de Español de la Universidad de Windsor. Le rogué angustiado que recuperara mi maleta y por toda respuesta obtuve una amable sonrisa y el anuncio de la próxima llegada de otro de los invitados, el escritor guatemalteco Augusto Monterroso. Y eso a mí qué me importaba. Mi maleta. Monterroso llegó primero. Un hombre bajo, silencioso y que para mí tuvo inmediatamente dos defectos imperdonables. El primero, que no se le había perdido la maleta ni nada; el segundo, que llegó con un enorme diccionario filosófico, uno de esos mamotretos imperdonablemente pesados. Este señor leía cosas así hasta en los aviones. "En la que me he metido, pensé." [...] Al final sólo quedábamos Monterroso y yo. Él tomaba el avión hacia México, en donde vive exiliado desde la caída de Jacobo Árbenz. Como con los Azuela, como con Primorac, Durand o tantos otros, sentí que me despedía de un amigo. Pero al ver que, para emprender el retorno, se había equipado nuevamente con aquel increíble diccionario filosófico con que llegó a Windsor, no pude contenerme. Le dije lo que había pensado de él cuando lo vi por primera vez: "Me caíste muy pesado con ese libro tan gordo como pedante." "—Es la mejor receta para los viajes —me respondió—. Mejor que los somníferos. No bien lo abres te quedas dormido."

Pero en realidad leo filosofía, en los aviones y en donde puedo, para tratar de mantenerme despierto.

21 de julio

RULFO

COMIDA con Juan Rulfo en casa de Vicente y Alba Rojo. Preocupaciones de Juan, problemas que lo agobian a estas alturas en que debería tener todo resuelto. Acostumbrado a tratar con fantasmas, los seres de la vida real son para él menos manejables que los que tan admirablemente ha puesto en su lugar en la ficción, y a través de la ficción en la mente de tantos lectores suyos en el mundo, que por su parte han hecho de él una fantasía, un ser inasible y lejano en un México igualmente remoto. Pero la realidad es más dura; en ella las puertas no se atraviesan a voluntad sin abrirlas y, cuando se abren, los problemas están allí, irrespetuosos, indiferentes a la fama y el prestigio literarios. ¿Cómo es Juan Rulfo?, me preguntan a veces esos lectores suyos lejanos, y yo trato de describirlo como el ser humano natural que he conocido siempre; pero ellos se empeñan en no creerlo y entonces prefiero hablar de su obra o contar alguna anécdota a fin de calmarlos, ya que no de convencerlos.

En abril de 1980 María Esther Ibarra me hizo las siguientes preguntas para un semanario mexicano: "¿Qué revela la obra de Juan Rulfo y cómo debe ubicarse, un cuarto de siglo después de su creación? ¿Qué influencias han ejercido *El Llano en llamas* y *Pedro Páramo* en la producción de los escritores de habla española?" Mi respuesta:

No creo que en cuanto a mí pueda hablarse de influencia de libro a libro. Es obvio que lo que Rulfo escribe es muy diferente de lo que yo hago. Pero sí puede hablarse de influencia en muchos otros órdenes o, tal vez mejor, de coincidencias respecto a la apreciación de la literatura, del oficio. La mesura de Rulfo, que *debería* ser una influencia general, la falta de prisa de sus primeros años y su reacia negativa posterior a publicar libros que no considera a su propia altura, son un gesto heroico de quien, en un mundo ávido de sus obras, se respeta a sí mismo y respeta, y quizá teme, a los demás. Hasta donde pude, traté de recibir su influencia y de imitarlo en esto. Pero la carne es débil.

Rulfo es un caso único. Se puede detectar una escuela o una corriente kafkiana o borgiana; pero no la rulfiana, porque no tiene imitadores buenos. Supongo que éstos no han comprendido muy bien en dónde reside el valor de su maestro. ¿Cómo imitar algo tan sutil y evasivo sin caer en la burda repetición del lenguaje o las situaciones que presentan *El Llano en llamas* o *Pedro Páramo?* Los imitadores no constituyen necesariamente una escuela.

Pero volviendo al propio Rulfo, una de sus grandes hazañas consiste en haber demostrado hace veinticinco años que en México aún se podía escribir sobre los campesinos. Entonces se pensaba con razón que éste era un tema demasiado exprimido y, al mismo tiempo, que el objetivo del escritor debía ser la ciudad, la gente de la ciudad y sus problemas. O Joyce o nada. O Kafka o nada. O Borges o nada. Cuando todos estábamos efectivamente a punto de olvidar que la literatura no se hace con asfalto o con terrones sino con seres humanos, Rulfo resistió la tentación del rascacielos y se puso tercamente (tercamente es la palabra, me consta) a escribir sobre fantasmas del campo.

En ese tiempo se creyó equivocadamente que Rulfo era realista cuando en realidad era fantástico. En un momento dado Kafka y Rulfo se estrechaban la mano sin que nosotros, perdidos en otros laberintos, nos diéramos cuenta. Ni nosotros ni nuestra buena crítica, que creía que lo fantástico se hallaba únicamente en las vueltas de tuerca de Henry James. Pero los fantasmas de Juan Rulfo están vivos siendo fantasmas y, algo más asombroso aún, sus hombres están vivos siendo hombres. ¿Cómo puede haber escuelas rulfianas a la altura de Rulfo?

QUÉMAME, NO ME QUEMES

CINCO de la tarde. Viene a casa Héctor Ortega, quien durante estos últimos meses (primero en el pequeño teatro de Santa Catarina en Coyoacán y ahora en el Juan Ruiz de Alarcón del Centro Cultural Universitario), ha actuado con gran éxito el papel de "el loco" en la comedia del italiano Dario Fo, dirigido por José Luis Cruz.

Lo he visto actuar y he admirado su habilidad de actor de larga experiencia. Mi recuerdo más lejano de Ortega se remonta a su actuación, hará unos quince años, en *Rosenkrantz y Guildenstern han muerto* de Tom Stoppard; pero conozco y muchos recordamos su trabajo en otras obras teatrales, y en el cine, con Alfonso Arau. Y ahora este *Anarquista* que viene a ser tal vez su mejor logro en el teatro y quizá su vuelta definitiva a él.

Trae una copia de su adaptación para el teatro de *El proceso* de Kafka, que se propone publicar en libro "aligerando algunos parlamentos". Por supuesto, hablamos durante más de dos horas del tema, de Kafka en calidad de humorista, y de lo que parece ser ya un tópico recurrente en esta casa: si es correcto cumplir la última voluntad del escritor que pide al amigo más íntimo quemar su obra cuando muera: Virgilio y Kafka en la vida real; Grisóstomo en la ficción. A propósito de esto recuerdo a Ortega el caso de Gogol triste quemando él mismo el manuscrito de *Las almas muertas*, con la oportuna (y ya clásica y por cierto bastante teatral) llegada del amigo para impedírselo en parte.

Me muestra fotografías de la puesta en escena de su adaptación, y copias de dibujos y fotos de la escenografía hechas por J. L. Cuevas, "que quedarían muy bien en el libro", me dice con entusiasmo y admiración por el trabajo de Cuevas, y yo estoy de acuerdo. Rememoramos las adaptaciones de Orson Welles al cine y de André Gide-Jean Louis Barrault al teatro, quienes trabajaron con la idea del Kafka (y no tenían por qué no hacerlo si así lo veían) trascendente y metafísico en que se le había convertido hace treinta o cuarenta años. Para terminar, y sin ningún pudor, le leo partes de la página de un libro mío de 1972 en el que yo señalaba el humorismo de Kafka y recordaba el testimonio de Max Brod acerca del regocijo con que su amigo íntimo, todavía no dispuesto a hacer quemar su obra, le leía capítulos de *El proceso*.

28 de julio

CYRIL CONNOLLY

José Emilio Pacheco me envía su *Poesía modernista. Una antología general* (SEP/UNAM, 1984). La fecha impresa en la portadilla dice 1982, lo mismo que en el colofón; pero siendo Pacheco el autor de la selección, el prólogo, las notas y la cronología, supongo que el número *4* que ha escrito a mano con tinta negra sobre el 2 de la fecha corrige todo, y que el 2 original es un error de imprenta. El libro, pues, aparece en 1984 fechado en 1982, y el lector común no sabrá nunca nada de esta diferencia de dos años entre una cosa y otra; y esto, que el día de hoy carece de importancia, puede tenerla más tarde, cuando los estudiosos futuros no sólo se ocupen una vez más del fenómeno colectivo llamado modernismo sino también de la obra, y todo lo relacionado con ella, de este poeta ya no modernista sino moderno, que por supuesto no es la misma cosa, llamado José Emilio Pacheco.

De igual manera, y siguiendo este razonamiento, la presente antología habrá que verla no como una simple recopilación más de poemas hecha para divulgar a estos autores, de José Martí a Delmira Agustini, que declararon y en gran parte lograron nuestra independencia literaria (la independencia total no existe) del resto del mundo ("Durante mucho tiempo —dice Pacheco en el prólogo— aceptamos la inferioridad asignada por los dominadores y dijimos que los modernistas 'recibieron la influencia' de la literatura europea. Hoy vemos que se *apropiaron* de ella y la transformaron en algo diferente. Los materiales pueden llegar de fuera, el producto final es hispanoamericano."), sino también como dato personal de un escritor y poeta que a su tiempo requerirá su propio estudio y este tipo de claves: no necesariamente de posibles influencias sobre su obra sino de sus posiciones y actitudes respecto de nuestra gran herencia.

Desde 1958, cuando siendo él muy joven lo conocí en la redacción de la revista *Universidad de México* dirigida por Jaime García Terrés, siempre he admirado la decisión con que Pacheco adoptó la literatura; tiempos de formación y aprendizaje para todos.

Cuando vine a México trataba de aprender de los mayores: Bernardo de Balbuena, Juan Ruiz de Alarcón, los poetas de esta antología, Pedro Henríquez Ureña, Alfonso Reyes; pero en unos cuantos años comencé a aprender también de los más jóvenes, quienes vivían con mas intensidad su propio presente (él no lo sabe, pero sin proponérselo Juan García Ponce me enseñó a leer a Henry Miller). En diciembre de 1960 José Emilio me obsequió un ejemplar de *The Unquiet Grave* de Cyril Connolly, libro del que ya antes habíamos hablado, con la siguiente dedicatoria: *"You are very wise, very understanding and really very kindly. I wonder that you remain the critic. You can go beyond".* De entonces para acá, pronto hará veinticuatro años, he leído intrigado esta dedicatoria varias veces, y todavía lo hago, pues era fácil ver que contenía un mensaje. Un joven poeta acucia con esas palabras, tomadas del libro de un escritor bastante improductivo, a otro escritor prácticamente igual.

Un año antes, a los treinta y ocho años de edad, yo había publicado apenas mi primer libro, *Obras completas (y otros cuentos)*, y no parecía dar muestras de querer publicar otro. Supongo que para evitarme mayores problemas pronto llegué a la conclusión de que el mensaje podía estar en el primer párrafo del libro de Connolly (traduzco):

> Entre más libros leemos, más pronto percibimos que la verdadera función de un escritor consiste en producir una obra maestra, y que ninguna otra tarea tiene importancia. Por obvio que esto debiera ser, ¡qué pocos escritores lo admitirán, o, habiéndolo admitido, estarán listos a hacer a un lado la pieza de iridiscente mediocridad en que se han embarcado! Los escritores siempre esperan que su próximo libro sea el mejor, pues no están dispuestos a reconocer que es su modo de vida actual lo que les impide crear algo diferente o mejor.

No sé si en el tiempo que siguió yo trataba de crear una obra maestra, pero quizá la dedicatoria de Pacheco y este párrafo hayan contribuido a que yo no publicara otro libro en los diez años siguientes.

Debo añadir que *" You are very wise"*, etcétera, está tomado a su vez de una carta de Henry Miller a Cyril Connolly, que éste consideró útil reproducir en su libro.

TODO EL MODERNISMO ES TRISTE

Los modernistas —dice Pacheco en su prólogo, que, por cierto, en su brevedad condensa todo lo que pueda decirse con inteligencia de este movimiento— "tuvieron que ganarse la vida en el mercado". "Hasta libros capitales como *Prosas profanas* y *Lunario sentimental* se imprimieron en no más de 500 ejemplares." (Poseo un ejemplar de la primera edición de *Historia universal de la infamia* [Editorial Tor, Colección Megáfono, Buenos Aires] de Jorge Luis Borges, cuyo tiraje, cuarenta años después del libro de Darío y veintiséis después del de Lugones, es decir, en 1935, no alcanzó una cifra mayor.)

Sí, en el mercado:

Del editor Gregorio Pueyo a Rubén Darío, diciembre de 1906:

> Mirando el negocio bajo este prisma, y con el objeto de ahorrar tiempo y molestias, la oferta que puedo hacerle es la siguiente: Por una edición de *Azul* de mil ejemplares y otra de *Cantos de vida y esperanza*, yo abonaría, en conjunto, la cantidad de quinientas pesetas. Se entiende que la tirada de cada obra sería de mil ejemplares y que no podría usted contratar con nadie mientras no se agotaran las ediciones, o en mi poder quedaran más de cincuenta ejemplares.

Pacheco en su prólogo: "Por eso no se puede impugnar a quienes afirman que si lo que distingue al Modernismo es la voluntad de estilo, el empeño artístico, la idea ética y estética de que escribir bien es una forma de hacer el bien, su indiscutible fundador es Martí".

Qué cosa sea el bien nos lo puede explicar Sócrates y tal vez igualmente José Martí, que creía en él y lo practicaba y por él murió; pero, ¿escribir bien?

Pensar y sentir, mezclados, ¿en qué dosis? ¿Debo escribir con verdad lo que sé o lo que siento? Personas que desean dedicarse a la literatura me preguntan eso. ¿Hoy, en el momento en que me está sucediendo, o mañana, en frío? Nadie lo sabe: mézclelo todo, póngase a trabajar y lo que salga será lo que salió, y que Dios lo bendiga, o la bendiga. No hay otra respuesta. Por otra parte, eso que termina por decirse está siempre por debajo de la voz interior. Creo que nadie en el mundo ha expresado esto mejor que el modernista mexicano Manuel Gutiérrez Nájera en su poema *"Non omnis moriar"*:

Era triste, vulgar lo que cantaba
mas, ¡qué canción tan bella la que oía!

4 de agosto

LA ISLA

Estoy en la isla desierta. Sé qué libros he traído. Abro uno al azar y vuelvo a cerrarlo. Poseo un sacapuntas eléctrico y lo uso y me estoy alumbrando también con luz eléctrica a las doce del día y frente a mí tengo un aparato de televisión y fotografías y dibujos en las paredes.

Fotografías: una, con cuatro personajes: atrás, de pie y de izquierda a derecha, Boris Pasternak y Sergio Eisenstein; sentados, frente a una mesa aparentemente de restaurante, Vladimir Maiakovski y Lili Brik; sobre la mesa, pan rebanado, copas semivacías de vino blanco y, en un plato frente a Lili, algo también blanco, doblado, que puede ser una servilleta o un manuscrito, teoría esta última que prefiero porque de otro modo la servilleta debería estar en sus piernas o doblada de otra manera; todos miran fijamente a la cámara: con miradas que quieren ser penetrantes, características de ellos, Eisenstein y Maiakovski; un tanto vaga la de Pasternak y abierta y casi sonriente la de Brik. A un lado de esta fotografía, otra muy conocida: Sylvia Beach y James Joyce en París, ambos de pie en el umbral de la librería Shakespeare & Co., y a través de la calle de adoquines iluminada por el sol, al fondo, dos niños con batas escolares; Sylvia, rubia, delgada y con traje sastre, recargada apenas en la puerta, dirige su mirada al escritor; Joyce, con el sombrero puesto, traje oscuro, corbatín y zapatos blancos, apoya levemente su bastón en el piso y mira hacia dentro, hacia la cámara. En una tercera fotografía, sentados ante una mesa en la que descansan sus brazos, Antón Chejov, con lentes, bigote, barba, traje negro de médico y corbata mal ajustada, y a su lado, codo con codo, Máximo Gorki, en camisa de cuello alto cerrado, que han detenido su conversación para posar; Chejov viendo a la cámara; Gorki, hacia un lado.

Dibujos: Don Quijote y Sancho a todo color en sus cabalgaduras, muy jóvenes ambos, Sancho extrañamente a la jineta, don Quijote bien armado, erguido, digno, con el cabello, el bigote y la barba negros y recortados con aliño, son recibidos en triunfo por una figura femenina alada, con seguridad la Fama, y por diversos personajes —entre los cuales un niño que extiende su brazo ofreciendo una corona de laurel— vestidos con trajes de principios del siglo XIX, como goyescos, que pulsan instrumentos musicales o se inclinan reverentes a su paso; vienen del campo, que se ve atrás, a alguna ciudad que puede ser La Habana: al fondo, sobre el perfil de un pequeño monte, se ve impreso:

Dn. Quijote / de Juan Cueto y Hno.
Estrella / No. 19 / Habana.

Se trata de un antiguo cartel de tabacos que he hecho enmarcar.

Hay otros dibujos, pero por ahora vuelvo a mi libro, *The Journals of Kierkegaard 1834-1854*, Fontana Books, con una caricatura del escritor en la portada parecida a ésta y un "blurb"

de Herbert Read: *"One of the world's great books"*. Lo reabro en donde puse una seña hace meses: "Mi señor Dios, dame una vez más el coraje de la esperanza; Dios misericordioso, permíteme la esperanza una vez más, fertiliza mi mente infecunda y estéril". Ese mismo año Kierkegaard escribiría su disertación "Concepto de la ironía con especial referencia a Sócrates".

Entre los libros que he traído a la isla están todos los que poseo de Kierkegaard, con los que me he aislado siempre y de los cuales recibo con frecuencia la dosis de pesimismo necesaria para ver el mundo con esa esperanza que él pedía a su Dios.

Deseoso de aclarar la última frase. Decidido a no hacerlo.

Pesadilla: ¡Dios mío, me estoy convirtiendo en un hombre de letras!

Escribir un ensayo sobre las cosas que me han asustado y me asustan en la vida.

KIERKEGAARD

Mi hija Marcela me obsequió hace meses una edición en español de *Mi punto de vista* de Kierkegaard. Una curiosidad editorial: el nombre del autor dice Sören Aabye Kierkegaard, con ese *Aabye* insólito que a estas alturas parece una extravagancia de los editores. Leo:

> Cuanto escribo aquí es para orientación. Se trata de un testimonio público, no de una defensa o de una apología. A este respecto, en verdad, si no en otro, creo que tengo algo en común con Sócrates, [...] a quien su demonio le prohibió *defenderse*. [...] Hay algo en mí [...] que hace imposible para mí, o imposible en sí mismo, llevar a cabo una defensa de mi trabajo como escritor.

Los contemporáneos de Kierkegaard se extrañaron, cuando por fin se dieron cuenta, él ya muerto, de que aquel hombre jovial que encontraban en la calle siempre dispuesto a hacer un chiste y a burlarse de sí mismo llevara adentro tal carga de amargura y dolor ante el espectáculo del mundo y de esos mismos vecinos suyos que no lo comprendían. ¿Y nosotros? Nosotros, entonces y ahora, contentos o acaso sólo a disgusto con lo que pasa, echándonos puyitas unos a otros sin ninguna grandeza, sin verdadero ingenio (para no hablar de genio), sin defender ni atacar nada que realmente nos parezca valer la pena.

Signos de algo. Algo está ocurriendo; no sé qué, pero algo está ocurriendo.

11 de agosto

EL AVIÓN A MANAGUA

EN EL avión de Aeronica, con rumbo a Nicaragua, cuya Revolución cumplirá el 19 de este mes sus primeros cinco años; años, sin faltar un solo día, de acoso por parte de los Estados Unidos, que repiten así su ya vieja tradición agresiva. "¿El país o su Gobierno?", me pregunta Jorge Prestado, quien me ha acompañado al aeropuerto, antes de embarcar. "El país, por supuesto, con pueblo y todo", le respondo un poco para su asombro. "Se puede no estar de acuerdo, y me gustaría no decir esto; pero en los Estados Unidos el pueblo elige a sus gobernantes, y si eligió a los actuales no veo por qué excluirlo." Pero el avión esperaba y no había manera de seguir este razonamiento ni de tratar de convencer a mi amigo de que el fascismo está allí, arriba en el mapa, elegido y todo.

En el avión. Muy formal, delante de mí, de B. y de Eric Nepomuceno, Ernesto Mejía Sánchez escribe una "Oda a la azafata", cuyo progreso me lee o me deja ver de vez en cuando. En otro momento vuelve el rostro hacia mí, y en voz suficientemente alta me dice estos versos del poeta potosino Juan de Alba, que según él cita Manuel Calvillo y le gustaba oír a Pablo Neruda:

> La antigua juventud gongorinera
> tornado se nos ha nerudataria,

que retengo en la memoria y anoto después con ánimo de ponerlos aquí. No sé por qué en ese instante recuerdo los versos que Victor Hugo dedicó al volcán Momotombo y le sugiero que los traduzca. "No —me dice— lo debería hacer Carlos Martínez Rivas." En todo caso, alguien lo debería hacer. Pero el autor de *La insurrección solitaria* estará pensando en otra cosa.

Guatemala "pasa" ahora debajo de nosotros. Lo imagino, y me uno al pensamiento de Luis Cardoza y Aragón, que viene con su mujer, Lya, unos cuantos asientos adelante, interpretando también las líneas de su mano. Abajo, en las montañas, en las ciudades y en las aldeas, nuestros amigos en lucha, nuestros muertos; un día más en sus vidas y en sus muertes por una causa que tampoco es la de los norteamericanos, y eso dice suficientemente qué causa es ésa: la causa popular, la de la poeta Alaíde Foppa, torturada, muerta y desaparecida; la de sus hijos, muertos en combate; la de los arrasados indígenas mayas y su *Popol Vuh* depositado por siglos en sus mentes; sobre eso pasamos ahora hacia otra esperanza, una más, y otra realidad.

Llegada a Managua, aeropuerto Augusto César Sandino. Desde ese momento, abandonarse a la emoción del sencillo recibimiento, del cruce de miradas con conocidos y desconocidos con los que veníamos sabiéndolo y sin saberlo: Graciela Iturbide, Pedro Meyer, Fernando Carmona, Neus Espresate; y esperándonos, el director de la Editorial Nueva Nicaragua, Roberto Díaz Castillo, preocupado como siempre por el detalle; y Juanita Bermúdez, que infunde toda confianza; y Hugo Niño; y me propondría llevar de ahora en adelante un registro de encuentros y de cosas vistas, pero sé que ese intento es inútil y desde aquí todo empieza a acumularse, observaciones, sensaciones; y es sólo días después cuando puedo escribir estas casi no líneas entre un exceso de impresiones que tercamente se toman su tiempo para ocupar su lugar dentro de mis moldes mentales, y es necesario manipular innumerables botones para volver al carril habitual, a esa onda en que se estaba antes, fuera de ese otro ritmo, de ese otro mundo lleno ahora de amigos de muchos países, de amigos que ya lo eran o que desde hoy lo son, todos hoy aquí hoy y mañana y ayer en un solo inmenso día de un minuto.

Unos admiran y aplauden —y los confirma en su confianza— que esta revolución haya sido hecha y esté siendo dirigida por jóvenes; otros —me cuentan, no me consta—, como el filósofo francés Régis Debray, han declarado que estos dirigentes son "inmaduros"; y uno no puede dejar de ser sarcástico al responder que quienes apresaron a este pensador en Bolivia hace unos años serían quizá para él los maduros.

Y otro inmaduro, Ralph Waldo Emerson, escribió en su *Diario* el 8 de abril de 1832, en Boston, a los diecinueve años de edad, estas palabras que traduzco:

Los hombres buenos desean, y la gran causa de la humanidad demanda, que la abundante y desbordante riqueza con que Dios ha bendecido a este país no sea mal empleada y convertida en una maldición; que este nuevo repositorio de naciones no derrame jamás sobre el mundo una maldita tribu de bárbaros asaltantes. Hoy el peligro es muy grande de que la maquinaria del Gobierno que actúa sobre este territorio a una distancia tan grande se debilite o choque con resistencias, y de que los voceros de la ley moral y de la sabiduría intelectual, en medio de un pueblo ignorante y licencioso, hablen desmayadamente y sin claridad.

UNA HISTORIA VIEJA

12 DE enero de 1927: El secretario de Estado de los Estados Unidos, F. Kellog, acusa al gobierno de México de ayudar "a los bolcheviques de Centroamérica". (En 1926 Sandino había comenzado en Nicaragua su lucha antimperialista.)

18 de agosto

VUELTA AL ORIGEN

DE PRONTO decido no releer más. Busco entonces lo de este siglo, lo moderno, lo de hoy; y por un tiempo las cosas van bien, iban, porque ese hoy y este siglo comenzaron hace muchos siglos y las raíces de todo están en todo y sin sentirlo me encuentro de nuevo en el *Eclesiastés*.

MANAGUA

Esos días en que B. y yo estuvimos en Managua se llenaron sin remedio del recuerdo, allí, de Julio Cortázar y su mujer Carol, Carol Dunlop, novelista (*Mélanie dans le miroir*, por aparecer en México en la editorial Nueva Imagen traducido por Fabienne Bradu) y fotógrafa. Era lo normal. Allí, dos años antes habíamos recorrido las mismas calles, encontrado a los mismos amigos y discutido, o simplemente hablado, de los mismos problemas, lejanos o cercanos.

Allí compartimos durante varios días la hospitalidad de esos cordiales amigos, Josefina y Tomás Borge, con su desarmante sencillez, Tomás, a quien me acerco siempre con respeto que a

él le molesta pero que yo no puedo evitar conociendo su historia, y más bien me parece un tanto irreal estar ahora aquí
con él y nuestras esposas intercambiando bromas; pero como
no soy político y él sí es hombre de libros encontramos siempre el camino (o naturalmente vamos a dar ahí) para hablar de
literatura, de los poetas de aquí y de allá, casi uno por uno, pues
a mí me parecería ridículo tratar con él de cosas que no sé, de
la historia de estos días que entiendo a medias o de bulto como
para hablar de ellas con uno de sus protagonistas, y entonces,
como me sucede en estos casos, siento que digo demasiadas cosas banales de las que luego me arrepiento y me invade una gran
sensación de mi propia tontería.

Y allí nos despedimos de Carol, sin saberlo para siempre, en
casa de los Flakoll, admirando juntos las fotografías originales
de lo que más tarde sería su libro *Llenos de niños los árboles*
(con texto también suyo), que Cortázar nos mostró más tarde
en su casa, en París, ya Carol muerta y Julio llamado a morir
menos de dos meses después. Pero en esta presencia-ausencia
había también la parte alegre, como esa tarde calurosa en que
en la calle le dijimos, o B. le dijo: "Tío, cómpranos helado", y
él nos lo compró con su caballerosidad, ceremoniosa a pesar
de todo.

EL SIGNO OMINOSO

EN UNA charla cualquiera uno escucha de pronto cierta frase
reveladora, soltada así, al pasar, casi sin que se note, entre otras
dichas igualmente sin mayor intención:

—Fulano de Tal te quiere mucho; en las conversaciones siempre te defiende.

CORONEL URTECHO

MANAGUA. En casa de Juanita Bermúdez. Allí el legendario José
Coronel Urtecho, fundador a los veintiún años, con Luis Alberto Cabrales, del movimiento literario Vanguardia, del que pasaron a formar parte los entonces jovencísimos Pablo Antonio
Cuadra y Joaquín Pasos y del que deriva toda la grande y sin-

gular poesía nicaragüense de las últimas décadas, que había
nacido con Rubén Darío y que, hasta el día de hoy, con Carlos
Martínez Rivas, Ernesto Cardenal y Ernesto Mejía Sánchez (y
ahora los más jóvenes, Luis Rocha, entre otros) sigue siendo
sobresaliente en nuestro idioma; y hablamos, o mejor, le hablé
de su libro *Rápido tránsito,* en el que da un largo paseo por
los Estados Unidos, de San Francisco a Nueva York y Boston
y alrededores, y por la literatura de ese país, con más conocimiento real y penetración que cualquier otro viajero contemporáneo de cualquier parte del mundo; recordando esto le digo:
"Tú eres el único que puede hablar de Emerson y de Thoreau
como si los conocieras de toda la vida y tomaras el sol con
ellos".

Y quien nos oyera no podría imaginar que hablamos del país
que hoy representa el más grande peligro para este otro que
curiosamente es en la actualidad el depositario de la mejor tradición poética estadounidense, la de Whitman y Eliot y Pound
y Williams, y resulta que en Nicaragua convergen, para su
bien y para su mal, Emerson, Melville, Thoreau, Hawthorne y
Whitman y el comodoro Vanderbilt con el filibustero William
Walker, y cada quien escoge, allí y aquí entre nosotros, a los
que le son más afines.

ELIOT

TIME for you and time for me
and time yet for a hundred indecisions
and for a hundred visions and revisions.

T. S. ELIOT, *Prufrock*

MANAGUA

A LOS setenta y ocho años de edad José Coronel Urtecho (a
quien trato de acorralar y llevar a un rincón) conserva el mismo entusiasmo de los veinte; y de los treinta y los cuarenta.
Y la memoria. "Yo te conocí a ti —me dice— en la Alameda

Central de México, en 1948, con Cardenal y Mejía Sánchez."
Mi memoria no es muy buena, pero a mí tampoco se me había olvidado. Ahora vive en una finca llamada, creo, Las Bri-
sas, en la región selvática del río San Juan, río clave en Centroamérica como el Mississippi en el Norte y el Paraná y el
Amazonas en el Sur. Hablamos de ese río y del lago, que
a mediados del siglo pasado, a falta de canal, le sirvieron al
comodoro Cornelius Vanderbilt ("Qué me importa a mí la
ley. ¿Acaso no tengo el poder?", dijo una vez) para hacer pasar a los viajeros que impulsados por la Fiebre del Oro iban
del este al oeste de los Estados Unidos, con lo que, según él
mismo, hacía un millón de dólares al año, y de los que se de-
rivaron todos los males que Emerson temía que su país
derramara sobre sus vecinos y que, por lo menos, si uno no
recuerda otros, se han derramado sobre esta Nicaragua, que
en nuestros días todavía paga la audacia y el espíritu aventurero de aquellos héroes de película que aquí eran hombres
y mujeres reales y a veces no se conformaban con el paso y
querían quedarse con el país entero.

En ese río se ahogó también, recuerdo, un hermano del poeta guatemalteco José Batres Montúfar, por lo que éste lo mal-
dijo en dodecasílabos perfectos: "de fieras poblado, de selvas
cubierto".

25 de agosto

HÁBITOS

¿Los libros a que uno vuelve son siempre los mejores o que
considera mejores? No siempre. A algunos se regresa una y otra
vez por costumbre o hábito; en ocasiones hasta como se vuelve
a ver a un amigo que nos cae mal.

POLONIA

ENCUENTRO casual en la Universidad de México con María Sten,
a quien no veía desde hacía meses y suponía en la India, casi
el mismo día en que recibo carta del escritor polaco Florian

Smieja, actualmente profesor en la Universidad de Western Ontario.

María (*Las extraordinarias historias de los códices mexicanos*), polaca también y de quien soy amigo desde que ambos vinimos a México en los cuarentas, tradujo (junto con Andrzej Sobol-Jurczykowski) hace años cuentos míos que aparecieron en Polonia en diversas revistas y a su tiempo en forma de libro con el título de *Mr. Taylor i inni*, en 1976. Por esas mismas fechas la vi en Varsovia, cuando fui allá a un congreso de escritores y cineastas del que recuerdo especialmente a Sergio Pitol, Juan Rulfo, Juan Manuel Torres, la actriz Meche Carreño (que todavía me debe treinta *slotis*, ¿o se los debo yo a ella?), Julio Cortázar y Ugné Karvelis.

Conocí a Florian Smieja en la universidad canadiense de Windsor, en 1972. Desde entonces (suele venir a México) nos hemos reunido varias veces aquí, y siempre es provechoso conversar con él, observar su curiosidad por lo que la gente escribe, su escepticismo inteligente y tranquilo y, sobre todo, su gran sentido de la amistad, de manifiesto en su devoción por el trabajo de un amigo escritor; devoción con la que yo probablemente no me había topado nunca acostumbrado como estoy a que entre nosotros eso no se dé mucho; bueno, sin hipocresía, a que entre nosotros eso no se dé nada.

Respondiendo a esa característica, Smieja me ha hablado siempre con entusiasmo, de viva voz y por carta creo que desde nuestro primer encuentro, de la obra de Stanislaw Jerzy Lec (pronunciado Leds), el escritor satírico y poeta polaco nacido en 1906 en Lwów y fallecido en Varsovia en 1966. "Claro —me dice esta mañana María cuando le hablo de esto— Lec es un gran escritor; fui su amiga y estuve con él en el hospital apenas dos horas antes de que muriera", y hace un gesto amable al recordarme que ella me relacionó con él y su obra en su prólogo a mi libro.

Últimamente Smieja ha estado enviándome partes de los *Pensamientos desmelenados* de Lec traducidos por él al español, con la intención de que yo le ayude a darlos a conocer en México, y por lo menos en una ocasión lo logré en la efímera revista de literatura *Creación y Crítica*. Ahora me envía el libro completo. En marzo pasado, en la Feria del Libro del Palacio de Minería, Smieja y yo dimos con lo que nos pareció el conti-

nente perfecto para ese libro de apenas treinta y tantas cuartillas llenas de sabiduría literaria y conocimiento de los hombres: la colección Material de Lectura que publica la Universidad Nacional Autónoma de México, y quedamos entonces en
que alguna gestión podía hacerse. "Como le anuncié —dice
Smieja en su carta— le envío al fin el manuscrito con nota introductoria. Tengo gran fe en que en esta ocasión aparezca Lec
por primera vez en volumen en español. Ya se publicó con
éxito en muchas lenguas." Con la Introducción ("¿Habrá creído
Lec —se pregunta Smieja— que iba a poder desterrar con su
palabra la locura y el desatino de la superficie de la tierra? Al
escribir desde una perspectiva contestataria firmó la lista de
asistencia a la agonía existencial humana.") viene esta nota
autobiográfica de Lec, que se coloca por sí sola entre mis autobiografías predilectas de una página:

> ¿Será verdad que no he nacido hasta el 6 de marzo de 1909, como
> puedo deducir de la partida de Lwów? ¿O quizás en 1933, cuando,
> después de terminar mis estudios en Viena y Lwów, primaria y Uni-
> versidad, salí del templo de la enseñanza del derecho para ir a la
> primera cita con la injusticia? ¿Quizás empecé a existir al caer de
> la imprenta en aquel año en el volumen *Colores*? ¿Tal vez en 1935
> con el librito *Zoo*? Bueno, lírica y satíricamente volví a nacer una
> docena de veces más, en cada libro, en cada humorada. ¿Vi el mun-
> do por primera vez en los días de la guerra en el campo de con-
> centración? ¿Quizás me encontré con la vida al escapar de las ba-
> las del pelotón en 1943? ¿O cuando dejé los bosques de la guerrilla
> en 1944? Y más tarde, ¿cuántas ocasiones tuve para abrir los ojos
> a la vida? La ventana secreta de mi existencia real se "abrió" hacia
> una humanidad más amplia al aparecer en el extranjero la prime-
> ra edición de *Pensamientos desmelenados*. Aquellos hechos anodi-
> nos mencionados antes parecerían sugerir que había vivido antes.
> Alguien me dijo, no sé quién, quizás yo mismo: ¿Qué vida tuviste
> que no pueda contenerse en una mención breve en la enciclopedia?
> Me lo han dicho demasiado tarde.

MARTÍNEZ RIVAS

Managua, hace unos días. Encuentros muy breves con Carlos
Martínez Rivas (la intensidad de cuya poesía me es imposible

medir o expresar). Se empeña en no publicar nuevos libros después de *La insurrección solitaria,* su único libro formal, publicado por primera vez en 1953, y en el que recoge su anterior *El paraíso recobrado,* de sus veinte años, ni siquiera ahora que obtuvo, hace dos, el premio Rubén Darío. Como Rulfo, piensa que lo ya publicado es suficiente, y cuando le hablo de esto me dice: "¿Para qué? Si mi libro anterior tiene todavía algo que roer que siga siendo roído como un hueso hasta que no le quede nada". Como pienso que todavía le queda y que siempre le quedará mucho, no insisto, y pasamos a otra cosa.

1º de septiembre

LA OTRA TORRE

EN EL terreno de cuatro metros por cuatro construyo desde el principio de los tiempos una Torre con todos los materiales posibles: piedra, cemento, hierro, ladrillo, vidrio, madera, adobe, paja y, principalmente, saliva; en lo más alto y coronándola, levantaré un antepecho de marfil, de un metro veinte de altura.

En la base se agitan esperando todos los idiomas: sánscrito, arameo, hebreo, griego, latín, español, italiano, francés, portugués, árabe, alemán, inglés, que en su oportunidad habrán de subir por entre retortas y alambiques hasta la cima, en donde un faro de tres milímetros de diámetro girará mezclándolos y convirtiéndolos en uno solo. Desde ahí, a partir de un momento dado, emitiré por el resto de los tiempos una única palabra:
—Auxilio.

LA LÍNEA Y EL PÁJARO

EN LA sección de recomendaciones culturales de un periódico leo el anuncio de cierta exposición en la que habrá dibujos de varios pintores amigos míos: José Luis Cuevas, Arnaldo Coen, Alberto Gironella, Juan José Gurrola, bajo el título "El dibujo es la línea que come de una mano", que me llama la atención y viene seguido del comentario "si no lo entiende muy bien mejor vaya a la galería Sloane Racotta el miércoles venidero, donde se lo tratarán de explicar con sus cuadros", y aquí la lista de pintores, "entre otros". Sin embargo, creo que mis amigos difícilmente podrán hacerlo porque lo más probable es que ellos tampoco entiendan esa frase, por más inteligentes que sean, y que los lectores del periódico, por su parte, se encuentren en este momento atribuyéndola a quién sabe qué Vasari o Leonardo mal traducidos.

En tipografía demasiado pequeña como para percibirla a primera vista se atribuye esa frase a Rubén Bonifaz Nuño.

Y sí y no.

Se trata en realidad del último verso de un soneto que Bonifaz Nuño dedicó, escrito de su puño y letra, a nuestra amiga la gran dibujante y pintora Elvira Gascón (ausente por cierto de esta exposición y de quien guardo celosamente las ilustraciones originales de mi primera *plaquette*, *El concierto y El eclipse*, México, 1952) en un ejemplar de las *Bucólicas* de Virgilio traducidas por él y publicadas hará unos quince años por la Universidad Nacional Autónoma de México, y si ahora me ocupo del asunto es porque quizá yo fui el primero que vio el origen de esa frase en su forma verdadera y en su primitiva intención, y en aquel tiempo la comenté con su autor.

Pero no estando el soneto recogido en ningún libro de Bonifaz Nuño tal vez lo mejor sea ponerlo aquí para que futuros editores lo incluyan en sus obras completas:

Para Elvira Gascón

Como el rostro del aire cuando gira
establece la luz; como la helada
el agua móvil de la madrugada,
funda las cosas tu dibujo, Elvira.

Lo que quiere nacer, tiende y aspira
a la forma que mira tu mirada;
a que lo saque, aspira, de su nada
y vuelva verdadera su mentira.

Sólo tiene verdad lo que se finge.
Entre los cuatro aspectos de la esfinge
cobra peso y fulgor lo oscuro y vano.

Y las llamas, el mar, la tierra, el cielo,
existen, limitados por el vuelo
de la línea que come de tu mano.

"El vuelo de la línea que come de tu mano" (la línea come de la mano de la artista, como un pequeño pájaro) es algo bien diferente de "el dibujo es la línea que come de una mano"; pero no sería la primera vez que la ajustada si bien recóndita expresión de un poeta pasara a convertirse en la definición de algo que nunca estuvo en su mente.

8 de septiembre

PERÚ TRISTE

EN LOS últimos tiempos he tenido mayor relación con el Perú que con cualquier otro país hispanoamericano. Curiosamente no tengo casi ninguna con Guatemala, sin duda porque la mayoría de mis amigos han sido asesinados por los sucesivos regímenes militares, o se han salvado en el exilio y están en México, o se encuentran dispersos quién sabe en dónde. De Colombia me llega alguna noticia ocasional a través de Isaías Peña *(El Tiempo)* o de mi hija María, que vive en Bogotá desde hace catorce años con su madre, Milena Esguerra, colombiana; en cuanto a Gustavo Cobo Borda no he vuelto a recibir nada de él desde que se marchó a Buenos Aires, e ignoro qué habrá ocurrido con la revista *Eco,* en la que de vez en cuando aparecía mi nombre. Volviendo al Perú, Francisco Igartua me manda semanalmente de Lima su revista *Oiga,* por la que me entero de lo que allá sucede en materia de libros y en otras materias de las que quisiera no enterarme; Alfredo Bryce Echenique me envía sus noticias, "quizá vaya a México en septiembre", me dice como en un susurro; y José Durand escribe la amable nota introductoria a alguno de mis trabajos en *Oiga.*

Ahora me llegan dos libros del poeta Edgar O'Hara: *Trayectos para el hereje,* con prosas y poemas, y *La palabra y la eficacia. Acercamientos a la poesía joven,* que según su presentación "abre un nuevo camino para la comprensión del movimiento poético peruano durante la década del setenta", y se extiende a la poesía de Chile y la Argentina.

Conocí a O'Hara con Luis Rebaza y otros compañeros suyos de generación en Lima (en donde nació en 1954); de entonces para acá intercambiamos noticias, saludos y libros, y por su parte en cada carta incluye etiquetas de botellas de cerveza, en memoria quizás de las que compartimos algo ruidosamente en aquella ocasión; y esto y el recuerdo que guardo de mis escasos días allá, en 1981, reaviva en mí la idea de que en Lima, "la triste ciudad de los Reyes" la llama César Moro, con su tristeza y todo, o por ella, o contra ella, los poetas son más poetas que en otros sitios, y creen en sí mismos como tales (dicen "estoy escribiendo un poema sobre esto o aquello" con soltura que llenaría de espanto a un guatemalteco o a un mexicano) y en el valor de lo que hacen, y tengo la impresión de que, benditamente, la sociedad sigue rechazándolos, como corresponde: debe de ser horrible ser un poeta aceptado por la sociedad.

> *La vie d'un poète est celle de tous.*
> *Il est inutile d'en définir les phases.*
>   G. de N.

> ...sé que amo la vida por la vida
> misma, por el olor de la vida.
>   César Moro

No se necesita ser muy listo para suponer que los dos primeros versos son de Gerard de Nerval; y los cuatro están como epígrafe del librito *Vida de poeta (Algunas cartas de César Moro escritas en la ciudad de México entre 1943 y 1948)* que en número de doscientos ejemplares hizo publicar en Lisboa su amigo y traductor Emilio Adolfo Westphalen, a quien esas cartas fueron dirigidas.

"No sé por qué azar de viajes —dice Westphalen en una breve nota introductoria— y mudanzas quedó ese reducido testimonio de nuestra larga amistad", y agradece a Álvaro Mutis "su ayuda en la traducción": salvo cuatro, todas las cartas fueron escritas en francés, idioma en el que Moro escribió la mayoría de los poemas con que se incorporó a la poesía surrealista francesa, en cuyas antologías está siempre *(cfr.* Benjamin Peret, *La poesía surrealista francesa,* Schwarz Editore, Milán, 1959, bilingüe francés-italiano).

En uno de esos años cuarentas Ninfa Santos me presentó a Moro aquí en México, en la librería en que Moro trabajaba en el Pasaje cómo se llama entre las calles de Gante y Madero; pero a mí él, como cualquier otro personaje famoso, me daba (y siguen dándomelo, y por eso huyo de ellos, y ellos, cuando lo notan, deben de imaginar quién sabe qué cosas) tanto miedo que a causa de esa presentación jamás volví a entrar en esa librería, y supongo que a ésta se refiere Moro cuando en la primera carta declara entre amargado e irónico: "Soy un empleado cien por ciento", con ese intencionado lenguaje de dependiente de tienda.

Por lo que he podido observar, los poetas —y los narradores peruanos en general— escriben siempre cosas tristes, y hay en ellos una especie de desolación hasta cuando tratan de lo que podría llamarse con lenguaje también de empleado "los aspectos amables de la vida". Yo no sé si esto ha sido siempre así, pero por lo que hace a nuestro tiempo, cuando converso con alguno de ellos aventuro la hipótesis de que habiendo sido César Vallejo tan desdichado, ningún escritor peruano actual se atreve a no serlo sin faltarle al respeto a su antecesor, el más grande; pero al oír esto sólo sonríen un poco y suponen (como me ocurre en tantos otros casos y hablando de cualquier tema) que lo digo en broma. De todas maneras, es obvio que ninguna generalización tiene un valor absoluto.

Hace unos dos meses estuvo en México Emilio Adolfo Westphalen, a quien no veía desde hace unos seis años; pasaba por aquí, me parece, procedente de Lisboa, en donde cumplió una etapa más de su carrera diplomática, y se dirigía a Lima. Al acudir a una cita con él en casa, para no variar, de Ninfa Santos, llevé conmigo un ejemplar de su libro de poemas *Otra imagen deleznable* publicado aquí por el Fondo en 1980, y "se me hace duro —me dice al ver que se trataba de la edición que hizo retirar del mercado y cambiar por otra— dedicarte un ejemplar defectuoso", pero yo lo releo con la admiración de siempre; y en un poema dice: "Estoy escribiendo una carta / otra será escrita mañana / mañana estarán ustedes muertos / la carta intacta la carta infame también está muerta", y el siguiente, titulado "César Moro", termina diciendo: "Aparte un hombre de metal llora de cara a una pared / visible únicamente al estallar cada lágrima", que me hace volver a las cartas de aquel hombre César Moro, ciertamente hosco y alejado mentalmente de sus funciones de empleado de librería, que en diciembre de 1944 termina así una de ellas:

Acaba de nacer un hijo de A. No lo conozco todavía pero tiene la obligación de ser bello, misterioso y potente. En el fondo, ¿no es acaso todo ello profundamente triste? ¿Cómo podría ser de otra manera para mí? No veo apenas en toda vida noble sino un fracaso profundo. El mío viene de tan lejos que data de antes de mi nacimiento. Te abrazo dejando así las cosas. Moro.

Moro volvió a Lima en 1949, en donde murió de tristeza y de leucemia en 1956. "Su hermoso libro de poemas en español *La tortuga ecuestre* —dice la *Antología de poesía surrealista francesa* (Ediciones Coma, México, 1981)— pasó durante algunos años por manos de varios editores argentinos que se negaron a publicarlo." Así es esto.

15 de septiembre

SEGURO

ENTRE más tontos, más audaces.

TONTERÍA-INTELIGENCIA

EMPEÑADO en establecer la distinción entre tontería e inteligencia, lo que no es tan fácil como parece.

Para comenzar, la tontería humana abunda tanto que buena parte de ella va a dar a los inteligentes, quienes la emplean con más soltura y confianza de lo que lo haría un tonto. Los tontos se empeñan en hacer (y está bien) o en decir (lo que está menos bien) cosas inteligentes. En cambio, es fácil ver cómo los inteligentes hacen o dicen cosas tontas todo el tiempo sin proponérselo. La inteligencia y la tontería se encuentran como en vasos comunicantes, en los que pasan constantemente de uno a otro; en ocasiones se repelen, pero por lo general se mezclan bien, y hacen amistades, alianzas, matrimonios que la gente no se explica y de los que la gente dice cómo es posible.

Busco en diccionarios de filosofía los términos "inteligencia" y "tontería". No aparecen, excepto el primero en su calidad de "intelecto" o "entendimiento", y en forma tan elevada que difícilmente sigo adelante en cuanto veo el nombre de Aristóteles en la línea inicial y el de Occam en la última. No es lo que persigo por el momento. Me hubiera gustado encontrarlos en el *Diccionario filosófico* de Voltaire, que es más divertido, pero tampoco vienen, por lo menos en mi modesta selección casera. Voltaire poseía mucho de la primera y la daba por supuesta en él, y es probable que todo lo demás le pareciera tontería. Estos dos conceptos, de uso tan frecuente que no pasa día sin que los empleemos al juzgar nuestros pequeños actos cotidianos, son definidos por los filósofos en términos sublimes cuando se trata de la inteligencia, u omitidos cuando se trata de la falta de ésta en acción, o sea la tontería. Y sin embargo, son pocos los que rechazarán la sospecha de que es ésta la que rige el mundo.

Leo las conferencias sobre *Don Quijote* que Vladimir Nabokov impartió durante un tiempo en la Universidad de Harvard, ahora publicadas en libro por sus herederos: *Lectures on Don Quixote* (Harcourt Brace Jovanovich, 1983) y me sorprende la cantidad de tonterías que dice y repite satisfecho, lo que hace sin duda confiado en su bien establecida inteligencia.

Durante la lectura, que por momentos se me va volviendo repugnante, me propongo rebatirlo, demolerlo, hacerlo confesar su ignorancia y dejarlo vencido por siempre e incapacitado para cometer nuevos entuertos; pero pronto me doy cuenta también de que, precisamente, esa empresa sería una tontería, por una serie de razones entre las cuales puedo contar tres, o más bien cuatro; bueno, cinco: *1)* pocas personas leerán ese libro; *2)* menos leen el *Quijote* y *3)* muchas menos a mí; la cuarta es que finalmente el libro de Cervantes permanecerá igual con su desdén o mi simpatía; y la quinta, que Nabokov ya no puede defenderse (como si fuera a intentarlo). La inteligencia se casó una vez más con la tontería; y está bien, no le hace daño a nadie. Pero pienso en los estudiantes de Harvard —que suelen no ser tontos— escuchando embobados al autor de *Lolita*, y en las autoridades de Harvard sonriendo complacidas.

En otro plano, y hablando de la Inteligencia Artificial, esto es, de las computadoras, Douglas R. Hofstadter dice en su libro *Gödel, Escher, Bach: una eterna trenza dorada* (publicado aquí en 1982, gracias al entusiasmo de Edmundo Flores, por el

Consejo Nacional de Ciencia y Tecnología y cuya Introducción, después de vivas negociaciones, fue traducida de mano maestra por Antonio Alatorre, y el libro no lo consigna, probablemente por descuido o, en cualquier caso, con responsabilidad mía; pero la historia de esta traducción, además de la de su autor, el argentino Mario Arnaldo Usabiaga Brandizzi, por entonces exiliado aquí y hoy muerto, es tan triste, que invocar todo esto para ofrecer una disculpa a Antonio me parecería, y estoy seguro de que a él también, como de muy mal gusto de mi parte; pero las cosas sucedieron así y hoy no podría copiar estas líneas de la monumental obra de Hofstadter sin dejarlo claro):

Hacia 1950-1955, la inteligencia mecanizada parecía estar ya a tiro de piedra: lo malo era que por cada estorbo que se dejaba atrás aparecía siempre otro nuevo estorbo cerrando el paso a la creación efectiva de una auténtica máquina de pensar. ¿Había una razón profunda para esa inacabable y misteriosa esquividad de la meta?

No hay quien sepa dónde está la raya divisoria entre la conducta no-inteligente y la conducta inteligente; más aún, el solo decir que existe una raya divisoria es probablemente una estupidez. Pero hay capacidades que son, desde luego, características de la inteligencia:

responder muy flexiblemente a las situaciones;

sacar provecho de circunstancias fortuitas;

hallar sentido en mensajes ambiguos o contradictorios;

reconocer la importancia relativa de los diferentes elementos de una situación;

encontrar semejanzas entre varias situaciones, pese a las diferencias que puedan separarlas;

descubrir diferencias entre varias situaciones, pese a las semejanzas que puedan vincularlas;

sintetizar nuevos conceptos sobre la base de conceptos viejos que se toman y se reacomodan de nuevas maneras;

salir con ideas novedosas.

Todo esto, según Hofstadter, puede enseñársele a una computadora. Ya sería más que bueno enseñárselo a cualquier empleado, a cualquier ama de casa, a cualquier político. Pero, y aquí viene algo lamentable, no se puede enseñar a cualquier escritor. Todo muy claro, pero no sirve para la literatura. Con poco que se piense en ello, es inevitable darse cuenta de que la literatura no se hace con inteligencia sino con talento; aparte de que, bien visto, la literatura se ha ocupado siempre más de la tontería humana que de la inteligencia; es más, parece que la tontería es su materia prima. Sin embargo, dos o tres de estos principios son útiles por lo menos para la crítica o la enseñanza, y podrían haberle servido a Nabokov cuando se enfrentó (a disgusto, hay que reconocerlo) a la tarea de dar su curso sobre un libro que, con toda su inteligencia, evidentemente no entendió.

En todo caso, cuando una máquina de éstas hace mal su trabajo se dice de ella que falló, no que fuera tonta, por miedo quizá a asimilarla más a lo humano; lo más cercano a esto último que he oído de ellas es que se neurotizan. Por algo se empieza.

22 de septiembre

LA DESNUDEZ PERFECTA

No QUE no haya sabido nunca —traduzco del Gide de *Feuillets*— gustar de las metáforas, incluso de la más romántica; pero, repugnándome su artificio, me las prohibía. Desde mis *Cuadernos de André Walter* ensayé un estilo que pretendía una belleza más secreta y más esencial. "Lenguaje un tanto pobre", dijo ese excelente Heredia, a quien obsequié mi primer libro, y quien se asombró al no encontrar ya en él ninguna imagen. Yo quería este lenguaje más pobre aún, más estricto, más depurado, ya que estimaba que el adorno no tiene otra razón de ser que la de esconder algún defecto, y que sólo el pensamiento no lo suficientemente bello debe temer la desnudez perfecta.

29 de septiembre

LLEGA LA NOCHE

EL MIEDO es un niño; el valor, otro;
    van juntos por un camino, en despoblado, al atardecer;
    cuando la noche se acerca y se abren a lo desconocido, ambos se detienen, se miran.

LOS GUSTOS RAROS

PABLO NERUDA dice en su libro *Para nacer he nacido:* "Me gustan los encargos".

EL PAPA

¿No HAY una contradicción evidente en el hecho de que el Papa exija la renuncia de sus cargos políticos a los sacerdotes nicaragüenses y él no renuncie al suyo en El Vaticano, en el que es Jefe de Estado?

ADÁN NO CALLA CON NADA

VEO en el periódico un artículo de Juan Cervera con la noticia de la muerte reciente del poeta Adam Rubalcava, quien fue mi amigo y a quien hace pocos años todavía encontré varias veces en el centro de esta ciudad de México, en la calle Madero; me pedía mi dirección y pocos días después me llegaba por correo alguno de sus pequeños y cuidados libros de poesía finísima.

Por el artículo de Cervera me entero de que Adam nació el 5 de mayo de 1892, de manera que murió a los noventa y dos años, si bien él había llegado ya al momento en que se presume de tener muchos más, como suele suceder con los que sobrepasan los ochenta, que incluso piensan que ya nunca se morirán.

Era un humanista y, por tanto, hombre de muy buen humor. Creo que había decidido tomar la vida como viniera, y se divertía editando sus libros, tomando fotografías de ciudades que amaba, como Puebla, hablando bien de la gente —lo que para algunos lo convertía en un ser algo extravagante— y jugando con las palabras, las que manejaba con una mezcla de amor, burla y respeto.

Gustaba del reconocimiento de unos cuantos, y en dos o tres ocasiones me mostró, ahí, en la calle, cartas de eminentes poetas españoles de su edad en que alababan sus delicadas composiciones. En esto era como un niño; ese reconocimiento de uno, o dos, entre millones de posibles lectores que jamás lo conocerían, lo hacía feliz.

Cuando leyó un ensayo mío sobre palindromas (él prefería el término "correcto" palíndromo) me dijo algunos de su cosecha, y un día me envió una lista de los que consideró más aptos suyos. Conservo su hoja mecanografiada y firmada en julio de 1968, encabezada así:

Surtido rico de palíndromos
dedicado a Carlos Illescas
y Augusto Monterroso
los hizo el niño Adam Rubalcava

Copio algunos:

ACA SOLO TITO LO SACA [que durante un tiempo adopté como divisa en mi escudo de armas];

ADAN NO CALLA CON NADA

ASÍ ME TRAE ARTEMISA

AMAR DESEA LOLA ESE DRAMA

A SU MAL NO CALLA CON LA MUSA

Por mi parte, durante un tiempo le comuniqué más de uno, de los que encontraba por aquí o por allá. Aunque tarde, le envío éste:

ESOPE RESTE ICI ET SE REPOSE

SER JURADO

B. ACEPTA ser jurado en un concurso de cuentos. Durante días la observo leyéndolos un tanto preocupada, con dedicación minuciosa; toma notas, sopesa, mide, compara, antes de decidirse por determinada calificación; examina cada trabajo con la responsabilidad que supone (y supongo que supone bien) que debe poner en sus juicios. De pronto exclama algo, algo así como que no lo puede creer e interrumpe su trabajo. Y sí, ahí está, y viene a mostrármelo: un cuento mío, con otro título, con los nombres de los personajes cambiados, y con la palabra tequila usada sagazmente en lugar de la palabra whisky. En cuanto a mí, viéndolo me pareció como realmente escrito por otro y, de no haber sido descalificado, es probable que de cualquier manera no hubiera ganado.

Hace años, igual que todo el mundo, yo también fui jurado, en un concurso estudiantil de cuento. En esa ocasión me empeñé en que se llevara el premio único un cuento que me entusiasmó desde el primer momento pero que a mis compañeros de terna dictaminadora no les decía mayor cosa, o porque no lo habían leído bien o porque esa mañana no estaban en el humor de discutir; así que lo logré. Después de entregado el premio hice buscar al autor para conversar con él; era un muchacho inteligente, de apariencia simpática y palabra rápida; nos despedimos, no he vuelto a saber de él y he olvidado su nombre. Alrededor de un año después sentí una mezcla de satisfacción y vergüenza cuando al leer un libro de Mark Twain volví a encontrar el cuento premiado.

El otro día, en una ceremonia, escuché el trabajo sumamente brillante de un escritor muy joven. Recordé todo esto y me dejé llevar por el gusto de lo que el escritor decía, fuera suyo o de quien fuera.

CHAPLIN

Como sé muy bien, los errores de bulto son a veces menos visibles; pero cuando se ven, más decisivos. Durante años me he negado a leer la autobiografía de Charles Chaplin únicamente porque comete el error de llamarse *Mi autobiografía*, y así, también, en su idioma original: *My Autobiography*. Un presidente mexicano, hoy ex, advirtió en público, ante la televisión: "No debemos autosuicidarnos". Y la gente decía es cierto. Y era cierto.

6 de octubre

LA ÚNICA TRISTEZA

Hubo un tiempo en que el ideal de muchos escritores era encontrarse en vida en el *Index Librorum Prohibitorum* de la

Iglesia. Ser prohibido significaba ser alguien, siempre, claro, que hubiera pasado ya la época (que a lo mejor vuelve, esto nunca se sabe) en que tras la prohibición venía la quema de los libros y tras ésta, si lo pescaban, la del propio autor en la hoguera.

Persiste cierto orgullo en ser rechazado, perseguido, aunque sólo sea por la Iglesia, y cuando algún disidente logra llamar la atención mundial llega a estar dispuesto a dejarse morir por esta fama mayormente que por la idea de justicia que defiende, o dice o cree defender; el goce del martirio no desaparece, y pensando en otra cosa Léon Bloy dijo una vez: "Sólo existe una tristeza: no ser santos".

En pequeño pensé en esto cuando el otro día el correo me trajo un ejemplar de la revista mensual *Index on Censorship*, que se edita en Londres y cuyo fin es la defensa de la libre expresión en el mundo. Entre sus patrocinadores: Ed Doctorow, Arthur Miller, John Updike, Kurt Vonnegut Jr. (a quien se ha visto desfilar en Nueva York en defensa del pueblo salvadoreño), Morris West, Yehudi Menuhin, Philip Roth, Henry Moore, Iris Murdoch, Angus Wilson. Trae en la portada la fotografía y el anuncio de una conversación sobre el tema con Graham Greene, una lista de *Dangerous Writers* en la que me incluye, para mi regocijo, y publica mi cuento "Mr. Taylor" traducido al inglés de Inglaterra por John Lyons. ¿Podrá ser esto el comienzo de mi inclusión en el *Index Librorum Prohibitorum* de la Iglesia, si todavía existe? No hay que pedir demasiado.

AGENDA DEL ESCRITOR

LUNES 3. Oficina. Preparar conferencia sobre los males del exilio. Almuerzo con Roberto. Tarde, terminar conferencia función social del libro.

Martes 4. Oficina. Revisar ponencia congreso lingüístico. Comida con Rigoberto. Tarde, presentar libro de Osberto en librería Tagore. Cena en casa de Osberto.

Miércoles 5. Universidad. Participación en mesa redonda sobre literatura y compromiso. Comida con Edelberto.

Jueves 6. Oficina. Intervención Coloquio Internacional Medios Comunicación y Sociedad. Almuerzo en el hotel. Tarde, firma libros de Gilberto librería Tagore. Cena con Gilberto.

Viernes 7. Oficina. Homenaje nacional a Adalberto. Almuerzo y cena con Adalberto.

Sábado 8. Mesa redonda en canal 7: "Problemas de la creación". Cena con participantes y Roberto.

Domingo 9. Redondear conferencia males exilio. Comida con Gilberto. Tarde, escribir y llevar periódico carta aclaratoria. Noche, escribir *hai ku*, tema luna.

Lunes 10. Oficina. Preparar discurso de Osberto aniversario José Enrique Rodó. Comida con Osberto. Tarde, presentación libro cuentos Filiberto (coctel).

Martes 11. Oficina. Fiesta aniversario de la Asociación (comida allí).

Miércoles 12. Universidad. Tarde, lectura de Alberto. Cena con Alberto.

Jueves 13. Desayuno de trabajo con Osberto. Oficina. Noche, terminar *hai ku*.

Viernes 14. Oficina. Tarde, boda de la hija de Humberto. Cena en el Club.

Sábado 15. Revisar *hai ku*. Comida con Rigoberto.

Domingo 16. Terminar conferencia males aquejan escritor: Persecución, ideología, indiferencia, carestía, incomprensión, analfabetismo, sectarismo, canibalismo, oportunismo, influyentismo, mafias, otros. Comida con Osberto. Tarde, revisar *hai ku*. Noche, pasar en limpio *hai ku*.

MI MUNDO

LEO el libro de José Ferrater Mora *El mundo del escritor* con la vaga o secreta esperanza de descubrir el mío, o con el deseo de ver si el mío encaja en alguno de sus esquemas. "Los escritores aquí elegidos a guisa de ejemplos —dice, y se trata de Valle-Inclán, Azorín, Baroja y Calderón— tienen un mundo en el más amplio y alto sentido, y es un mundo muy coherente, esto es, uno en donde cada elemento y forma de discurso está al servicio de una estructura unificada."

Me pregunto: ¿Mi mundo estará al servicio de una estructura unificada?

Dice: "El mundo de un escritor puede significar tres cosas: el mundo en el cual un escritor vive; el mundo que vive; y el mundo que su obra presenta". Y más adelante: "El mundo titulado 'real' puede ser considerado como un mundo 'exterior', en el cual los seres humanos —aunque son una parte de este mundo— se topan y en el cual viven".

Bien. De ese mundo, de la realidad externa, me ha interesado siempre y sobre todo, ahora lo advierto, la literatura, la vida a través de la literatura, y dentro de ésta, el escritor, los escritores, sus vidas muchas veces más que sus mismas obras; sus problemas como espejo de los míos; es decir, el mundo, que es una ilusión, visto a través de una ilusión de segundo grado, y a veces hasta de tercero y cuarto, como cuando leemos a un escritor que comenta a otro, y éste a otro, y así hasta el infinito.

Existen los que dicen no haber vivido sino la vida de los libros. Yo no: he vivido, odiado y amado, gozado y sufrido por mí mismo; y he sido y mi vida ha sido eso; pero a medida que pasa el tiempo me doy cuenta de que siempre lo he hecho como si todo —incluso en las ocasiones de mayor sufrimiento y en el momento mismo de ocurrir— fuera el material de un cuento, de una frase o de una línea. Ignoro si esto es bueno o malo, si me gusta o no.

13 de octubre

MANUSCRITO ENCONTRADO JUNTO A UN CRÁNEO EN LAS AFUERAS DE SAN BLAS, S. B., DURANTE LAS EXCAVACIONES REALIZADAS EN LOS AÑOS SETENTA EN BUSCA DEL LLAMADO COFRE, O FILÓN

ALGUNAS noches, agitado, sueño la pesadilla de que Cervantes es mejor escritor que yo; pero llega la mañana, y despierto.

LA PREGUNTA DE CARAVELLE

RECIBO de Jean Andreu un ejemplar de *Caravelle (Cahiers du Monde Hispanique et Luso-Brésilien)*, núm. 42, 1984, que publica la Universidad de Toulouse, Francia, con respuestas a su encuesta *Littérature et Societé en Amérique Latine*, entre las cuales las de varios escritores amigos, de México y otros países hispanoamericanos.

La pregunta:

El escritor implica a un lector, cualesquiera que sean la dimensión de éste y la motivación de aquél. Más allá de lo específicamente literario, el lugar de la escritura y de la lectura se inserta en un contorno (¿extra-literario?) que determina de alguna manera este doble quehacer. Cuando usted escribe, ¿en qué medida influyen o no, gravitan o no en su obra las circunstancias sociales, culturales y políticas en las que usted vive y las que atribuye al público potencial al que usted se dirige?

Mi respuesta:

Desde luego, el medio y la época en que me formé (adolescencia), la Guatemala de los últimos treinta y los primeros cuarenta, del dictador Jorge Ubico y sus catorce años de despotismo no ilustrado, y de la segunda Guerra Mundial, contribuyeron sin duda a que actualmente piense como pienso y responda al momento presente en la forma en que lo hago. Hoy vivo exiliado en México y mi circunstancia es distinta; pero mi formación fue ésa, y mis reacciones como individuo siguen siendo las de una profunda preocupación por la suerte de mi pueblo y mi país.

Por otra parte, cuando las condiciones políticas de Guatemala han empeorado (con la única y tenaz esperanza en el triunfo final de la lucha popular armada), mi preocupación por la literatura es también muy firme. Y es aquí donde creo que mi escritura se basa fundamentalmente en los problemas del hombre como tal, del hombre de cualquier época y de cualquier latitud; y, más restringidamente, en los problemas de la literatura en sí, como arte universal.

De esta manera, cuando escribo me considero producto de estas dos vertientes: el acontecer político, y la aguda conciencia de que soy heredero de 2 500 años de literatura occidental y, atávicamente, de otros tantos de nuestras culturas autóctonas. A veces, esta misma conciencia me intimida y me impide escribir, pero cuando logro hacerlo procuro no ser indigno de esta carga y de esta riqueza.

PUNTOS DE MIRA

No ME gusta trabajar; pero cuando lo hago me agrada hacerlo como los pintores. Se paran ante su tela, la miran, la miden, calculan; luego hacen unos trazos con lápiz, se asustan (creo yo) y se van a la calle o leen (son grandes lectores) y vuelven, y desde la puerta ven "aquello", a lo que se acercan, ahora con unos pinceles y una mesita en la que han puesto muchos colores, o pocos, según: rojo, azul, verde, añil, blanco, violeta; piensan, titubean, miran su tela, se acercan a ella y ponen un color aquí y otro allá; se detienen, se hacen a un lado y miran, vacilan, piensan, y leen o se van a la calle, hasta otro rato.

LAS CAUSAS

HAY que someterse a una causa; pero no a las exigencias de otros amigos de esa causa.

SAUSSURE

LEO en *Words upon Words* de Jean Starobinski (Yale University Press, 1979) —no conozco la edición francesa original—, estas palabras de Ferdinand de Saussure, encontradas en borrador entre sus papeles, sin principio ni fin:

> [...] absolutamente incomprensible si no me viera forzado a confesar que sufro de un morboso horror a la pluma, y que esta obra es para mí una experiencia de absoluta tortura, completamente fuera de proporción con su relativa falta de importancia. En el caso de la lingüística, la tortura aumenta para mí por el hecho de que en cuanto más obvia y simple pueda ser una teoría más difícil es expresarla simplemente, porque declaro como un hecho que no hay un solo término en esta ciencia particular que no se haya basado en una idea simple, y que siendo esto así, uno está tentado cinco o seis veces entre el principio y el final de una sentencia a reescribir...

Y esto lo dice nada menos que Saussure, muchos de cuyos seguidores olvidaron pronto lo "obvia y simple que puede ser una teoría" y su "relativa falta de importancia".

AÚN HAY CLASES

MIS alumnos de la Universidad, *in illo tempore:*
—¿Podemos tratarlo de tú, maestro?
Yo:
—Sí; pero sólo durante la clase.

SER UNO MISMO

UN ESCRITOR no es nunca él mismo hasta que comienza a imitar libremente a otros. Esta libertad lo afirma y ya no le importa si lo suyo se parecerá a lo de éste o a lo de aquél. Claro que ser él mismo no lo hace mejor que otros.

20 de octubre

CON SÁBATO EN BARCELONA

HACE unos días llegó a Barcelona Ernesto Sábato, el responsable más visible del *Informe* que lleva inexorablemente su nombre, en el que se recoge la relación de los millares de asesinatos, torturas y desapariciones ocurridos en los últimos años en su país, la Argentina.

La otra tarde lo escuché en la Academia de Buenas Letras, en un coloquio titulado "Futuros de la modernidad", organizado por la Universidad Internacional Menéndez Pelayo. Junto a él, con él o contra él, según cada momento del debate, los filósofos E. Lledó, español, y R. Girard, francés. Los tres hablan de "lo sagrado", de "lo moderno", de la ciencia; Sábato de la magia y los sueños como parte imprescindible, irrenunciable del hombre, y el olvido de los cuales ha desencadenado la reacción de las Furias que hoy padecen su país y el mundo. A esto se opone Lledó, quien está con la Lógica y con Aristóteles en contra de lo mágico, lo nocturno y lo moderno; y el profesor Girard (distraídamente llama "profesor" a Sábato, con la rápida protesta de éste) habla, con seguridad que da miedo, de sacralización y desacralización sin víctimas propiciatorias, tema que viene tratando desde hace tantos años que parece haberse convertido en algo tan consustancial suyo que cualquier intento de sacarlo de sus conclusiones está de antemano tan condenado al fracaso como parecería estarlo cualquier intento de convencer al profesor Lledó de que lo moderno, la modernidad, no son a estas alturas conceptos, o más bien cosas, que alguien trate de imponer, ni una moda, sino hechos que han rebasado ya la simple idea de la "vanguardia" propiciada por los artistas, para convertirse en algo que está ahí, aceptado o no por los poetas, los pintores o los filósofos.

Sábato es el más claro. Iba a añadir "y coherente", pero sin duda los otros son también coherentes por lo que se refiere a sus respectivas posiciones. Por momentos me gusta que Sábato mantenga la suya en contra, no de la ciencia, sino de su adoración, y que postule que el hombre podrá salvarse únicamente a través del arte, que conjunta saber y magia, lógica y sueños, razón y pasión. No obstante, y quizá contra mi propio deseo, mientras escucho todo esto no puedo apartar de mi mente la idea de la inutilidad de estos supuestos diálogos públicos, ni el viejo principio: el que habla, no sabe; el que sabe, no habla (y hago una concesión: por lo menos ante un auditorio).

De salida, en el patio de la Academia, Mario Muchnik nos propone ir en busca de un lugar adecuado para tomar un refresco. Lo encontramos: Bar El Paraigua (Paso de la Enseñanza 2). Y ahí estamos, minutos después, Ernesto Sábato y Matilde, su mujer; Saúl Yurkievich y Gladys, su mujer; Mario y Nicole, su mujer; y B. y yo.

Consecuente con el final del penúltimo párrafo, decido guardar silencio. En esta mesa para ocho, busco la esquina más lejana y la consigo; y Sábato y Yurkievich y Muchnik, compatriotas entre sí, quedan cerca y pueden comunicarse más fácilmente. Y en privado aparece el Sábato de estos días, que en efecto, él mismo lo dice, ya es otro, otro del que aparecía en sus libros (el que yo conocía) antes del Informe; y el tema obligado: los interrogatorios, las torturas, las desapariciones, las muertes de más de nueve mil compatriotas suyos, a quienes ahora él, el escritor, "leyó", a quienes el escritor se vio abocado a escuchar durante meses en sus testimonios; y es doloroso observar cómo la tristeza se ha apoderado de él (el hombre de buen humor, famoso por sus anécdotas divertidas, enfrentado en esos días y para siempre a la otra cara de la naturaleza humana que vio y, prácticamente, vivió en esos relatos ya no sólo de las víctimas sino incluso de los propios torturadores que se presentaron a declarar voluntariamente y que en estos momentos discurren por la calle, en apariencia ciudadanos tan normales como lo eran sus víctimas), ver cómo, al recordar (la noche siguiente, en casa de nuestro anfitrión Mario Muchnik) a algún amigo por el que se le preguntaba, la emoción lo vencía obligándolo a guardar silencio, y sólo mediante un esfuerzo que imagino muy grande podía retomar la conversación, responder a la pregunta y volver a algo menos triste.

He conocido, pues, personalmente a Sábato (no en su tierra ni en la mía) a través del sufrimiento de nuestros pueblos; un Sábato completamente diferente del que pude tratar hace apenas unos meses. No hablamos de libros; hablamos de informes; no de novelas, poesía o ensayos, sino de informes y horror.

27 de octubre

THOREAU

En el Índice de Autores de un volumen de la Colección Austral veo de pronto un nombre: Thoreau, Henry de, *Walden, o Mi vida entre bosques y lagunas*, e imagino lo que pensaría este escritor filósofo (hijo de un fabricante de lápices de Concord, Massachusetts, que con dificultades reunía el dinero necesario para mantenerlo estudiando en Harvard), quien en su tiempo escribió como protesta la famosa *Desobediencia civil* y fue a la cárcel por negarse a pagar impuestos al gobierno de los Estados Unidos invasor de Texas, si viera esta preposición *de* añadida ahora a su nombre y que lo convierte en autor francés de algún abolengo: Henry de Thoreau.

EN SOMBRA, EN NADA

PARTO siempre de viaje con la seguridad de que los pequeños sucesos cotidianos, despedidas, llegadas, encuentros, nuevos alojamientos y adioses se convertirán por sí solos en palabras y pasarán a estas páginas con la naturalidad de lo simplemente vivido de acuerdo con mis planes o fuera de ellos.

Pero nunca resulta así.

Al final de cada día y de un día a otro las cosas vividas se resisten a ese proceso antes de que la imaginación y los necesarios olvidos las decanten; de esta manera, lo mucho se convierte en poco, en menos, prácticamente en nada. La agenda, con todos sus datos y nombres de personas y lugares, se vuelve tan inútil que renuncio a ella; es más, de mi amiga de ayer se transforma en mi enemiga de hoy: visita a, recado de, comida con, carta para: los sustantivos y las preposiciones adquieren la imagen de figuras amenazantes.

EL PASO A LA INMORTALIDAD

EN LA "Fe de errores" del diario madrileño *El País* veo que mis preocupaciones carecen de importancia ante lo que podría desvelar a otros autores. "El escritor catalán —señala hoy esta fe de erratas— Jaume Fuster es el autor de la frase que asegura que el mar Mediterráneo 'es una mierda'. Por un error se le atribuyó dicha frase al intelectual valenciano Joan Fuster en la primera página del suplemento *Artes* del pasado sábado."

Lo demás es silencio.

FANTASÍA Y/O REALIDAD

TRAIGO a Barcelona varias cartas y saludos para amigos y para personas que no conozco en vivo. Imagino que me será imposible verlos en tan poco tiempo como el que pretendo estar aquí. Sin embargo, de pronto, están casi todos ellos frente a mí, en el mismo sitio, el mismo día, a la misma hora, en la Feria del Libro Liber 84, y más tarde en una fiesta en casa de Terenci Moix, a la que hemos ido libremente invitados por otros invitados, e igualmente bien o mejor recibidos por este anfitrión sensible, inteligente y lleno de mundo que nos abre su casa con la generosidad de quien recibe a amigos de toda la vida (pero ésta es una frase que no va; los amigos de toda la vida no existen, o son un problema, o uno no quiere verlos). Y está ahí también su hermana, Ana María Moix, a quien siempre quise conocer, y (vuelvo al principio) la mitad de Barcelona —puede que la otra mitad esté en el departamento vecino—: todo parte de este intrincado y para mí casi irreal mundo de editores y escritores que no acabo de comprender y que aquí resulta tan natural.

Y no obstante, aparentemente Barcelona no es ya más la capital de la literatura hispanoamericana. Quizá lo siga siendo de las ediciones, pero no de los escritores, de las personas de los escritores: Borges, incansable, se pasea como un niño triunfal por toda España y lo imagino contento, de pantalón corto y corriendo con su aro de fotografía antigua por la feria de Sevilla, en donde dicta un curso, que supongo onírico, compartido con Gonzalo Torrente Ballester e Italo Calvino sobre literatura fantástica, concepto no tan sobrentendido en este lado como puede serlo entre nosotros. O tal vez me equivoque. Lo que sucede aquí es que parece no haber quien no tenga claro todo, y fantasía y realidad siguen siendo cosas diferentes, en tanto que para nosotros ambas están tan imbricadas que vivimos en las dos a la vez, o pasamos tan sutilmente de una a otra que los términos se confunden. Se me ocurre que en esto somos los verdaderos herederos de Cervantes, cuyos continuadores literarios no fueron precisamente los españoles, aunque en algunas ocasiones sí lo hayan sido de don Quijote, que no es lo mismo.

10 de noviembre

MAÑANA SERÁ OTRO DÍA

A PUNTO de dejar Barcelona, en donde casi he abandonado estas notas. Deseo de no detenerme en nada, de dejar para más tarde cualquier intento de reflexión y, en este momento, la idea recurrente de que en el fondo, y una vez más, es el miedo, no a la página en blanco, como se dice, sino a lo obvio, a escribir cualquier cosa parecida a la crónica social, a las notas de viaje de las revistas de los aviones en que se explica que los españoles, los chinos o los mexicanos son afables.

El sonido del teléfono me salva de seguir por este camino de las disculpas inútiles y prefiero ver, a través de la ventana, las ropas puestas a secar en los edificios vecinos, el mar azul a lo lejos, la luz intensa y brillante de esta clara mañana de otoño.

AVIGNON

YA EN París, con la memoria puesta todavía en nuestro paso por Avignon, ciudad en la que Petrarca conoció a Laura hace seis siglos y medio, y es lo más importante que sucedió en este lugar, con cien años de papado y todo.

Dos días allí, con buen y mal tiempo, sin que este último, sólo relativamente malo, nos impidiera ir a ver la mitad que queda del puente Saint-Bénézet, ni, en nuestra calidad de tranquilos viajeros, el Palacio de los Papas, con visita guiada (no hay de otras); ni Notre Dame des Doms, en donde, como en otras partes, la gente es más interesante que las altas columnas, los vitrales y las tumbas de prelados más o menos ilustres; ni entre toda esa gente, no mucha, pues el otoño ha ido alejando ya a las grandes masas de visitantes de verano, el contraste entre la decidida mujer que entra y sale de la iglesia —de la que el silencio es parte casi material— taconeando fuerte y despreocupada, y esa otra figura, ya clásica, de la mujer joven levemente sonriente, bonita y en silla de ruedas empujada por un hombre solícito que podría ser su hermano, o su esposo.

LA TUMBA

VISITA a la tumba de Julio Cortázar en el cementerio de Montparnasse.

Después del sinnúmero de veces que se lo habrán preguntado, el encargado de guardia sabe muy bien de quién se trata y nos indica el camino en el plano que los visitantes pueden estudiar en la pared, al lado de la puerta de entrada; y así, marchamos por la avenida principal en busca de la Allée Lenoir tratando de llegar a la 3ª División, 2ª Sección, 3 Norte, 17 Oeste; pero en este primer intento uno se pierde en el laberinto de pequeños mausoleos y tumbas y, después de breves homenajes ante las de Baudelaire y Sartre, vuelve a la oficina de la entrada en Edgar Quinet sólo para confirmar que la información estaba bien pero que uno no había tomado la Allée Lenoir y regresa para ahora sí encontrar la que busca; y ahí está, blanca, plana, dividida en dos partes iguales y con los nombres de Carol Dunlop arriba y Julio Cortázar abajo, más fechas.

Durante unos minutos recuerdo la última vez que vi a Carol, en Managua, mostrándonos sonriente sus fotografías de niños nicaragüenses; y a Cortázar aquí, en este departamento (4 rue Martel, C., 4º derecha) que él habitó y en el que por azares dignos de su imaginación vivo yo ahora y escribo estas líneas, cuando con B. y Aurora Bernárdez, en diciembre de 1983, acabado de regresar de las Naciones Unidas en Nueva York, a donde había ido a dar una de sus últimas batallas en favor del régimen sandinista, hablamos de literatura, de traducciones, de poesía, particularmente del autor de *La ciudad sin Laura*, Francisco Luis Bernárdez ("tan unidas están nuestras cabezas / y tan atados nuestros corazones"), hermano de Aurora a quien casi le digo de memoria todo el soneto que tanta influencia tuvo en nuestra generación de aprendices de escritor:

> Si el mar que por el mundo se derrama
> tuviera tanto amor como agua fría
> se llamaría por amor María
> y no tan sólo mar como se llama;

y de Italo Calvino y de la vez que cenamos con éste en esta ciudad en casa de Víctor Flores Olea hace tres años, y yo no hallaba de qué hablar con Calvino hasta que él, en las mismas, se animó por fin a decirme que conocía Guatemala y de ahí no pasamos, pues a mí se me hacía ridículo revelarle que yo conocía Italia.

Me despido en silencio y, otra vez sobre la alameda Lenoir y la avenida, regreso y cuento cincuenta y cinco pasos desde ésta al lugar en que se halla la tumba, en un acto de signo absurdo pero así fue. De salida, el guardia nos hace adiós con un gesto de inteligencia y complicidad que significaba que era donde él decía.

Diez minutos después, sobre la avenida Montparnasse, en el arroyo, vemos a decenas, cientos, miles de hombres y mujeres sudorosos que también cuentan sus pasos: jóvenes y viejos, rubios, morenos, negros, vestidos de pantalón corto y camiseta y con números visibles sobre el pecho, que han pasado, pasan y vienen corriendo con los rostros angustiados de quien huye de algo o, me entero, van tras algo: el final de una carrera de maratón, final que para algunos está llegando antes de lo previsto. Por la noche, en la televisión, todo ese esfuerzo ocupa en la pantalla cinco segundos y veinte palabras, casi un epitafio.

JAROSLAV SEIFERT

Después de una semana de no ver deliberadamente periódicos me entero hoy de que el premio Nobel de literatura 1984 le fue otorgado al poeta checo Jaroslav Seifert, de 83 años, y en una revista veo su fotografía: cabello blanco abundante, cejas espesas y negras, ojos vivos y sonrisa muy suave, todo sobre un cuerpo robusto enfundado en la camisa a rayas del hospital en que se encuentra, enfermo. Debajo de la fotografía la cita de una frase suya: "Si un escritor permanece silencioso está mintiendo".

En Francia, supongo que como en el resto del mundo, la sorpresa, y cierto exceso de vulgaridad imperturbable en los comentarios referentes a aquellos que esperarían, igual que en otras ocasiones, el premio para ellos. Se asegura asimismo que este poeta es un opositor al gobierno de su patria; en efecto, y hay muchos opositores propios y extraños a ese gobierno. ¿Pero no es lo que deberíamos ser todos, premiados y aspirantes al premio o no, respecto de nuestro país, en este momento y prácticamente siempre?

17 de noviembre

PESSOA

COMIENZO a leer el *Libro del desasosiego* de Fernando Pessoa
traducido por Ángel Crespo, y es una obra tan densa, tan cargada de todo lo que Pessoa, Alberto Caeiro, Ricardo Reis, Álvaro
de Campos —y ahora este Bernardo Soares a quien Pessoa atribuye su contenido— significan en el mundo de la literatura,
la poesía y la tristeza, que con dificultad paso de las primeras
páginas y se entabla con ella una batalla, casi un pugilato personal en el que rápidamente opto por la defensiva: imposible
luchar con esa negatividad, con la fascinación que ésta ejerce
sobre mi ánimo, que empieza a absorberla y termina siendo
absorbido por ella.

Pienso si negatividad es la palabra adecuada. Y lo dudo. Imagino que Pessoa la rechazaría. O no; y seguiría adelante sin importarle que yo llame de esa manera un tanto, bueno, sí, un tanto defensiva, a esa tristeza esencial que era el fundamento de su
arte. Pero con toda deliberación me niego a usar la palabra melancolía, que queda muy bien en Inglaterra pero no en Lisboa,
no sé por qué, quizá porque los países se han repartido ya las
imágenes y la de Portugal es más bien la de la tristeza y la decadencia; y justo, en ese momento, abro el libro y leo y subrayo:

> Así, no sabiendo creer en Dios, y no pudiendo creer en una suma
> de animales, me he quedado, como otros de la orilla de las gentes,
> en esa distancia de todo a que comúnmente se llama la Decaden-
> cia. La Decadencia es la pérdida total de la inconsciencia; porque
> la inconsciencia es el fundamento de la vida. El corazón, si pudiera
> pensar, se pararía.

MICHAUX

LEO en el breve artículo que Alan Bosquet publica en *Le Monde*
con motivo de la reciente muerte de Henri Michaux a los 85
años: "De todos nuestros escritores célebres es el único que
se negó a aparecer en libro de bolsillo. Decía violento: 'Tengo
dos mil lectores. Es demasiado. ¿Por qué habría de tener
veinte mil?'"

EL MENTIROSO

Por estos días recuerdo que con alguna frecuencia escucho en conversaciones de amigos la socorrida frase o, mejor, los socorridos versos que dicen:

Los muertos que vos matáis
gozan de buena salud,

que se atribuyen siempre, y en España y en México especialmente, al *Don Juan Tenorio* de Zorrilla (una de las obras más malas o de peor versificación que ha producido el genio español), y yo creo —no estoy muy seguro y no pienso verificarlo— que no están allí, o si lo están fueron tomados de quien a su vez tomó tanto de nosotros (para no ir más lejos, de Juan Ruiz de Alarcón): Pierre Corneille, en *Le menteur*, acto cuarto, escena segunda, en boca de Cliton, el valet de Dorante:

Le gens que vous tuez se portent assez bien.

24 de noviembre

TUS LIBROS Y LOS MÍOS

Esta mañana, en casa de mi amigo ausente, cuento con tiempo de sobra para ver sus libros, y no termino de asombrarme de la gran diferencia de nuestros intereses, de la diversidad de los mundos por los que cada mente navega.

Y así será con todas las bibliotecas personales de hoy. Predominará en unas el inglés y el español (la mía); en otras el francés y el inglés (ésta); en unas lo contemporáneo y heterogéneo (ésta); en otras (la mía) lo clásico y en cierta forma afín.

Surge, mientras paso de un estante a otro, la pregunta: ¿cómo nos entendemos —si es que nos entendemos— hoy, cuando tantos libros y teorías —incluso dentro de la literatura— nos separan? Quizá sólo a través de generalizaciones abstractas, de esos grandes bloques (la música, la pintura, la "escritura", el cine, la política) en que han venido a aglutinarse las obras y sus autores.

Todavía en tiempo de Lope de Vega, de Góngora, de Quevedo, los escritores "se conocían" unos a otros mediante unos cuantos autores antiguos y suficientes: Virgilio, Horacio, Lucrecio, Ovidio, Cicerón, Plutarco. La biblioteca de Montaigne no contaba con muchos más que ésos. La de Cervantes, en cambio, a juzgar por la de don Quijote, era ya más corta en clásicos, y probablemente con él comenzó el desorden en que ahora nos movemos, lo moderno, para poner cada vez más lejos la posibilidad de saber de qué está hablando cada uno, como no sea, de nuevo, a través de ideas generales, de afinidades electivas no de autores sino de abstracciones en que nuestra opinión no cuenta para nada: la "situación mundial", la oscilación de las monedas; no de lo que ocurrió en la guerra de Troya (que nos concierne más) sino de lo que sucedió hace media hora, a veces en este instante: unidos por lo que no vemos pero que suponemos ver en la pantalla; por lo que otros viven y nosotros, al creer verlo, creemos vivir; por la discusión de lo que sabemos a medias y llena nuestra necesidad de imaginar que pensamos.

Uno por uno, los volúmenes de mi amigo me enseñan lo que cada uno nos separa. Cada nueva explicación del mundo nos aleja de éste y nos lo obscurece. Mis referencias no son las suyas. Hablo en el vacío.

NADA QUÉ DECLARAR

Dentro de unos minutos iré a ver en el Gran Palais una exposición *casi* completa del Aduanero Rousseau.

¿Me atreveré a anotar aquí lo que me pareció cuando sé que lo que me va a parecer es lo normal y que no dejaré de hacer, a medida que contemple sus grandes cuadros maravillosos, las mismas reflexiones sobre sus falsos tigres y ávidas panteras, su clásica figura de pintor de domingo rechazado por las autoridades competentes, su posible o fabulado viaje a México que le inspiraría la flora exuberante y fantástica de esos cuadros; su descubrimiento, adopción y homenaje por parte de los surrealistas?

Y allá voy, con la ilusión del niño que se dirige a una fiesta de la mano de un familiar.

Ahí mismo, si lo hay, no recuerdo, comeré en el restaurante una comida internacional, sin nada de color local, sencilla, barata, fresca y abundante para, una media hora después, volver a Rousseau como a un viejo tío bueno, aceptado y entronizado, ahora sí, por el mundo oficial, que es naturalmente el de la gran burguesía, con otro nombre y un nuevo disfraz más o menos socialista.

Pero será otro día. Frente a la puerta, el aviso de que el museo cierra los martes.

MARINETTI

Tengo ante mí el catálogo *Le livre futuriste. De la libération du mot au poème tactile* que adquirí en el Instituto Italiano di Cultura (50, rue de Varenne) el último día de la exposición dedicada a este tipo de libros y particularmente a Filippo Tommaso Marinetti, real o supuesto (no importa) creador del mito de la época moderna a partir de su *Manifiesto futurista* distribuido en las calles de Berlín en 1912. Libro para la vista y la imaginación: cientos de reproducciones de portadas, carteles, collages, dibujos, fotografías, todo lo que pueda desearse acerca de este movimiento (opiniones de grandes escritores pre y post), incluida la fotografía del Marinetti ridículo en su uniforme de académico; movimiento, en este caso, más tipográfico que literario o poético.

Entre otras cosas,

el advenimiento de las "palabras en libertad" predicado por Marinetti —se dice aquí— al engendrar un proceso de disolución de la escritura conducía a la abolición del libro. Pero al mismo tiempo éste se investía como objeto de invención y de placer. La poesía buscó nuevas formas lingüísticas por medio de los grafismos abstractos, las láminas o planchas "librepalabristas", los poemas táctiles, las composiciones plásticas, etcétera. El libro se convirtió así en "libro-objeto" o "libro de artista" y reencontró su materialidad o devino la base de una integración de la pintura y la escritura. En el primer caso, los futuristas rechazaron el papel e imprimieron libros en metal; en el segundo, recrearon el libro como producto artesanal valiéndose de los collages tipográficos, la utilización táctil y cinética del papel, las ilustraciones a la témpera y a la acuarela.

Ni más ni menos —habría que añadir— que lo que se hacía con los libros iluminados, de oración y profanos, de antes de la invención de la imprenta.

Como de costumbre, para ser futurista sólo había que ir lo más lejos posible al pasado.

1° de diciembre

TRIÁNGULOS

Soy ellos, de lengua ajena, que aquí en el café de estudiantes de Edgar Quinet y Raspail, esta fría mañana de noviembre, ven de reojo a un individuo que frente a una taza de café y un libro abierto hace el gesto de pensar, la barba en la mano, meditabundo, y escribe y borra y revisa, y de vez en cuando los ve y los sorprende viéndolo escribir, borrar y revisar estas líneas.

En otro lugar y otro ambiente, por la noche, ese mismo individuo, Aurora Bernárdez y Saúl Yurkievich, mientras cenan, se divierten adjudicando profesiones a los diferentes triángulos:

> BERNÁRDEZ: El escaleno es médico.
> Yo: El isósceles es filósofo.
> YURKIEVICH: El equilátero es juez.

VALLEJO

VUELTA al cementerio Montparnasse, entre otras razones porque se halla a un costado del hotel l'Aiglon, en que ahora vivo.

Mañana fresca y clara.

Las familias riegan las flores recién traídas y limpian y arreglan las tumbas de sus deudos. B. y yo buscamos la de César Vallejo, en la que las flores resultarán ser tres diminutas macetas de plástico (de veras diminutas: unos cuatro centímetros de altura para dos o tres hojas pequeñísimas en cada una, dejadas aquí ¿hace una semana, un mes, por quién?) al pie.

Un guardia nos lleva allí, contento:

—¿"Vallelló"? Sí; por aquí.

Y Vallejo, que casi nunca los tuvo, le produce 10 alegres
francos.

CÉSAR VALLEJO
Qui souhaita reposer
dans ce cimetière

J'ai tant neige
pour que tu dormes
GEORGETTE
1892
1938

PARA DARLE GUSTO

Los artículos en los periódicos, en las páginas editoriales, firmados por los famosos del lugar. Todos malos, intrascendentes
y, se adivina tras la frase suelta y segura, tras el razonamiento
incontestable, un poco tontos. Busco la razón de esto y no tar-
do en encontrarla: están escritos para el público.

WATTEAU

EXPOSICIÓN WATTEAU (1684-1721). "No lo soporto", me dice un
amigo; "es maravilloso", me dice otro. Entre las dos opiniones
me quedo con la última, sin que venga al caso explicar por qué.
   Por ahora, mientras me desplazo de un cuadro a otro, pienso
en el artista muerto a los treinta y siete años, y persisten en mi
mente las palabras escritas por su amigo Jean de Julliene, que
traduzco:

Watteau era de talla mediana y constitución débil: hablaba poco,
pero bien, y así escribía. Casi todo el tiempo meditaba. Era un gran
admirador de la naturaleza y de los pintores que la han retratado. El
continuo trabajo lo había vuelto un tanto melancólico, y al abordár-
sele se mostraba frío y embarazado, lo que le producía a veces inco-
modidad entre sus amigos y con frecuencia consigo mismo. No tenía otros defectos que el de la indiferencia y el de amar el cambio.

CLÁSICO, MODERNO

Leo en *Le Monde:* Los *Cuarenta cuentos* del *Monde:*

> *Le Monde* publica, por tercer año consecutivo, una selección de 40
> cuentos aparecidos en su Suplemento Dominical. El éxito de las
> dos antologías precedentes (de cada una de las cuales se vendieron
> más de 30 000 ejemplares) indica el nuevo interés por este género
> literario en pleno renacimiento. [...] La variedad de estilos y de ins-
> piración ilustra los innumerables rostros que puede adoptar el cuen-
> to, a pesar de su extrema concisión: recuerdos, denuncia, sátira,
> profecía, fantasía...

En la librería Brentano's de la avenida de la Ópera encuentro el volumen y en él mi propio cuento "Movimiento perpetuo"
traducido por Annie Morvan, quien más tarde me anuncia que
en marzo próximo aparecerá en Éditions Actes Sud mi libro
Obras completas (y otros cuentos) traducido ya no por ella sino
por alguien cuyo nombre dejó en el aire y que a mí, en ese instante, no me interesó saber como para preguntárselo: resulta
que hace ya algún tiempo dejé de interesarme por el fantasma
de las traducciones, en la medida en que me di cuenta de que
mi meta es un público local, tocable, tan reducido o tan amplio
como pueda serlo, pero en todo caso de nuestra lengua, el español, un español viejo y nuevo a la vez, revitalizado, clásico,
moderno, firme en su estructura, pero al mismo tiempo ligero,
ágil, neologístico, audaz en la superficie, en los matices, en las
dobles, las triples intenciones, como pudo serlo en otro tiempo
el de Quevedo y el de Cervantes, y entre nosotros, hoy, lo ha
podido ser el de Vallejo y el de Neruda; en pocas palabras, pues,
intraducible. Intraducible sobre todo a estas lenguas en que
dos y dos son irremediablemente cuatro y las circunferencias
tienen siempre un solo centro.

8 de diciembre

1985

PARTIR DE CERO

0.

ÚNICO PROPÓSITO NUEVO DE AÑO NUEVO

P<small>ERDONAR</small> a mis colegas ser mejores escritores que yo.

MANATÍES EN MÉXICO

a) E<small>STA</small> tarde, por pura casualidad, veo reunidos en casa a José Durand, Lizandro Chávez Alfaro, José Emilio Pacheco y Cristina Pacheco, su mujer.

Hacía cerca de dos años que no veía de cuerpo entero a Durand (l m 90, que él exagera poniéndose de puntillas e inflando el pecho, contra mi 1 m 60. En 1955, en la Plaza Baquedano de Santiago de Chile, alguien nos tomó una fotografía, de pie uno al lado del otro, que yo hice publicar más tarde en México en el suplemento dominical de *Novedades* que dirigía Fernando Benítez, con una leyenda que decía: "Augusto Monterroso retratado al lado de un hombre de estatura normal". "¿Cómo puede hacerte eso Benítez?", me preguntaban mis amigos, incapaces de creer que yo lo había fraguado. Desde entonces, y gracias a otras autodenigraciones parecidas, la mayoría de los críticos, cuando se ocupan de un libro mío, comienzan por señalar que soy un escritor bajito, lo cual, una vez aclarado, les permite elogiar mi libro, mi estilo, y hasta mis ideas, sin peligro de que la gente los tome en serio). ¿Fue en Berkeley, aquí, en Lima, en donde lo vi la última vez? Mientras tanto publicó la nueva versión de su admirable *Ocaso de sirenas*. *Esplendor de manatíes*, que le ha dado fama.

Durand se sorprende cuando Chávez Alfaro, a quien no conocía, le cuenta que en Bluefields, Nicaragua, de donde él es originario, los manatíes no son únicamente cosa de la historia y la leyenda sino seres familiares, tan familiares que uno se los come, y puede verlos, y confirmar que, como observaron los cronistas del siglo xv en adelante, en efecto los pechos de las hembras son similares a los de la mujer. "De mujer joven", afirma Lizandro, con la esperanza de que esto aumente la credibilidad de su informe; y Durand, autoridad en el asunto, dice que sí, y añade una observación científica: "Como de sirena".

b) Historia de infamia

Chávez Alfaro, autor, entre otros libros, de la novela *Trágame tierra,* es hoy director de la Biblioteca Nacional de Nicaragua. Años atrás, poco después de la derrota de Somoza, lo encontré allí dirigiendo pacientemente con un equipo de dos personas, la restauración de varios tomos sueltos de viejas enciclopedias inservibles, un volumen de la antigua *Anatomía* de Testut, "el Testut" que los estudiantes hispanoamericanos de medicina memorizaban en París a principios de siglo antes de convertirse en novelistas o poetas; números sueltos de la revista *Selecciones del Reader's Digest* y cosas por el estilo, única herencia de la familia Somoza a la cultura de su país.

Me aparté un momento y lloré.

Minutos después, un tanto repuesto, le aconsejé que reuniera allí a un buen abogado, un maestro de escuela, un médico, un ingeniero y un policía, que levantara un acta notarial con ellos en calidad de testigos, y que le prendiera fuego a todo; pero, como me sucede con frecuencia, Lizandro pensó que yo bromeaba y continuó su tarea redentora con una sonrisa y sin duda con la idea de que cualquier libro, cualquiera, en el estado en que esté, es un tesoro que hay que preservar. Al despedirme le recordé la escena de *César y Cleopatra* de Bernard Shaw en que Julio César, al ser informado de que la Biblioteca de Alejandría está ardiendo y con ella la historia de la humanidad, responde sin vacilar: "No importa: es una historia de infamia". Pero bueno, por algo Lizandro es el director de *esta* Biblioteca y varios editores mexicanos y españoles le envían, o han prometido enviarle para ella, tres ejemplares de cada libro que publiquen.

c) ESTE OFICIO Y SUS PELIGROS

José Emilio Pacheco, que desea ver a Durand, aprovecha el viaje —literalmente: dos horas en coche de su casa a la mía— para obsequiarme un ejemplar de su nuevo libro *Aproximaciones* (Libros del Salmón, Editorial Penélope, México, 1984), que esta misma noche hojeo y comienzo a leer. Son 29 apartados con traducciones de poetas (o de conjuntos de poetas, caso de las poetisas del Japón, los trovadores franceses y los indios de Estados Unidos y Canadá) que abren con Goethe y terminan con Catorce Poemas Indígenas de Norteamérica; versiones del alemán, portugués, italiano, inglés y francés, que sé cuidadosas e imagino fieles. Están los famosos *Two English Poems* de Borges, nunca traducidos por éste al español y que hay quien pueda imaginar escritos originalmente en nuestro idioma, aunque uno, metido en esto, sabe que se trataría de un autoengaño estúpido:

> En la cuenta de la barbarie —escribe Pacheco refiriéndose a su trabajo— y la falta de respeto que coexisten en este libro con sus rasgos más culturales [me pregunto qué quiere decir esto si no es una errata] hay que poner la afrenta y osadía de traducir al castellano a un clásico de nuestra lengua. Valga como atenuante el hecho de que la tentativa se ha extendido a lo largo de casi veinticinco años.

En lo personal, creo que se trata de excesiva modestia y/o reverencia a quien después de todo conoce bien este oficio y sus peligros.

Con muestras de aflicción, Pacheco corrige erratas en mi mesa de comedor: pone "los juguetes ilustres" en lugar de "los jugueteos ilustres" que Borges no intentó, y añade con tinta azul al pie de esa misma página 87, este verso o versículo que la imprenta dejó caer: "Te ofrezco la amargura de un hombre que ha mirado largamente la luna solitaria", pues considerará muy triste que este ofrecimiento, viniendo de un poeta ciego, se pierda entre los jugueteos tipográficos. Me demoro en la lectura de la sección "Notas sobre los autores" que, más que eso, constituyen una mínima enciclopedia sobre la vida y la obra de estos poetas, de Omar Khayyam (1048-1131) a Acevedo Oliveira (1938-1981), el supuesto poeta brasileño que vivió exiliado en México de 1964 a 1966 y quien, habiendo "dedicado su existencia a los pobres, murió en Río de Janeiro al resistirse a un asalto callejero".

12 de enero

TEMPUS FUGIT

El tiempo me pertenece cada vez menos. Antes, cuando leía un libro especialmente bueno, lo disfrutaba con la esperanza de releerlo algún día; si por acaso, por fin, ahora lo releo, siento que probablemente no habrá otra oportunidad.

RILKE

Después de muchos años de haberlo leído por primera vez —recuerdo ahora— entre el humo de los cigarrillos y el bullicio de un billar guatemalteco, en estas dos horas de hotel que he decidido tomarme para descansar de las calles, los autobuses, el metro, las marchas forzadas, la lluvia, el viento y el ruido de París, releo en esta relativa calma las *Cartas a un joven poeta* de Rainer Maria Rilke, con sus consejos, tan difíciles de seguir cuando se es joven (: creer en uno, cultivar la soledad, leer lo menos posible obras de crítica o estética, tener paciencia: "un año no cuenta: diez años no son nada"), tan difíciles de seguir que uno quisiera ser joven una vez más tan sólo para intentarlo de nuevo.

De esta manera, en la tranquilidad de este instante (detente: eres tan bello), veo claro y me digo: Todavía es tiempo y de hoy en adelante así será. Y con el pequeño volumen en la mano contesto el teléfono y un momento más tarde B. y yo nos encontramos en la calle con el casi desconocido que ha llamado, en otra marcha forzada, bajo la misma lluvia, defendiéndonos del mismo viento, en medio del mismo ruido [*Cuaderno de viaje*].

LA MOSCA PORTUGUESA

A ESTE cuarto del hotel l'Aiglon de París en el que en tiempos
aún cercanos se alojaban por largas temporadas —me lo cuenta siempre Ambrosio, el ayudante de recepción, de origen portugués— Luis Buñuel y Alejo Carpentier (pido que me muestren
los departamentos que ocupaban: sala de recibir, con televisión;
pasillo, cocineta, dormitorio y baño, todo lo cual podría estar
bien si al abrir la ventana la vista no diera al cementerio Montparnasse con su *memento homo* a todas horas), han entrado
decididamente del bulevar dos moscas, en el instante en que
en el libro de Pessoa, con el que sigo luchando, encuentro esta
otra, que se les une sin duda ansiosa de entrar en mi Antología:

> Cuando, puestas las manos en lo alto del pupitre, he lanzado sobre
> lo que allí veía la mirada que debía ser de cansancio lleno de mun-
> dos muertos, la primera cosa que he visto ha sido un moscardón
> (¡aquel vago zumbido que no era de la oficina!) posado encima del
> tintero. Lo he contemplado desde el fondo del abismo, anónimo y
> despierto. Tenía tonos verdes de azul oscuro, y tenía un lustre re-
> pulsivo que no era feo. ¡Una vida! ¿Quién sabe para qué fuerzas
> superiores, dioses o demonios de la verdad a cuya sombra erra-
> mos, no seré sino la mosca lustrosa que se para un momento ante
> ellos? ¿Observación fácil? ¿Observación ya hecha? ¿Filosofía sin
> pensamiento? Tal vez, pero yo no pensé: sentí. Fue carnalmente, di-
> rectamente, con un horror profundo como hice la comparación
> risible. Fui mosca cuando me comparé con la mosca. Me sentí mos-
> ca cuando supuse que me lo sentí. Y me sentí un alma a la mosca,
> me dormí mosca, me sentí rematadamente mosca. Y el horror ma-
> yor es que al mismo tiempo me sentí yo. Sin querer, alcé los ojos
> al techo, no fuese a caer sobre mí una regla superior, para aplas-
> tarme lo mismo que yo podría aplastar a aquella mosca. Afortuna-
> damente cuando bajé los ojos, la mosca, sin que se oyese un ruido,
> había desaparecido. La oficina involuntaria se había quedado otra
> vez sin filosofía.

Y una oleada de afecto, de amistad, de compenetración me
invade cuando mi lectura registra esas vacilaciones, ese temor
del poeta a no ser digno del tema mosca que un día se pose-
sionó de mí; su miedo a repetir una observación fácil, o ya hecha, o una filosofía pobre ante semejante tema. También un día

a él, como aquel día a mí, lo atrapó la mosca y le exigió ocuparse de ella en su obra, a sabiendas de que cualquier idea que sobre ella tuviera estaría siempre por debajo de su mínimo e insondable misterio *[Cuaderno de viaje]*.

PROUST

EN EL cine de la Cité Internationale Universitaire, esta tarde, la película *Un amour de Swann*, de Volker Schlöndorf.

Indispensables acomodos de la mente al recuerdo del libro. Concesiones a las autoconcesiones del realizador: sus escenas eróticas ambiguas, equívocas, con su deliberado atractivo revelador de latencias asustadoras. Swann disfrazado de Proust, Proust disfrazado de Swann persiguiendo mujeres que en el momento oportuno serán como cualquier otra cosa, como un muchacho, digamos.

Una noche en las calles del París de 1900 y un coche cuyo caballo repetirá una vez más en la pantalla el ruido de cascos de caballo previamente enlatados para sonar como ruido de cascos de caballo en una noche del París de 1900 *[Cuaderno de viaje]*.

TELEGRAMA DE LA HABANA

"LE INVITAMOS integrar jurado premio literario Casa de las Américas 1985 celebraremos segunda quincena enero hasta primera febrero favor enviar respuesta vía télex de ser afirmativa enviar currículum teléfono y libros saludos Mariano Rodríguez Casa de las Américas."

Respuesta afirmativa.

19 de enero

AUTOFLAGELACIÓN

LA BURLA de uno mismo, el reconocimiento abierto de los propios defectos como ideales masoquistas.

LOS POLACOS

Estuvieron en casa el poeta y profesor polaco Florian Smieja, de vacaciones en México, y su paisana María Sten, residente aquí desde los cuarentas. (En el curso de estos años, integrada a la vida mexicana, María ha enseñado en la Universidad Nacional Autónoma, traducido al polaco y publicado en Polonia a Rosario Castellanos, Alfonso Caso, Miguel León-Portilla, Fernando Benítez, Juan Rulfo y a mí mismo entre otros, y es autora de dos libros que nos conciernen: *Las extraordinarias historias de los códices mexicanos* y *La vida y la muerte del teatro náhuatl*.)

Días de descanso, durante más de tres horas conversamos ampliamente de poesía, de literatura en general, sin dejar de hacerlo, por supuesto, una y otra vez, de principio a fin, del tema de nuestro tiempo, Reagan; del tema de nuestro tiempo, Polonia; del tema de nuestro tiempo, Centroamérica.

No bien se ha acomodado, Smieja me habla con una especie de divertido orgullo nacional del humanista polaco Nicola Szarzynski, autor de la antología *Delitia italorum poetarum* (1608) a que me referí en mi breve ensayo "Lo fugitivo permanece y dura" incluido en *La palabra mágica*, y a partir de ese instante y de ese nombre se entusiasma y engolosina con la idea de Roma perecedera en su firmeza y del río que la sobrevive, que para muchos había sido siempre de Quevedo; y observo cómo chispean sus ojos en el momento en que me recuerda el soneto afín de Joachim du Bellay (a quien por su parte se refirió Álvaro Uribe en el número de abril/1984 de la revista *Casa del Tiempo)* y de éste salta a Shakespeare y Edmund Spenser con las variantes que ambos diseminaron en su obra contagiados de la misma melancolía.

Algo nos distrae y nos devuelve a la tierra y a nuestra época; a Stanislaw Lem, probablemente el escritor polaco más conocido de hoy y autor de fantasías (por lo menos de una, "Las posibilidades en contra", que B. tradujo hace unos años del inglés) en el estilo de Sterne y Diderot; y a su contemporáneo Stanislaw Jerzy Lec, que vuelve a imponerse. En cuanto a éste los informo de que Eduardo Martínez tiene ya en su poder el pequeño volumen de aforismos traducidos al español por Smieja, cuya publicación en la serie Material de Lectura de la Universidad me ofreció gestionar.

De pronto María pasa a sus impresiones sobre la forma tremendamente airada y conmovida en que la gente reaccionó en Varsovia —en donde se encontraba hace unos meses— en los días del asesinato del sacerdote Jerzy Popieluzsko, que comparamos con la relativa indiferencia y frialdad con que entre nosotros hemos llegado a ver esa clase de crímenes. No lo dijo, pero supongo que se refería en concreto al asesinato del arzobispo Arnulfo Romero en El Salvador, y al de las cuatro monjas norteamericanas sacrificadas también allí por las fuerzas del gobierno salvadoreño.

Cuando María nos relata algunas de sus experiencias en la India y hablamos de la integración racial en ese país, me atrevo a sostener que literariamente nadie ha tratado esto con mayor sutileza, penetración y profundidad que E. M. Forster en su novela *A Passage to India* (1924). María no la conoce, pero me cuenta que Manuel de Escurdia le acaba de prestar una novela (cuarteto, la llamó) sobre el mismo asunto, de un Paul Scott; y bueno, está bien, no sé de quién se trata; pero cuando menciona a V. S. Naipaul busco la manera mejor educada de no seguir adelante y cambiar de tema: tengo prejuicios sobre cualquier cosa que haga este hombre desde que hace un año o algo así republicó extemporáneamente y con escándalo un viejo reportaje suyo sobre Eva Perón.

Hablamos de la corrupción y de los movimientos de la izquierda a la derecha, con recuperaciones aquí y allá, en un balanceo que al detenerse en su fiel nos coloca en el aparente callejón sin salida de siempre, y que consiste en la pregunta: ¿qué hacer?

Y bien, ¿qué hacer?

En realidad, la respuesta es muy fácil: mientras nosotros conversamos, los dueños de la acción, de uno y otro lado, que lo saben mejor, lo están haciendo.

Con un pie ya fuera del coche en que los hemos llevado a buscar transporte colectivo en la Avenida Insurgentes, y desde el fondo de su vieja obsesión:

—El libro de Lec, no se olvide del libro de Lec —alcanza a decirme como despedida Florian Smieja.

25 de enero

CAKCHICOTO

TODAVÍA conservo (y uso) el primer diccionario español-inglés-inglés-español que compré en México (D. C. Divry, Inc., Publishers, New York, 1947) hace más de treinta y cinco años.

Es manual, sumamente manual, y humilde, en contra de lo que podría pensarse por su orgullosa pasta negra de algo parecido a piel, a estas alturas semidesprendida.

Me costó trabajo convertirlo en mi amigo, pero el tiempo se encargó de eso y ahora es tal vez uno de los últimos que me quedan. Cuando tengo insomnio y en la oscuridad dudo algunos minutos antes de encender la luz y ponerme a leer, sé que se encuentra ahí, al alcance de mi mano.

Está vivo. No es un mueble, como lo son el de la Academia, el *Random House* o el *The American Heritage,* con los que casi no tengo confianza y a los que quiero menos porque para verlos necesito ir a ellos y llamar a sus grandes puertas, como quien va de visita.

Divry's, en cambio, me sigue por toda la casa y es como un pequeño animal doméstico con el que hablara, con el que de hecho hablo a todas horas en dos idiomas, ninguno de los cuales termino de aprender. Hoy veo que hemos llegado a esta familiaridad gracias a que desde el principio quedaron establecidas las reglas del trato, como antiguamente se hacía al adquirir un esclavo: "El poseedor de este Diccionario —se me dijo de entrada— obtendrá los mejores resultados familiarizándose con su contenido y prestando especial atención al Prefacio, a la Clave de la Pronunciación y a los Elementos de Gramática Inglesa *(The owner of this handy dictionary will derive the greatest benefit from its use,* etcétera)". Próspero y Calibán, Calibán y Próspero; Robinson y Viernes, Viernes y Robinson.

Esta mañana, en la Universidad de México, René Acuña me obsequia un ejemplar enorme (834 páginas en formato mayor) del monumental *Thesaurus Verborum* (Vocabulario de la Lengua cakchiquel, v(el) Guatimalteca Nuevamente hecho y recopilado con summo estudio, trauajo y erudición por el Pe. F. Thomás Coto, Predicador y Padre de esta Provja. de el SSmo. Nombre de Jesús de Guatemala. En que se contienen todos los modos y frases elegantes conque los Naturales la hablan, y d(e) q(ue) se pueden valer los ministros estudiosos para su mejor educación y Enseñanza), cuya publicación (por primera vez) preparó, con Introducción, Notas, Apéndices e Índices suyos elaborados a lo largo de más de diez años.

Trabajo asombroso (hasta ahora desconocido por el público), el de Coto; ejemplar y admirable el de Acuña, y absolutamente encomiable la realización de la Universidad que, por su misma magnitud y excelencia, pasarán sin duda inadvertidos.

Como me siento incapaz de formular un juicio suficientemente ajustado al valor de esta publicación, de la obra en sí (miles de palabras, frases y citas de "autoridades" del español del siglo XVI con sus equivalentes cakchiqueles, de la misma familia quiché en que está escrito el *Popol Vuh)*, me limito a copiar estos breves párrafos de la Introducción de Acuña (que aquí mismo le sugiero publicar aparte si no desea que la obra vuelva pronto al olvido del que la sacó), en la que cuenta la historia, entre otros, de Thomás Coto, la del libro, su decisión de publicarlo y el resultado final:

La idea de fundar un diccionario en la autoridad de los "clásicos" de la lengua, en realidad, no era nueva. Brotó como un fruto natural del Renacimiento, y ocasionó la aparición de las academias. En Florencia, la Academia della Crusca (1582), cuyo *Vocabolario*, atribuido a Antonio Francesco Grazzini (1503-1584), apareció por primera vez en 1612, pocos meses después que el *Tesoro* de Covarrubias. En Francia, la Académie Française (1629), cuyo *Dictionaire* vio la primera estampa en 1694. En la preparación, tanto del primero como del segundo diccionario, participaron varias personas ilustradas y sabias. Lo mismo puede decirse del primer *Diccionario de la lengua española* (1726). La magnitud de la empresa era tal que se juzgó excesivo confiarla a un solo hombre.

Sin embargo, tres extraordinarios sujetos se sintieron capaces de tomarla ellos solos sobre sus hombros: En España, Sebastián de Covarrubias (1611); en un pueblo indígena de Guatemala, fray Thomás de Coto (1656); en Inglaterra, grande en su soledad, Samuel Johnson (1709-1784), cuyo *A Dictionary of the English Language* apareció en 1755.

Covarrubias y Johnson gozan desde hace tiempo de merecido renombre en sus respectivas literaturas. La Universidad Nacional Autónoma de México se honra y hace justicia a Coto, publicando ahora esta obra que la incomprensión de su época condenó a la oscuridad, y la indigencia intelectual de la nuestra ha mantenido inédita.

La indigencia intelectual de la nuestra (temo ahora, pues en ninguna parte he visto comentado este libro, en cuyo colofón se lee que se acabó de imprimir el día 16 de noviembre de 1983) se ha apresurado ya a ignorarlo.

Viernes y Robinson, Próspero y Calibán, fray Thomás de Coto y el primer indígena cakchiquel que se encontró en Guatemala y le enseñó que *Vuh* significaba *Libro* a cambio de aprender que *Libro* era *Vuh*, en un (supongo que debió de haberlo sido) divertido intercambio que aún no termina. Quizá también a Samuel Johnson le hubiera gustado saber, cien años más tarde, que *Book* y *Vuh* (se pronuncia Vuj) eran la misma cosa al otro lado del mundo.

Coto, Covarrubias y Johnson, lexicógrafos solitarios. En 1977 estuve en la pequeña habitación superior de la casa que Johnson habitó en Gough Square, Londres, y vi allí la mesa en que con la ayuda manual de seis asistentes un tanto muertos de hambre, cumplió su tarea en ocho años. Es famosa su respuesta cuando se le recordaba que la Academia Francesa, con cuarenta académicos, había tardado veinticinco años en terminar el suyo: "Vamos a ver —decía Johnson— cuarenta veces cuarenta da mil seiscientos. Como tres a mil seiscientos; ésa es la proporción entre un inglés y un francés".

Me pregunto cuál será algún día la proporción entre el todavía más solitario Thomás Coto (terminó el suyo, con su vida, en nueve años: de 1647 a 1656) y x de nosotros cuando aparezca el Diccionario del Español de México que prepara El Colegio de México, y en el que he tenido el honor de participar *illo tempore*.

2 de febrero

EL ESCRITOR

No HAY otra: tengo un sentimiento de inferioridad.

El mundo me queda grande, el mundo de la literatura; y cuantos escriben hoy, o se han adelantado a escribir antes, son mejores escritores que yo, por malos que puedan parecer. Ven más, son más listos, perciben cosas que yo no alcanzo a detectar ni a mi alrededor ni en los libros.

Esto me hace envidioso: envidio que estén ahí, en el periódico de esta mañana, en la revista que hojeo, ocupando el lugar en que debería estar yo, en vivo o comentado. Después de todo, lo que dicen yo lo he pensado antes, lo dije hace mucho y hasta debería haberlo escrito. Y sin embargo, durante un instante, aunque se trate de esa basura, siento el impulso de imitarlos. Por fortuna, el tiempo pasa con su borrador y me olvido; pero los intervalos son demasiado breves y ya estoy leyendo a otro.

Si afirmo algo, o lo niego —¿quién me ha dado ese derecho?—, la duda me persigue durante días, mientras me vuelvo a animar. En ese momento quisiera estar lejos, desaparecer.

Para ocultar esta inseguridad que a lo largo de mi vida ha sido tomada por modestia, caigo con frecuencia en la ironía, y lo que estaba a punto de ser una virtud se convierte en ese vicio mental, ese virus de la comunicación que los críticos alaban y han terminado por encontrar en cuanto digo o escribo.

Los elogios me dan miedo, y no puedo dejar de pensar que quien me elogia se engaña, no ha entendido, es ignorante, tonto, o simplemente cortés, resumen de todo eso; entonces me avergüenzo y como puedo cambio la conversación, pero dejo que el elogio resuene internamente, largamente en mis oídos, como una música.

9 de febrero

NEGACIÓN PARA UN GÉNERO

Lo sé, el diario de viaje no es mi fuerte. Y sin embargo, siempre trato de engañarme: uso infinitas razones, o por lo menos infinitos razonamientos, que no es igual, para convencerme de que esta vez sí. Cuba —me digo— no es lo mismo que Roma o que París, sobre los que ya se ha dicho todo. Y es cierto. En Cuba, tan aparentemente atrasada como cualquier país hispanoamericano, todo es nuevo, el espíritu diferente, las cosas tienen otro sentido; y el mar, el mar también es nuevo, éste del Caribe, del que irradia desde hace cinco siglos la actual historia de este continente, como desde el viejo Mediterráneo irradió hace miles de años la antigua y algo gastada historia del mundo viejo. Con toda su pobreza de hoy, en Cuba tuve por primera vez la impresión de que el capitalismo es obsoleto.

De manera que una vez más busco en las papelerías los cuadernos de varios tamaños y colores, *ad hoc*, portables, de bolsillo y no, en los que anotaré día por día, quizá en esta ocasión hora por hora, hasta lo en apariencia más insignificante; mis observaciones de las cosas, de los demás, con las que me propongo llenar páginas sin ningún valor literario pero que con el tiempo adquirirán un sentido que la inmediatez de lo cotidiano les regatea.

Pero nada de eso sucede. Llega la noche. Lo que vi es importante, escribirlo no; lo que escuché es o fue curioso o divertido, anotarlo no; los días pasan, el entusiasta proyecto va alejándose más y más, decenas de horas se convierten en minutos, y la inmensa masa de encuentros, paisajes, visitas, despedidas, risas, conversaciones, promesas, se convierte día a día, inexorablemente, en culposas páginas en blanco. Trato de averiguar la causa y en este momento creo descubrirla. Mi mente no es receptiva: lo es mi emoción. Percibo las cosas con la emoción, que las acumula a su manera y, ¿debido a qué profundos mecanismos?, se niega a convertirlas en letras, en frases, en comunicación escrita. ¿Cómo registrar la emoción? ¿Cómo escribir vi una ola, ésa, que fue especial entre miles; vi un árbol, vi un pájaro, vi el gesto de un hombre en la fábrica, vi determinados zapatos en los pies del niño que iba a la escuela y que me conmovieron por todos los niños que en el mundo no tienen zapatos, ni escuela, ni papá trabajando en la fábrica mientras dos poetas sudamericanos de lo más bien intencionados le dicen sus poemas en que hablan de jovencitas y niñas muertas en sus países, o desaparecidas en sus países? Todo almacenado en la emoción; no anotado en ningún cuaderno.

JURADO EN LA HABANA

Ser jurado del Premio Casa de las Américas. Más de cien novelas por examinar, entre cinco. Quiénes son esos cinco:

Senel Paz, cubano (1950), autor de una novela, *Un rey en el jardín*, Premio de la Crítica, y de un libro de cuentos: *El niño aquel;*

José Agustín, mexicano (1944), autor de *De perfil, Inventando que sueño, Se está haciendo tarde (final en laguna)*, etcétera;

Mempo Giardinelli, argentino (1947), autor de *La revolución en bicicleta, Vidas ejemplares, Luna caliente*, etcétera;

Rafael Humberto Moreno-Durán, colombiano (1945), autor de *Juego de damas, El toque de Diana* y *Finale capriccioso con Madonna*;

y yo.

Jurado disímil y difícil de poner de acuerdo. De hecho esto no sucedió del todo: el premio se concedió por mayoría de 4 a 1, no porque ese 1 tuviera otro candidato sino porque no tuvo ninguno, según sus normas de calidad. "El hombre —dice Montaigne— es cosa pasmosamente vana, variable y ondeante." Durante veinte días apliqué esta observación no tanto al hombre como tal sino al hombre como emisor de juicios literarios: y fui flexible, dubitativo, inseguro, firme, intransigente e implacable decenas de veces en un mismo día, en una misma hora. Pero las cosas tienen un plazo y, según la mayoría, ganó el mejor en ese momento: Fernando López, argentino, con su novela *Arde aún sobre los años*.

Le deseo éxito. Y lamento al mismo tiempo que varios amigos y conocidos míos, de aquí y del continente, cuyas obras aprecié y cuyo trabajo valoré (sólo el escritor sabe lo que cada uno pone en unas líneas, en un párrafo; el valor que concede a ese instante en la página 37 o 73, a ese diálogo, a esa observación irrenunciable del principio o del final, para que cinco individuos tan inseguros como él, tan eufóricos o tan deprimidos como él, y todo lo honestos que puedan serlo, digan éste no, éste sí, en honor de la conjunción, en un momento dado, de sepa Dios qué prejuicios —no se llaman de otra manera— estéticos de esos días, de esa oportunidad, de esas circunstancias), no hayan sido todos los ganadores.

23 de febrero

LO FOLCLÓRICO-OCULTO

EN EL número 83 de la revista *Vuelta* Gabriel Zaid comenta el libro de Lilian Scheffler *Marinero que se fue a la mar* (Premiá Editora, México, 1982), recolección de juegos infantiles.

La autora —dice— como es común, no parte de la excelencia alcanzada por sus antecesores (los Mendoza-Rodríguez, los Frenk-Alatorre), para avanzar a partir de ahí. [...] Paradójicamente, mientras la calidad universitaria retrocede, la poesía popular conserva su excelencia y hasta despliega una vitalidad sorprendente, como en este juego de sorteo recogido en Querétaro (1981):

> En un árbol de aguacate
> me encontré un jabón Colgate.
> —¿Te quieres bañar con él?
> —Nel.
> —Alza la capa y escápate tú.

A continuación, con la zaiduidad que lo caracteriza, Gabriel descompone de múltiples modos y encuentra las secretas virtudes de estos "versos de una rara perfección"; cita a López Velarde a propósito de la introducción de una máquina *de* Singer en un endecasílabo, y ofrece un poema actual, universitario, que deja anónimo "con permiso del autor":

> Cada vez que me sabes a Colgate,
> pienso en las estrellas de cine
>   pobrecitas,
>   con lo que me gusta el café.

Ahora bien, todo esto me plantea, y en cierta forma me resuelve un problema.

Hace muchos años, por 1947 o 1948, un escritor por esos días desdeñado en amores escribió, y me hizo llegar, unas curiosas coplas, o glosa, en que se queja de cómo su novia lo abandona seducida por el encanto de un locutor de radio, cómico, o lo que fuera; quien, con apenas el anuncio de un jabón o detergente que decía

> ACE lavando
> y usté descansando

había dado al traste con su hasta entonces firme relación amorosa y, de paso, con toda su refinada cultura literaria y musical.

Ese escritor, a quien por entonces yo no conocía personalmente, pero con el que comenzaba a tener cierta frecuentación digamos cultural, se llamaba Eduardo Torres, era universitario, vivía en San Blas, S. B., y yo no imaginaba que treinta años después yo daría a la imprenta su biografía con el nombre de *Lo demás es silencio*, ni mucho menos que por falta de sentido crítico, apreciación errónea o lo que hubiera sido de mi lado, habría de dejar sin incluir en el libro esta composición que, ahora lo veo, estaba ya formando parte de un corpus folclórico-culto, o, en este caso, folclórico-oculto; apreciación errónea que Gabriel Zaid plantea así:

> Quizá por una confusión entre la conciencia del yo que habla (de una experiencia amorosa) y la conciencia del autor, que se da cuenta del problema en que se mete (lingüístico: mezclar palabras extranjeras; poético: hablar de marcas comerciales conocidas; político: expresar una experiencia trasnacional cuidándose de mostrarse anti y por encima).

Recuerdo que Juan José Arreola disfrutaba mucho con la lectura de estos versos; pero o él no insistió lo suficiente para que yo los publicara, o un falso sentido ético me impidió a mí "traicionar" ya desde aquellos días a Eduardo Torres:

CANCIÓN

(Glosa)

ACE lavando,
tú descansando
y yo penando.

Era la era
de primavera
y el amor era.
ACE lavando.

Tú me decías
todos los días
que me querías.
Tú descansando.

Recitabas Baudelaire
y leías Molière
a más no poder.
Y yo penando.

Mas ganó el locutor
y esto sin duda por-
que no hablaba de amor.
ACE lavando.

Me decías: no ven
el espíritu joven
del gran Beethoven.
Tú descansando.

Anunciando jabón
con torpe son
te robó el corazón.
Y yo penando.

Me decías: France es
el mejor francés
desde los *Pensés*.
ACE lavando.

Te ganó la afición
la espumosa dicción
que anunciaba jabón.
Tú descansando.

Decías: en alemán
¿qué va a hacer Mann
ante Wassermann?
Y yo penando.

Preferiste
el burdo chiste:
con él te fuiste.
ACE lavando.

Dijiste: renuncio
ante el anuncio
a G. D'Annunzio.
Tú descansando.

Siempre decías: yo
prefiero ante to-
do a Edgar A. Poe.
Y yo penando.

Pero en poesía
confundiste a Ligeia
con la lejía.

ACE lavando,
tú descansando,
a Dios rogando
y con el mazo dando.

¡Y yo, penando!

2 de marzo

AL PASO CON LA VIDA

ESTE día he estado leyendo *La filosofía perenne* de Aldous Huxley, que me educa y me lleva de nuevo (lo leí por primera ocasión hará unos quince años) a la búsqueda —aunque sólo sea por unos cuantos segundos casi inasibles—, ya que no al logro, de la ansiada sabiduría consistente en la eliminación del yo; y como consecuencia, una vez más (estos esfuerzos se dan siempre "una vez más") al reordenamiento de mis lecturas, que tienden a ser dispersas, sin dirección, o meramente entontecedoras cuando recaigo en la de la prensa y sus noticias.

Busqué con cierta ansiedad mi viejo conocido *The Practical Cogitator*, en el que al azar encontré este epígrafe de Thoreau (que traduzco): "Prosigue, marcha al paso con tu vida, da vueltas alrededor de ella como hace el perro con el coche de su dueño. Haz lo que amas. Conoce tu propio hueso, róelo, entiérralo, desentiérralo y vuélvelo a roer". Y así, por la noche, recomencé por enésima ocasión la *Eneida* en la traducción en prosa de Eugenio de Ochoa, que María Rosa Lida defiende de la "excesiva aspereza" con que fue juzgada por Menéndez y Pelayo; quien, dice María Rosa graciosamente, sólo concebía la antigüedad en verso endecasílabo. "Lo cierto —concluye— es que Ochoa tenía de la traducción el concepto moderno, que exige en primer término respetar el sentido y la forma del original." Y en verdad que es un placer siempre renovado ese "Canto las terribles armas de Marte y el varón que, huyendo de las riberas de Troya por el rigor de los hados, pisó el primero la Italia y las costas lavinias. Largo tiempo anduvo errante por tierra y por mar, arrastrado a impulso de los dioses, por el furor de la rencorosa Juno".

En la mañana Rubén Bonifaz Nuño me había dedicado en la Universidad un ejemplar de las *Bucólicas* de Virgilio traducidas por él, que tenía en su poder con ese encargo desde hacía más de un año, y a mediodía yo había abierto su traducción de la *Eneida* y leído: "Armas canto y al hombre que, el primero, de playas troyanas / —prófugo del hado— a Italia vino y a las costas lavinias. / Mucho aquél en tierras y alta mar fue con la fuerza hostigado, / de los supernos, por la ira de Juno cruel, memoriosa".

Las "terribles armas de Marte" de Ochoa, son aquí, como en el original, sencillamente "armas"; el "rigor de los hados" simplemente "el hado"; y de "rencorosa" Juno pasa a ser tan sólo "memoriosa", o a alimentar una ira memoriosa. A mediados del siglo XIX Ochoa necesitaba ese ritmo y ese ritmo requería esos adjetivos, pero, con todo, su trabajo era ya una ganancia, en cuanto a fidelidad, sobre las bien trufadas traducciones en octavas reales del Siglo de Oro.

Por su parte, también hoy, en un pasillo de la Universidad Juan Carvajal me regala un ejemplar de sus versiones de los *Poemas completos* del "alejandrino y oscuro" —como puso en la dedicatoria— Constantino P. Cavafis (Juan Pablos Editor, México, 1982), que yo sólo conocía en parte en las de Luis de Cañigral (Ediciones Júcar, Madrid, 1981). Leo "Monotonía" en la versión de Carvajal:

> Un día monótono es seguido
> por otro día monótono, idéntico.
> Todo se repetirá nuevamente.
> Idénticos momentos se aproximan, se alejan.
> Un mes pasa, trae consigo otro mes.
> El porvenir es fácil de prever;
> está tejido de los hastíos de ayer.
> Y el mañana deja de ser un mañana.

Y en la traducción de Cañigral:

> A un día monótono otro
> monótono, idéntico, sucede. Pasarán

las mismas cosas, volverán de nuevo a pasar
iguales instantes nos toman y nos abandonan.

Un mes pasa y trae otro mes.
Lo que ocurrirá nadie lo adivina fácilmente;
las pasadas son las cosas pasadas.
Y acaba el mañana por no parecerse ya al mañana.

Después del naufragio en que se decidió el futuro de Roma y del mundo, ante los restos de sus naves rotas, Eneas anima a sus compañeros de aparente infortunio: "Acaso —les dice en la versión de Ochoa— algún día nos será grato recordar estas cosas"; y en la de Bonifaz Nuño: "Acaso un día alegrará recordar también esto".

Triste Cavafis —pienso antes de dormirme—: ojalá todos los días fueran tan monótonos como éste.

9 de marzo

SUEÑOS REALIZADOS

Oído personalmente a Fidel Castro en La Habana:
"Hemos llegado a una situación en que podemos hacer nuevos planes para los próximos diez, quince, veinte años. Y los estamos haciendo. El cumplimiento de nuestros sueños ha multiplicado nuestros sueños."

IDEAL LITERARIO

Fijar escenas para preservarlas de la destrucción del tiempo.

AMÉRICA CENTRAL

Dice Aldous Huxley en un paréntesis (y en un leve parpadeo) de *La filosofía perenne:*

Cuán axiomática es esta presuposición acerca del carácter de la nacionalidad, lo muestra la historia de América Central. Mientras los arbitrariamente delimitados territorios centroamericanos se llamaban provincias del Imperio español, hubo paz entre sus habitantes. Pero a principios del siglo XIX los diversos distritos administrativos del Imperio español rompieron sus lazos con la "madre patria" y decidieron convertirse en naciones según el modelo europeo. Resultado: inmediatamente se pusieron a guerrear entre sí. ¿Por qué? Porque, por definición, un Estado nacional soberano es una nación que tiene el derecho y el deber de obligar a sus miembros a robar y matar en la mayor escala posible.

Hay algo de eso y la historia lo demuestra en Europa; pero también un simplismo. Detrás de la "soberanía" de los Estados soberanos de América Central estuvieron los intereses encontrados de los criollos independentistas, y muy pronto los de los Estados (más soberanos aún) Unidos, del comodoro Cornelius Vanderbilt, de Teodoro Roosevelt, de la United Fruit Co. y quién sabe ahora de quiénes más. Para imitar verdaderamente a Europa sólo nos faltan en Centroamérica las guerras religiosas, los odios raciales.

UN BUEN PRINCIPIO

Decir lo que uno quiere decir; no lo que uno piensa que los demás desean oír.

EL OTRO MUNDO

En ocasiones, cuando reparo en esto, imagino con un vago temblor de angustia que he seguido el camino, si no equivocado, por lo menos más largo, y por el que quizá no llegue nunca a lo que alguna vez me propuse. Falta en lo que he hecho, en lo que hago, el mundo del cine, de la radio, del periodismo, de la televisión, eso de que me he mantenido alejado y que podría constituir en el futuro la expresión de nuestra época. Me consuela pensar que finalmente ese mundo sólo recoge los viejos problemas de siempre conforme a las necesidades del gusto masivo de hoy.

ALMA-ESPÍRITU

DE PRONTO, decido instalar mi espíritu; recuperar esa palabra, espíritu, que me gusta, lo mismo que la palabra alma. Entre nosotros son términos que han dejado de usarse, quizá por el temor de parecer afrancesados, cursis, creyentes, o poco varoniles. No se ven bien. Se corren riesgos con ellos.

CUIDADO CON LA ARCADIA

LA PLACIDEZ no es para mí. Necesito revulsivos. Trabajo más a gusto cuando me encuentro de mal humor, o enojado, con alguien, con un simple servicio que falla, con la sociedad, conmigo mismo. "El sosiego, el lugar apacible, la amenidad de los campos, la serenidad de los cielos, el murmurar de las fuentes, la quietud del espíritu", requisitos, según Cervantes en su prólogo, para que las musas más estériles se muestren fecundas, no le hubieran servido para escribir el *Quijote*. Nunca los disfrutó, *ergo*, no le sirvieron.

La placidez no me estimula. Las llamadas condiciones ideales me paralizan; así, cuando en algún momento creo tenerlas, deliberada o inconscientemente busco algo que me irrite, y ésa es mi droga.

Como con el tiempo las cosas materiales resueltas se acumulan (techo, vestido, comida), uno tiende, para sentirse vivo, a buscar lo malo, lo imperfecto, lo que hace renegar y quejarse. Muy diferente es estar enojado como se estaba a los 18 años, y creer en y adoptar como propias las rabietas de Beethoven pobre contra Goethe cortesano.

16 de marzo

VANZETTI PRO SACCO

CON el paso de los años las antologías, de poetas, de cuentistas, se vuelven tristes; el tiempo ha fijado a sus favoritos, y nombres que hace medio siglo parecían inamovibles gracias a su estar diariamente en las páginas de los periódicos y las revistas, suenan hoy a algo lejano, por no decir que a nada. Pero de pronto puede suceder lo contrario: ver el nombre de quien no tenía qué estar haciendo ahí, y está, como éste de Bartolomeo Vanzetti, frente al que durante años pasé sin reparar en él.

En 1946, el poeta, ensayista y crítico norteamericano Selden Rodman republicó su *New Anthology of Modern Poetry* (The Modern Library, Random House, N. York, 1938, 1946) circunscrita a la lengua inglesa y con poemas de 106 poetas que van de Gerard Manley Hopkins, el más antiguo, a Dylan Thomas, entonces quizá el más joven (en este momento no tengo ni tiempo ni deseo de averiguarlo).

Un tanto alarmado por la presencia de Lewis Carroll, busco la definición de Rodman de "poesía moderna"; en vano; Rodman rehúye definirla en cuatro líneas para tratar de hacerlo en veinte páginas de la Introducción. Sin embargo, para mis fines de esta tarde, algo hay de definitorio en el último párrafo de aquélla (traduzco):

> Perdura el hecho, no obstante, de que los nuevos poetas, comprometidos ya sea con el Estado, con la guerra, con el sentimiento, o con Dios, parecen guiados por un sentimiento de responsabilidad hacia sus lectores, y dan por supuesta la contigüidad de la poesía con el habla contemporánea, lo que los sitúa aparte de sus predecesores. Se está volviendo posible, diría como ejemplo, escribir poesía "moderna" en formas hace poco descartadas por caducas. Quizá lo que percibimos es que una revolución se consumó en los veintes, y que los nuevos poetas están trabajando ahora con todo derecho en los terrenos que sus antecesores habían roturado pero que, por estar tan recientemente abiertos, ellos mismos no pudieron cultivar.

En efecto, en ese momento el lenguaje poético estaría tan cerca del habla común que Rodman incluye en su antología (cuya autoridad debe de haber sido alta en su tiempo) un poema de Bartolomeo Vanzetti, que no es otra cosa que parte del último discurso dicho por éste en la corte en su propia defensa y en la de su compañero Nicola Sacco, y que a ninguno de los dos le sirvió para evitar ser electrocutados: en prosa o en verso, el tipo de razones aducidas por Vanzetti han sido siempre inútiles, y éste quizá resulte el precio de su misma belleza y verdad.

Comoquiera que sea, lo traduzco. Selden Rodman no dice quién arregló en esta forma el alegato de Vanzetti. Pudo haber sido él mismo, para demostrar su teoría. En español introduje unas cuantas variantes en la estructura de los versos, pero no estoy muy seguro de que en nuestro idioma la teoría quede tan demostrada. En todo caso, el texto permanece aquí como muestra del espíritu de dos hombres y, según sus resultados, del espíritu de los hombres.

ÚLTIMO DISCURSO ANTE LA CORTE

He hablado tanto de mí mismo
que casi olvido mencionar a Sacco.
Sacco es también un obrero,
desde su niñez un experto obrero,
amante del trabajo,
con buen empleo y una buena paga,
una cuenta de banco, una esposa buena y amable,
dos lindos hijos y un hogar pequeño y limpio
a la orilla del bosque, cerca de un arroyo.

Sacco es un corazón, una fe, un carácter, un hombre;
un hombre amante de la naturaleza, de la humanidad;
un hombre que lo dio todo, que sacrificó todo
a la causa de la libertad y su amor al hombre:
dinero, descanso, ambición terrena,
su propia esposa, sus hijos, él mismo
y su propia vida.

Sacco no ha soñado nunca robar, asesinar.
Ni él ni yo nos hemos llevado jamás a la boca
un pedazo de pan, desde nuestra niñez al día de hoy,
que no hayamos ganado con el sudor
de nuestra frente. Nunca.

Oh, sí, como alguien lo ha dicho
yo puedo ser más ingenioso que él;
mejor conversador, pero muchas, muchas veces
al escuchar su voz cordial resonando con su fe sublime,
al considerar su sacrificio supremo, al recordar
    su heroísmo,
me sentí pequeño ante su grandeza
y me encontré a mí mismo luchando por contener

las lágrimas de mis ojos,
y calmar mi corazón
impidiendo a mi garganta sollozar frente a él:
este hombre llamado ladrón y asesino y sentenciado
    a muerte.

Pero el nombre de Sacco vivirá
en el corazón de la gente y en su gratitud
cuando los huesos de Katzmann
y los vuestros hayan sido dispersados por el tiempo;
cuando vuestro nombre,
vuestras leyes e instituciones
y vuestro falso dios
sean apenas el borroso recuerdo
de un pasado maldito en que el hombre
era lobo del hombre.
[...]

Si no hubiera sido por esto
yo podría haber gastado mi vida
hablando en las esquinas a gente burlona.
Podría haber muerto inadvertido, ignorado, un fracaso.
Ahora no somos un fracaso.
Ésta es nuestra carrera y nuestro triunfo. Nunca
en toda nuestra vida pudimos esperar hacer tal trabajo
por la tolerancia, por la justicia, por la comprensión
del hombre por el hombre
como ahora lo hacemos por accidente.
Nuestras palabras, nuestras vidas,
nuestros dolores... ¡nada!
La toma de nuestras vidas
—vidas de un buen zapatero y un pobre
vendedor ambulante de pescado—
¡todo! Ese último momento nos pertenece:
esa agonía es nuestro triunfo.

23 de marzo

LA VERDAD SOSPECHOSA

Más o menos intranquilo con el problema de la ironía, que al
tratar de escribir puede ser paralizante, como cuando se vuelve consciente cualquier movimiento del cuerpo, o de cualquier

miembro de ese cuerpo hecho a actuar por su cuenta y movido por lo que los actuales sistemas digitales proporcionan a las máquinas y llaman correctamente "memoria".

Bueno, siquiera esta frase ya me salió bien, me digo, y lo escribo para darme ánimo con la esperanza de que parezca lo que verdaderamente es: algo sincero y directo.

Y en este mismo momento se presenta el problema porque temo que, no siéndolo, esto se tome, por lo menos, a manera de autoironía, y de aquí en adelante ya no nos entendamos.

(Lo que es más molesto aún —dice Wayne C. Booth en su *A Rhetoric of Irony*— ciertos críticos modernos —por ejemplo I. A. Richards, Cleanth Brooks y Kenneth Burke— han sugerido que todo contexto literario es irónico porque suministra peso o calificación a toda palabra de ese contexto, pidiéndole así al lector que infiera significados que en esencia no se encuentran en las palabras en sí mismas: desde este punto de vista, todo sentido literario se convierte en una forma de ironía encubierta, intencionada o no.)

Me lo he dicho antes de revisar y después de revisar la frase. En realidad no estoy muy seguro de si está bien o no, porque muy pocas veces lo estoy, y lo más común es que la duda me preocupe; iba a escribir "me atormente", pero ese verbo, atormentar, me pareció excesivo cuando pensé que, de publicar esto, mis posibles lectores lo tomarían a mal: el más grande cuidado que la mayoría de los escritores ponen al escribir consiste en que ni por un momento sus lectores vayan a sospechar que se dan importancia. Y ésta es otra: ¿debe dársela uno, íntimamente, aunque no se note? ¿Debe uno tomarse en serio como escritor? Suponiendo que sí, ¿qué significa eso? ¿Imaginar que lo que dice será escuchado? ¿O que lo que dijo antes, durante estos años, fue ya escuchado y en tal caso debe ahora ajustarse a la idea que supone que sus lectores se han formado de él y obrar, o mejor dicho, pensar y expresarse en consecuencia? ¿Esto obliga a un escritor a ser siempre el mismo, él mismo? Admitiendo que piense que no, su problema estriba en que si deja de ser el mismo sus interlocutores no lo aceptarán fácilmente, lo que sucede con cualquier persona de cualquier otro oficio.

Aunque sentí que con estas últimas diez palabras me estaba enredando, un segundo después me di cuenta de que no, porque tuve la sensación (y es una grata sensación) de que esta mañana no he hecho otra cosa que hablar, o pensar, o escribir por cada uno de los que lean esto —estoy seguro de que mis dudas son sus dudas—, y cuando eso sucede hay un sentido de realización. Imagino que a eso se debe que los poetas, en sus mejores momentos, cuando se olvidan de sí mismos y se abandonan totalmente, abarquen tanto y hablen por todos, y es lo que hace que la poesía (lo que no ocurre, por desgracia, con la pobre prosa) no necesite, o más bien le estorben, las ideas, los razonamientos, o las llamadas verdades, porque la verdad está en ella misma.

Pienso ahora, por ejemplo, a propósito de todo esto y desde las palabras "un tanto preocupado" del comienzo pero por fin llego a donde quería, en esos altísimos instantes (que por supuesto no voy a señalar) de *Los emisarios*, de Álvaro Mutis, a quien ayer aquí en casa, rodeados de otros amigos o a solas, le dije mi admiración por su último libro de poemas de la manera más entusiasta y sincera posible, pero tuve que decírselo en más de cinco ocasiones, en parte porque me gustaba repetírselo como siempre que tengo la fortuna —no sucede muchas veces— de ser entusiasta y sincero al mismo tiempo, pero sobre todo porque yo sentía que había algo, algo que lo hacía ponerse un poco en guardia, y no sólo lo notaba sino que sabía que era un muro que yo tenía que romper: su sospecha de que en mi entusiasmo convertido en palabras (oh Richards, oh Brooks, oh Burke: aquí las palabras eran habladas) hubiera, no algo falso o mentiroso sino oblicuo o de doble filo: no burlesco o chocarrero —nos respetamos demasiado como para eso— sino vaga, ligera o lejanamente irónico.

¿O era su propio y agudo sentido del humor, su modestia, su auténtica humildad de gran poeta ante la poesía, y yo ya tengo miedo hasta de mi sombra?

30 de marzo

PROXIMIDADES

En la primera plana del periódico *Excélsior* Juan Rulfo publicó hace unos días un artículo en el que cuenta, con el estilo franco, directo y sencillo con que habla, la historia de su novela *Pedro Páramo*, que este año cumple treinta: cómo la escribió, en dónde, becado por quién, discutiéndola con quiénes (cuyos nombres da), recibiendo qué opiniones mientras el manuscrito avanzaba y, finalmente, la fría y desfavorable forma en que fue recibida una vez terminada y publicada. "Es una porquería", había dicho de ella uno de sus compañeros; "debes leer más novelas antes de meterte a esto", otro; y, cuando el libro comenzó a ser comentado en revistas: "No te preocupes por mi crítica negativa, de todos modos no se venderá", otro.

Y el mismo mediodía en que el artículo aparece, defendiéndonos de un sol deslumbrante bajo el que un grupo de amigos pintores y escritores despedimos en casa a Vicente y Alba Rojo (van a España, en donde Vicente expone sus obras a partir de abril), comento todo eso con el propio Juan, en uno o dos apartes.

¿Qué hacer? La cosa parece no tener remedio: los conocidos, los cercanos, las personas que uno ve cotidianamente; esos para quienes uno termina por convertirse en algo tan familiar que se vuelve inofensivo, o más bien inexistente, o prácticamente invisible —José Emilio Pacheco recordaba en su artículo obituario sobre Francisco Monterde que éste pasó a ser "Don Panchito", en la misma forma que Julio Torri "Don Julio" y Luis Cernuda "Don Luis"; los cuales, pienso por mi parte, sólo se recuperarán de esto, si lo logran, cuando la totalidad de los que los nombraban así les den alcance en el otro mundo—, todos esos, íntimos y amigos cercanos, corren siempre el riesgo de equivocarse sobre el verdadero valor de lo que hace su prójimo más próximo: ese desconocido. (En la Antología de los cuentos más tristes del mundo que B. y yo preparamos, se encuentra el de Chejov titulado "Una mujer insustancial", basado en este mismo tema: la mujer del joven médico Dímov se entera de la importancia del trabajo de su esposo únicamente el día de la muerte de éste.)

Esa cercanía, esos nombres de confianza, esos apodos y alias capaces de acabar con la verdadera personalidad del así apelado. Un amigo mío, que con el tiempo llegó a ser presidente de su país, nos prohibió a cuantos lo tratábamos —desde el momento en que siendo aún muy joven decidió que algún día ocuparía ese cargo—, y nos lo prohibió con absoluta seriedad, que lo siguiéramos llamando con el cariñoso diminutivo con que hasta entonces nos dirigíamos a él (cierto es que muy pronto dejamos también de ser amigos, y cuando alcanzó su meta, más; son pocos los escritores —en cualquier caso yo no me encuentro entre ellos— que siguen siendo amigos de personajes a tan alto nivel, o que continúan siéndolo *gustándoles* y con naturalidad). Ahora pienso que el futuro presidente hizo lo que tenía que hacer.

No sólo aquí. En Francia, de 1882 a 1939, vivió, floreció, pensó, meditó y escribió una de las inteligencias más finas que haya dado ese país: Charles du Bos, crítico, traductor, conferencista, ensayista y "diarista" cuyo espíritu abarcó cuanto tuviera que ver con la literatura y el arte a través de un gusto refinadísimo e infalible. André Gide y escritores más o menos a su altura se acercaban a él en busca de la mejor conversación que podían encontrar en su tiempo, y es de imaginar que de una forma u otra aprovecharon su saber, su sensibilidad y su consejo en la elaboración de su propia obra. Pero he aquí que dieron en llamarlo "Charlie" por su devoción a la poesía inglesa y al idioma inglés. Charlie me dijo, Charlie piensa, Charlie opina, son las referencias a Du Bos en el *Diario* de Gide; y, entre otros, lo mismo hace Maurois, por supuesto con mucho menos derecho, en sus *Memorias*. Así, al final de su vida Charles du Bos había pasado a ser incluso "el pobre Charlie", y hoy está completamente olvidado. En noviembre de 1984 busqué sus obras en París, cualquiera de sus obras, en librerías grandes y modernas, en librerías pequeñas y de viejo. *"Out of print"*, me decían los libreros en la lengua que Du Bos amaba. No se imprimen más. Permitió mansamente que hasta escritores del nivel de Maurois se refirieran a él como Charlie.

Pero vuelvo a la cercanía y a los primeros libros. Lo que Juan Rulfo cuenta en su artículo forma parte de una tradición. En el volumen *Diálogo de los libros*, recopilación de trabajos dispersos de Julio Torri presentados por Serge I. Zaïtzeff, encuentro esta tarde la siguiente reseña del primer libro de Ramón López Velarde, *La sangre devota*, publicada en la revista *La Nave* en mayo de 1916:

Con elegante portada de Saturnino Herrán, publica nuestro excelente amigo López Velarde un tomo de poesías. Las hay en *La san-*

gre devota muy bellas, que recuerdan vagamente el panteísmo de Francis Jammes; otras, de originalidad no rebuscada, delatan al poeta que va descubriendo su camino, y que empieza a dominar los recursos de su arte. López Velarde es nuestro poeta de mañana, como lo es González Martínez de hoy, y como lo fue de ayer, Manuel José Othón. Nuestros parabienes al autor de *Sangre devota*, obra en que se han ocupado los críticos de varias publicaciones periódicas, suceso que nos ha sorprendido muy gratamente *Esto nos quita el placer de dedicar mayor espacio al libro de López Velarde*. [Cursivas mías.]

"Muy pocos después de él han logrado unir el movimiento de lo moderno universal con la inmóvil fidelidad a lo genuino mexicano. Pero su poesía es irrepetible: no podemos volver a ella porque es nuestro único punto de partida", dicen cincuenta años más tarde los compiladores de la selección *Poesía en movimiento* (Siglo XXI Editores, México, 1966).

Para los grandes poetas siempre es mejor tener cuarenta y cinco años de muerto que veinticinco años de vida y amigos de la misma edad.

13 de abril

DE LA TRISTEZA

Leo el curioso librito *El tesoro de Amiel*, selección del *Diario íntimo* de Enrique Federico Amiel con prólogo de Manuel Toussaint (Cultura, tomo IX, núm. 3, México, 1918). Más que en los pasajes seleccionados, encuentro en el prólogo la cita memorable: el 13 de diciembre de 1866 escribe Amiel:

Estas páginas traducen muy imperfectamente mi ser y hay en mí muchas cosas que no se encuentran en ellas. ¿A qué se debe esto? Desde luego a que la tristeza coge más fácilmente la pluma que la alegría, y después a las circunstancias ambientes; cuando nada me pone a prueba, recaigo en la melancolía; así es que el hombre práctico, el hombre alegre y el hombre literario no aparecen en estas páginas.

Y es verdad que la literatura está más hecha de lo negativo, de lo adverso y, sobre todo, de lo triste. El bienestar, y especí-

ficamente la alegría, carecen de prestigio literario, como si el
regocijo y los momentos de felicidad fueran espacios vacíos,
vacíos y por tanto intransferibles, de los que el verso y la prosa serían malos portadores. Parecería que sólo los bobos están
contentos y hay que evitar a toda costa mostrarse tonto; el genio, en cambio, se presenta siempre como profundamente preocupado, cuando no sumido en el dolor y la incomprensión.
Si declaro que me encuentro bien y feliz a nadie le importa;
aparte de que la declaración misma de felicidad tiene algo de
insultante; debo decir que estoy mal, o triste, para que mi posible lector tenga a quién compadecer y se alegre y acaso hasta
me perdone que sea yo el que escribe y él el que lee. Los románticos salvaron a Cervantes del olvido cuando descubrieron
que su libro es un libro triste.

GERTRUDE DIED, ALICE

En el Théatre de Poche del bulevar Montparnasse, al pasar, B.
y yo descubrimos anunciada la obra *Gertrude morte cet aprés-
midi*. Demasiado tarde para hoy; vendremos mañana.

Mañana es ya hoy. De vuelta de la taquilla, una hora antes
de la función, en el estrecho pasaje que conduce del bulevar al
pequeñísimo teatro, encontramos a una mujer joven y robusta,
seguida dos metros atrás por otra, delgada e igualmente joven.

"Gertrude died this afternoon. I am writing. Dearest love",
es el texto del telegrama que Alice B. Toklas envió desde París
a su amigo W. G. Rogers, en Nueva York, el 27 de julio de 1946.

Frente a mí, a un metro de distancia, veo y oigo a Gertrude y
a Alice diciendo cosas que ellas mismas dijeron o escribieron
antes, riéndose y burlándose de los pintores que las visitaban
y poniendo aparte a sus esposas: a Gertrude no le gustaban las
esposas; riéndose y burlándose de los escritores que venían de
lejos, desde el otro lado del Atlántico, a buscar su bendición, su
comprensión, su absolución por ser una generación perdida;
viéndose ambas intensamente a los ojos mientras recordaban,
se recordaban a sí mismas en la rue de Fleurus como si hubieran muerto ya y el mundo y sus vidas no fueran más que

representación; mientras, yo las veo verse intensamente y puedo oler el humo del cigarrillo de Gertrude, quien durante todo este tiempo evitará que mi mirada se encuentre con la suya pues sabe que yo sé que ahora ella y Alice, que envió el telegrama hace treinta y ocho años, están muertas; y por eso ella sólo puede ver a Alice y Alice sólo a ella como si de veras estuvieran muertas, y no vivas, frente a mí, al alcance de mi mano soñándose despiertas, diciéndose las palabras que yo sé que se dirán y ellas saben que yo sé, pues por fin, después de tantos años de anhelarme, como todo escritor anhela a todo lector, me han encontrado, pero no pueden verme porque se supone que la pared que nos separa sólo existe de dentro para afuera como sucede con los muertos que sólo así nos miran, y las miradas son sólo para Alice o sólo para Gertrude entre ellas; y así es mejor porque de muerto a muerto es lo natural mientras uno oye su propia voz si uno es Gertrude, su propia voz si uno es Alice, su propia voz que repite

dead to be dead is to be really dead.

Treinta y ocho años después, en esta obra armada por Monick Lepeu con el texto de la *Autobiografía de Alice B. Toklas* y representada por ella misma y por Elisabeth Magnin (la mujer joven y robusta, la mujer joven y delgada del pasaje). Deseo únicamente registrarlo. No soy crítico. Recibo la emoción del teatro como recibo la de la pintura o la de la música. Sencillamente, admiro a Gertrude, aquí viva como su obra; y cada vez más a Alice. No puedo venir a esta ciudad sin ir al número 27 de la rue de Fleurus en donde vivieron y desde donde contribuyeron a cambiar el sentido y la forma del arte de este siglo. Me gusta la sabiduría de Gertrude, su confianza en sí misma, su inmensa capacidad de trabajo resumida por ella en esta frase: "Se necesita mucho tiempo para llegar a ser un genio. Permanecer mucho tiempo sentado sin hacer nada, sin hacer verdaderamente nada" [*Cuaderno de viaje*].

20 de abril

POETA EN NUEVA YORK

a) LINDA SCHEER, que ha traducido a autores hispanoamericanos, en cuenta a mí, al inglés, y quien para algunos escritores se
ha convertido en visita obligada en su departamento de Brooklyn, me dijo hace varios años en Nueva York: "No dejen de ir a
la librería Gotham, en la calle 47", y casi nos puso en ella. Sí;
ahí estaba y sigue estando, siempre igual a sí misma, viva y acogedora, con los mismos desgastados retratos de escritores, con
sus mismas secciones, sin que ningún empleado le pregunte a
uno nada ni le ofrezca nada; incluso, con el tiempo, he llegado
a sentarme en un viejo escritorio lleno de cartas, al fondo, sin
que nadie se detenga a averiguar qué hago ahí: es natural: saben que estoy descansando, no sólo por mi aspecto de extenuado
viajero con su gabardina en las piernas, sino porque es también
probable que uno de mis zapatos esté frente a mí, a la vista.

b) Un día de octubre de 1948 se produjo en esa librería una
alegre fiesta, que yo había registrado ya de dos fuentes. Una
tercera viene a hacerme reunirlas en mi cuaderno, este domingo que no tengo nada mejor qué hacer y estoy además en el
humor. De esta manera paso a

c) En el número de abril de la revista *Vuelta* aparece, traducido por Manuel Ulacia, un escrito titulado *Empeños del afecto. Memoria de Marianne Moore*, en el que Elizabeth Bishop
cuenta la cercana amistad que la unió a Marianne Moore, y del
que copio los dos párrafos que aquí me interesan:

Asistí a muy pocos eventos literarios en los cuales estuviera presente Marianne, pero fue con ella que fui a una fiesta para Edith y
Osbert Sitwell, dada en Gotham Book Mart. No tenía intenciones
de ir, pero Marianne, quien era de alguna manera anglófila, insistió: "Debemos ser atentos con los Sitwell", me dijo.

La fiesta era patrocinada por la revista *Life* y era horrible. Los
fotógrafos se comportaban como siempre lo hacen: esparciendo
cables debajo de nuestros pies, llamándose el uno al otro por encima de nuestras cabezas y empujándose siempre. Tomó algún tiempo separar a los poetas —que eran objeto de las fotografías— de
los no poetas; y fue hecho de tal manera que me hizo pensar en la
forma en que meten al ganado en un vagón. Los no poetas y algunos de los verdaderos poetas se sintieron insultados, entonces un

fotógrafo anunció que el sombrero de miss Moore era "demasiado grande". Ella se rehusó a quitárselo. Auden era uno de los pocos que parece haber estado divirtiéndose. Apareció en la foto subido en una escalera de mano, donde él se sentó haciendo en voz alta y alegre comentarios por encima de nosotros. Finalmente la foto fue tomada en una especie de movimiento semicircular de la cámara. Marianne aceptó que un amigo y yo la invitáramos a cenar y que después la lleváramos en un taxi hasta Brooklyn. Yo llevaba puesto un sombrero pequeño de terciopelo y Marianne dijo: "Hubiera deseado llevar un sombrero mínimo como el tuyo".

d) En el libro *The Sitwells. A Family Biography*, por John Pearsons (Harcourt Brace Jovanovich, N. York, 1979), esta página, que traduzco, sobre el mismo tema:

El momento más importante en la edificación de esta fama [la de los Sitwell] tuvo lugar cuando la máquina publicitaria de Leigh hizo con la revista *Life* los arreglos para una sesión fotográfica en la librería de Frances Stellof, Gotham Book Mart, en la calle 47, al comienzo de su viaje. Era ésta una ocasión extraordinaria y constituía algo así como un clásico ejercicio de publicidad elegantemente montado, pues la minúscula librería de miss Stellof hacía tiempo que era un famoso lugar de reunión del mundillo poético de Nueva York. Edith se había carteado con ella en el pasado. La tarde en que Edith y Osbert fueron a tomar allí el té, un cuidadoso trabajo de equipo de los fotógrafos de *Life* había reunido un impresionante grupo para darles la bienvenida. Entre los poetas norteamericanos de la vieja generación se encontraban allí Horace Gregory, William Rose Benet, Marianne Moore y Randall Jarrell. Auden y Spender habían aparecido, lo mismo que el nuevo rostro Gore Vidal y el joven Tennessee Williams. La fotografía que resultó tiene algo de la Visión de la Hostia Celestial de Santo Tomás de Aquino, con los ángeles y arcángeles de la poesía agrupados alrededor de su reina virgen. Edith alcanzaba así el paraíso que tanto había anhelado siempre.

e) Y finalmente, aunque debería ir primero por ser el testimonio más antiguo (1959), estos párrafos extractados de la crónica del mismo suceso hecha por José Coronel Urtecho, presente ahí ese día, en su libro *Rápido tránsito* (Ediciones El Pez y la Serpiente, Managua, 1976):

Un miércoles por la tarde hubo en la librería un *cocktail-party* en honor de los Sitwell, que se encontraban en Nueva York: la gran poetisa Edith y su hermano sir Osbert. Invitados por miss Stellof, fuimos el poeta Cardenal y yo con Lois y con Mimí. Las dos piezas recubiertas de libros se encontraban atestadas de gente [...] pero con la notable diferencia de que esta vez los clientes bebían whisky con soda que les servían copiosamente en un rincón, junto al estante de poetas chinos —bajo protección de Li Tai Po—, y un vigoroso ponche de frutas del que uno mismo se servía [...] y todos circulaban con libertad de extremo a extremo de la librería, sin etiqueta ni tiesura, dentro de la más cómoda naturalidad no exenta de cortesía, por lo que no era necesario conocerse los unos a los otros para sentirse a gusto y a sus anchas. [...] De pronto cambió la música, pues la orquesta estalló en una marcha cuando entraban los Sitwell: la gran poetisa Edith y su hermano sir Osbert. Rápidamente se hizo el silencio, se deshicieron los corrillos y todo el mundo corrió a la entrada prorrumpiendo en aplausos y abriendo valla para los festejados, que pasaban con tan sencilla majestuosidad como si las ovaciones fueran su elemento. Edith Sitwell —como uno lo espera por sus dramáticas poses ante la cámara de Cecil Beaton— provocaba una instantánea admiración por su figura incomparable, medieval, legendaria. [...] Cuando entraron a la pieza del fondo, rodeados de los más importantes escritores presentes y los camaristas de la revista *Life* los enfocaban con sus baterías para sacarles algunas fotos, cesó el silencio y volvió el buen humor y el movimiento a la pieza en que estábamos Mimí y nosotros haciendo lo que veíamos hacer a la otra gente [...] y descubriendo a los escritores conocidos por sus retratos. Marianne Moore, no menos grande que Edith Sitwell, si no mayor, estaba allí a su lado, pero *efacée*, modesta, reservada, tan inconspicua en su apariencia como una tía solterona en una fiesta de poetas —aunque nadie tuviera una imaginación más aventurera que la suya—, añorando, sin duda, la devota quietud de su retiro en alguna aldea —aunque su aldea fuera solamente Brooklyn—, con su redonda cara tímida o tal vez meramente curiosa y sus redondos ojos de paloma que captaban los menores detalles sin parecer fijarse en nada. Auden, con una pierna encajada en el ángulo de una mesa de libros, hablaba llevando el compás de lo que decía con una pipa que tenía en la mano y se la ponía en los dientes para escuchar, fumando meditabundamente, ladeando la cabeza, como pensando en otra cosa, lo que decían los que le rodeaban. [...] Tennessee Williams era pequeño y regordete, cara de pájaro y ojos sutiles, con un mefistofélico bigotillo de agudas puntas, y se paseaba solo, coincidiendo a menudo con nosotros en el rincón del whisky.

f) La misma feria recordada como a cada quién le fue en ella.

27 de abril

TRANSPARENCIAS

—En todo lo que escribo oculto más de lo que revelo.
—Eso crees.

ROBERT GRAVES

Me encuentro (noviembre de 1984) en Deyá, Mallorca, en casa de los Flakoll, Darwin y Claribel, en cumplimiento de una cita que tardó muchos años en realizarse. Hemos ido juntos a ver los alrededores, la cala, de difícil acceso; la iglesia; el diminuto cementerio que no puede dejar de recordarme la *Spoon River Anthology* de Edgar Lee Masters, sólo que en estas tumbas los epitafios son más bien gráficos, en forma de fotografías mucho menos elocuentes.

El martes o el miércoles próximos se celebran los noventa años de vida de Robert Graves, quien vive aquí desde hará unos cincuenta, no lo sé muy bien; pero fue él quien casi fundó (o quien por lo menos lo puso en la imaginación general al venir a vivir en él y a escribir aquí prácticamente toda su obra) este pueblo habitado ahora por unas cuatrocientos personas, en su mayoría poetas, pintores o periodistas retirados con los que uno se cruza en las calles empinadas cuando se va a comprar el pan o una botella de vino, y al segundo encuentro son ya como amigos y comienza el intercambio de saludos.

Lucía, hija del segundo matrimonio de Graves, residente en Barcelona casada con un músico catalán, ha concurrido con éste a la celebración del cumpleaños de su padre, que tendrá lugar en forma de varios actos en Palma, en uno de los cuales ella y Claribel leerán poemas de aquél en inglés y en español, esto último de la traducción que Claribel Alegría y Darwin Flakoll hicieron y publicaron (*Cien poemas,* ed. bilingüe, Editorial Lumen, Barcelona, 1981) por expreso deseo del poeta, con su simpatía y quizá con un grano de su vigilancia y ayuda.

Lucía ha venido esta mañana a algo que no puede llamarse un ensayo; pero de cualquier manera, un tanto tímida, sugiere cosas y se ponen de acuerdo en los poemas que leerán y en cuanto a la duración; a veces, sin duda por cortesía, me consulta algo, pero la verdad es que no sé qué decir habida cuenta que desconozco el medio y no tengo ni idea de cómo se estilan aquí estas cosas. Lucía dice que para empezar cantará una canción con letra de un poema de su padre al que ha puesto música su marido; en tanto que su hermano, Tomás, que vive en Deyá, relatará cómo se ha dedicado a editar libros de poesía, a mano, en una antigua prensa que se encontró en un baratillo y ha puesto a funcionar con la ayuda de un amigo tipógrafo mallorquín.

El día ha llegado y estamos ya en la librería Byblos de la calle Argentina, en Palma, en la que se ha montado una exposición de retratos de Graves y, lo que me atrae más, se exhiben primeras ediciones y varios manuscritos del poeta en los que, entre otros, se ve desde el primer borrador hasta el último de un poema de diez versos que va tomando su forma definitiva a través de sucesivos y en ocasiones imperceptibles cambios de palabras, de lugares de éstas, de letra, desde la oscura y emborronada del embrión hasta la muy clara previa al paso a la versión en máquina de escribir, la que a su vez experimentará nuevas transformaciones hasta completar dieciséis.

Por nuestra parte, hemos encontrado ya acomodo en las sillas de este lugar ordenado, limpio y eficiente. Frente a un mundo de poetas (por su aspecto) y pintores (por su aspecto) que quizá no lo sean pero yo así lo quiero imaginar, Lucía Graves, acompañada por su esposo, trata de comenzar la canción que según ella le hubiera gustado a su padre, pero la emoción descompone su voz a la segunda o tercera nota y solloza, antes de recomenzar confortada por la comprensión de todos y el buen ánimo de su acompañante. Al terminar se le une Claribel y ambas leen, con algunos cambios de última hora, los poemas escogidos la víspera y en la forma convenida: Lucía en inglés, Claribel en español. A cuarenta kilómetros de aquí, en su casa construida por él mismo en Deyá, Graves, se supone, a pesar de todos sus impedimentos físicos y sin saber de dónde viene, estará oyendo todo esto, escuchando su propia palabra mágica más allá de cualquier vanidad o gloria de este mundo.

Paul O'Prey, estudioso especializado en la obra de Graves, había leído para comenzar un trabajo sobre ésta. Transcribo de la copia que me dio tres días después:

El ideal o principios poéticos formulados por Graves en los años treinta o cuarenta encierra varios principios prácticos de difícil solución. Uno de ellos es que la inspiración sólo llega ocasionalmente, quizá una vez al año, y el poeta no debe sentirse tentado a escribir cuando no tiene la vena, o forzarla, o provocarla artificialmente. Graves explica así su propia solución:

>Estar siempre enamorado;
>Tratar el dinero y la fama con la misma
>   indiferencia;
>Mantenerse independiente;
>Valorar el honor personal;
>Hacer del idioma un estudio constante.

Pero el relámpago cae en donde y cuando quiere. Nadie lo puede saber. Es fácil tomar una pluma al azar y declarar: "Sólo lo hago para mantenerme en forma". Pero nueve de cada diez veces lo que pasa por poesía es el producto de la ambición o de ese "mantenerse en forma": una opción entre la vulgaridad y la banalidad.

Cuando estoy a punto de pensar con alivio qué bueno no ser poeta, me doy cuenta de que se trata de principios válidos para cualquier forma artística: no hay escapatoria.

4 de mayo

LA HUIDA INÚTIL

APENAS ahora empiezo a darme cuenta de que mi vida se ha deslizado entre fuerzas absurdas que no puedo dominar, a saber: el miedo infantil a los adultos, la indecisión cuando la decisión no importa; la duda cuando la certeza da lo mismo; el temor a ver lastimada mi vanidad, que huye siempre bajo un disfraz de indiferencia; el falso entusiasmo ante obras ajenas mediocres, dictado por el deseo de agradar y de ser perdonado por algo que todavía tengo que averiguar qué es.

HUXLEY

Te pones a leer, o más bien a releer al escritor que admiras por su inteligencia, su sentido crítico, su sincero deseo de encontrar una salida para los males de la sociedad, del individuo; lo sabe todo, pertenece a una familia de sabios; es sensible, capaz de piedad; su preocupación por los demás es sincera, difícilmente puede ser más sincera; lo asquea la guerra, el odio, la incomprensión, la bomba, cualquier bomba; en fin, el Mal; y vuelves a lo que encuentras suyo, entre otras cosas a sus cartas, que has olvidado, el volumen *Cartas* de Aldous Huxley que la Editorial Sudamericana publicó en Buenos Aires en 1974.

El 24 de marzo de 1933, y desde el Hotel Palace de Guatemala, Aldous Huxley le escribía a su padre:

> Llegamos hace un mes a Puerto Barrios, sobre la costa del Atlántico —después de tocar en Belice, en Honduras Británica, lugar que categóricamente es el fin del mundo—, y fuimos a Quiriguá, donde el hospital de la United Fruit Company está dirigido por un anciano escocés sumamente encantador que parece un santo, el Dr. Mac Phail, con quien permanecimos dos días, teniendo como diversiones las plantaciones de bananos, la selva y las ruinas de la ciudad maya.

Cinco meses después, el 13 de agosto de 1933, a la señora Naomi Mitchison:

> Estoy escribiendo sobre nuestros viajes; es decir, sobre cuanta cosa hay desde la política (que sin duda puede estudiarse en América Central mejor que en cualquier otra parte), hasta el arte. Dile a Dick que estudie la historia de las cinco repúblicas de la América Central. Ejemplifican muy claramente la falacia moderna de suponer que la economía está al fondo de todo. En América Central no hay economía: sólo malas pasiones. Y lo mismo es válido al menos un cincuenta por ciento en el caso de Europa.

¿Qué hacer con este hombre? No puedo evitar que su inteligencia y su bonhomía me atraigan; pero es evidente que su sentido de la realidad no era más agudo que el de ese médico en quien él veía (y quizá lo fuera) un santo (Aldous Huxley amaba la santidad y la buscó en los libros), sólo que se trataba de un santo dedicado a curar a los enfermos que sus patrones de la United Fruit Company producían, de la misma manera que en el archisabido epigrama español:

> El señor don Juan de Robres
> filántropo sin igual
> mandó hacer este hospital
> mas primero hizo los pobres.

Y para él, como para tantos otros escritores y poetas de hoy, ya no ingleses sino nuestros, suponer que la economía estaba al fondo de todo en Centroamérica era una "falacia moderna" (para algunos economistas es ya apenas una obsoleta falacia del siglo diecinueve); y así, sólo se necesitaría calmar las "malas pasiones" para que nosotros tuviéramos el Paraíso, esa Arcadia que dan las elecciones libres con pastores poetas y pastoras poetisas haciendo cola frente a las urnas; una prensa libre con editorialistas cada vez menos corruptos; una economía libre en que los elotes puedan ser cambiados por automóviles o satélites sin recurrir a intermediarios; un congreso libre sin necesidad de que a nadie se le mande a cortar la lengua, como en los Estados Unidos; o tal vez un parlamento con unos cuantos lores, quizá una reina y, con suerte, a Dick para que estudie nuestra historia, esa historia libre de falacias modernas como la de los explotados y los explotadores intercambiando balazos.

Quince años antes, el 12 de agosto de 1918, Huxley había vaticinado en carta a su hermano Julián:

Pase lo que pase [con la primera Guerra Mundial] podemos tener la seguridad de que será para peor. Temo la inevitable aceleración del predominio mundial de los Estados Unidos, lo cual será el resultado último de todo esto. Era algo que iba a ocurrir con el tiempo, mas esto va a apresurar un siglo el proceso. Todos quedaremos colonizados; Europa ya no va a ser Europa; todos nos debatiremos en enormes océanos nuevos, añorando constantemente la vieja charca donde un niño débil y pálido lanza su bote de papel hacia el crepúsculo.

Pues bien, así fue; aunque allá sólo en un cincuenta por ciento hubiera pasiones que pudieran llamarse malas.

11 de mayo

EL PAN DURO

Murió anoche Francisco Zendejas, fundador del Premio Villaurrutia de literatura, que se ha mantenido durante los últimos treinta años. Fundó también el Premio Internacional Alfonso Reyes, otorgado, si no me equivoco y entre otros, a André Malraux, a Jorge Luis Borges, a Ernesto Mejía Sánchez, sin duda el más lógico y que más lo ha merecido; y revistas literarias, algunas probablemente más allá de las fuerzas de un solo hombre, por lo que resultaban de aparición incierta y finalmente desaparecían como un día habían surgido: *Prometeus, El Pan Duro*.

A mí me concedió el Premio Villaurrutia en 1975, no por uno de mis títulos originales sino por mi *Antología personal*, publicada ese año por el Fondo de Cultura Económica, y que a pedido de Hugo Latorre Cabal, quien dirigía la colección Archivo del Fondo, tampoco preparé con lo que consideraba mejor mío, como podría pensarse (todo lo que he publicado en libro me parece lo mejor), sino con lo que se me ocurrió un tanto al azar y de prisa porque el hoy ausente amigo Hugo la deseaba antes de que yo partiera a Polonia en un viaje que no sabíamos cuánto duraría. Por cierto que de acuerdo con mi antigua manía le puse un prólogo autodenigratorio que copiaré más abajo. Quizá Zendejas, como otros amigos, pensó que yo no publicaría más ningún libro, y aprovechó la oportunidad para no dejarme fuera de su lista de premiados.

No puedo decir que nuestra amistad haya sido estrecha, pero sí que Zendejas me distinguió siempre con su trato cordial. Cuando cada tantos años aparecía un libro mío lo ponía por las nubes, y es de los pocos críticos que casi me han hecho creer en su valor (de los libros) y en su buena lectura (del crítico), gracias a que siempre dio muestras de detectar mis coordenadas: ideal de cualquier escritor inclinado a las referencias más o menos ocultas.

Cuando vine a México en los cuarenta y lejanamente lo traté, su encuentro no dejaba de inquietarme debido a que nuestras posiciones políticas no coincidían del todo; pero en las reuniones casuales que con el tiempo comenzaron a darse no hablamos nunca de algo que no fuera literatura y, como quien no quiere la cosa, del Joyce de *Finnegan's Wake* o de *Pomes*

Pennyeach, el Melville de *Pierre or the Ambiguities* o el Swift de *A Tale of a Tub:* creo que un tanto pedantescamente dábamos por descontados nuestro conocimiento y admiración por *Ulises, Moby Dick* o los *Viajes de Gulliver*.

Hace unos cuantos meses yo había leído dos trabajos suyos publicados en la reedición de la revista *El Hijo Pródigo* (núm. 38, 15 de mayo 1946; núm. 42, 15 septiembre 1946): "El mundo reconquistado de James Joyce", y el particularmente interesante y original "Las 'esencias' en la literatura", un pequeño tratado lleno de sugerencias y hallazgos en relación no con esencias más o menos metafísicas sino pura y simplemente con los olores, con la capacidad que los novelistas y poetas y hasta el vulgo llamado lectores tienen de percibir, rechazar, evocar cosas o enamorarse de tal o cual autor a través del olfato, del olfato como sentido y del "olfato" literario, de la mente o la imaginación; ensayo en el que el mío, por cierto, cree advertir la manera elegante, fluida y aparentemente casual de Alfonso Reyes. Ejemplo:

> En efecto, existe en México una multitud de lectores de Proust que se han improvisado en aprendices de la lengua francesa porque algún amigo les relató el "olor de Combray", porque les describió la prosa del Faubourg Saint-Germain, por las esencias literarias que de ellas trascendían. La frase más dramática en la historia de Verlaine y su desesperación por Rimbaud es aquella de que "despedía olor absolutamente poético". Porque Verlaine no podía, históricamente, analizar el valor de Rimbaud; no podía, en la exactitud del término, traducirlo. Solamente lo "olía".

Hoy a mediodía me presenté en el velatorio (si se puede velar a esa hora). Di mi pésame a su mujer, Alicia. Un periodista joven me pide "unas palabras" para la prensa; pero enemigo de este género obituario le respondo que no, que me disculpe, y de pronto me sorprendo a mí mismo dándole demasiadas explicaciones que probablemente él ya no escucha. A la hora de hacer una guardia, un caballero alto y delgado detrás del cual quedo me cubre lo suficiente como para defenderme de las cámaras que supuse de periódico y resultaron de televisión; claro, los aparatos eran mucho más grandes y yo debí haberlo supuesto, pero mi mente estaba en otra cosa. A mi lado, el cuerpo de Zendejas; sólo cuando la labor de los fotógrafos termina y quienes formamos la guardia nos dispersamos veo al pasar, por la ventana abierta del ataúd, su rostro afilado, pálido, sin detenerme a mirarlo; y vuelvo a la relativa calma y a los saludos a amigos que van llegando en la madurez de la una, la una y media.

PRÓLOGO A MI ANTOLOGÍA PERSONAL

COMO mis libros son ya antologías de cuanto he escrito, reducirlos a ésta me fue fácil; y si de ésta se hace inteligentemente otra; y de esta otra, otra más, hasta convertir aquéllos en dos líneas o en ninguna, será siempre por dicha en beneficio de la literatura y del lector.

LAS BELLAS ARTES AL PODER

¿QUÉ tiene de malo que Reagan sea actor? Hitler era pintor.

18 de mayo

LA TIERRA BALDÍA

Los últimos días, llenos del ruido que el presidente de los Estados Unidos ha hecho, antes en su país y después en Europa, contra el gobierno de Nicaragua, concretado ahora en un embargo comercial. El país más poderoso de América una vez más (esto es ya muy viejo) contra uno de los más débiles, sólo que paradójicamente más fuertes si las cosas se miden por el lado de la verdad y la justicia (y es lo que me causa más temor).

Pobre gran país del Norte; pobres presidentes de los Estados Unidos; pobre Teodoro, loco, y su garrote; pobre Franklin y su Somoza, suyo, suyo; pobre Harry; pobre Jack, John F.; pobre Lyndon; pobre Richard; pobre Jimmy; pobre Ronnie: pobres diablos todos, con sus canales; sus pianos y su bomba; sus bahías y sus asaltos; sus barrigas con heridas en forma de Vietnam; sus cacahuates y sus rehenes; sus plomeros y sus quísinguers humillándolos; sus maquillajes, sus cementerios y sus fabricantes de chistes de mala muerte; pobres quienes los siguen y los reverencian sinceramente, en nuestros países y en Francia y en España; los que temen que se enojen porque si se enojan no habrá más créditos, más préstamos, más negocios hechos en nombre de la patria, de la libertad y hasta del pueblo; pobres todos, pobres todos.

EL LUGAR DE CADA QUIÉN

EL MUNDO conoce poco la historia de Centroamérica y apenas intuye su lugar en el mapa. (Guatemala ocupa cien mil kilómetros cuadrados de este planeta, repartidos entre siete millones y medio de habitantes. Poco espacio; pocos habitantes.)

Sin embargo, en la era moderna Centroamérica ha producido, para citar sólo dos casos, a un gran libertador del idioma, Rubén Darío, y a un gran libertador de pueblos, Augusto César Sandino. (Antes, Guatemala produjo el *Popol Vuh*; el conquistador Bernal Díaz del Castillo escribió ahí su *Historia verdadera;* y hace quince años un guatemalteco conquistó un Premio Nobel de Literatura. Muchos desean hoy ese premio.)

Descendientes de estos hombres son los jóvenes que en este momento libran, en las ciudades y en las montañas, la gran batalla por la libertad centroamericana. Ellos no quieren premios. Ellos son nuestro premio y nos premian poniendo a Guatemala en el mapa y en la imaginación de la gente. Guatemala es muy pequeña; pero, como El Salvador, cada vez se ve más en el mapa, en tanto que un país enorme, enorme, los Estados Unidos, como que se empequeñece.

Consciente de que en este momento esos jóvenes están dando su vida por una causa justa, como escritor guatemalteco y desde mi humilde puesto de no combatiente con las armas, hago un llamado a todos mis compañeros para que en sus países, desde sus oficios, a través de cualquier medio a su alcance, manifiesten su apoyo, o simplemente recuerden a quienes hoy protagonizan en América Latina la etapa de lucha más dura, la lucha armada, contra las oligarquías nacionales, contra el imperialismo; y por poner a cada país, por pequeño que sea, en el mapa, en el lugar que le corresponde.

25 de mayo

LA PRIMERA FILA

ANOCHE, lunes, presentación del libro de Abel Quezada *La comedia del arte*, en el Museo de Arte Moderno, al que alguno de los participantes se referirá, por equivocación, como Museo Tamayo, entre la risa de los conocedores de la diferencia que debe de haber del uno al otro. Concurrencia formada en buena parte por amigos convocados en diversas formas desde días antes y que ahora, reunidos, se saludan en la antesala a medida que van llegando, con la afinidad y la soltura un tanto socarrona de quien se ha visto dos días antes, o quizá dos semanas antes. Cuando no es éste el caso y el tiempo de no verse ha sido mucho, mucho mayor, un año, o hasta cinco, por decir algo, la actitud es distinta y los acercamientos o los saludos son ligeramente más formales y en mi caso casi inexistentes, por el temor que siempre siento, poco acostumbrado a estos actos en que lo social tiene bastante que ver, de saludar fríamente a quien debía saludar con calor o, lo que en ocasiones resulta menos bien porque se vuelve ridículo, de saludar con familiaridad y hasta con un abrazo si es hombre o un beso en la mejilla si es mujer, a quien apenas había sido presentado alguna vez o, peor aún, a quien ni siquiera había sido presentado pero cuyo rostro me era familiar por la televisión, por sus fotografías en el periódico o sepa Dios por qué.

Emergiendo del público en el mejor estilo pirandeliano, Jaime García Terrés lee, como introducción a lo que por lo visto será una especie de mesa redonda, una de sus "columnas" "La feria de los días" que publicó en *la Revista de la Universidad*, cuando la dirigía, hace veinticinco años, y en la que ya elogiaba el talento de Quezada como dibujante y caricaturista, talento que hoy Abel reafirmaba en su calidad de pintor como podía verse en este libro que, un cuarto de siglo después, García Terrés publica como director del Fondo de Cultura Económica que es hoy.

Sentados frente a una gran mesa blanca, moderna y un tanto insegura, los participantes hacen uso de la palabra.

El punto es, o debería ser, el libro o la pintura de Quezada, del artista, pero dando ambos por suficientemente conocidos puesto que el público está formado por amigos y/o admiradores del pintor, cada uno de los encargados de la presentación prefiere relatar algo personal, ya sea en relación a su amistad con el artista, o con sus temas, que, como allí se dijo y se dijo bien, durante los últimos cuarenta años han llenado la mente de todo aquel que en una forma u otra haya observado, vivido o intervenido activamente en la vida pública de México. De esta manera, con agudeza y humor, cada uno cuenta alguna anécdota, o recuerda a algún personaje del cine, del deporte y hasta de la vida del crimen de Nueva York (sobre todo de Nueva York, en donde Quezada y, como sesenta años antes, su supuesto antecesor Miguel Covarrubias han alcanzado las páginas de las revistas más célebres y de acceso más difícil: *Vanity Fair*, Covarrubias en su tiempo; *The New Yorker, The New York Times Book Review*, Abel en el suyo). Así, se borda alrededor del mundo de Quezada en cuanto tiene que ver con los ponentes mismos, en medio de la simpatía y la disposición de ánimo de los que escuchan, siempre prontos a compartir las frecuentes bromas de aquéllos y a dar muestras de que las alusiones a la persona y las obsesiones de Quezada les son igualmente familiares.

Desde mi lugar de primera fila (sucede algo divertido: en el espacioso auditorio hay desde el principio dos filas de sillas vacías reservadas; nadie sabe en realidad para quién, pero todos suponemos que para personas importantes o invitados especiales; resultó que no era así, o que lo era en forma muy relativa; pero por timidez cada quien se ha ido sentando en donde buenamente puede, con escrupuloso respeto a aquellos lugares tenidos por sagrados; cuando el acto comienza y las dos filas siguen desocupadas, a algunos se nos ofrece amablemente pasar a ellas, con las consiguientes manifestaciones de modesta negativa, aparte de que cada uno se encontraba ya a gusto en donde estaba, y algunos, como en mi caso, mucho mas tranquilos) veo y oigo a mis amigos, más o menos cercanos, más o menos lejanos, tan contentos en este acto nacido de la simpatía, que por largos minutos yo también me siento envuelto en esta atmósfera de cordialidad y copartícipe activo de lo que veo: una alegría genuina, una admiración real por este artista con el que la mayoría de los ahí presentes algo ha tenido que ver en los últimos treinta años; que nos ha dibujado a unos con mucho y a otros con poco cabello y menos parecido (cosa de la que él presume) pero siempre con una malicia de buena fe; y que a algunos nos ha dado premios en sus resúmenes anuales (a mí el del mejor libro del año por *Movimiento perpetuo [Excélsior*, 24 de diciembre de 1972] y reproduciendo mi fábula "El rayo que cayó dos veces en el mismo sitio" como alusión nada menos que a los sucesos del Jueves de Corpus, halcones y esas cosas *[Excélsior*, 15 de junio de 1971], y tal vez el mejor de todos: una "ventana" en el papel de envolver de la editorial Joaquín Mortiz, uno entre los numerosos Parnasos de las letras mexicanas contemporáneas), por todo lo cual me siento bien en este cálido ambiente en que la presentación-homenaje se desarrolla sin reticencias, sin estiramientos; y en el que la presencia de Quezada hace que nadie se considere con derecho a las primeras filas, esta noche en que, en orden de importancia, cualquier primera fila es toda suya.

ASÍ ES LA COSA

COMPRENDER es perdonar. Como no comprendo tu libro, no te lo perdono.

1° de junio

BIBLIOGRAFÍA
DE AUGUSTO MONTERROSO*

El concierto y *El eclipse*, Colección Los Epígrafes, México, 1952. Ilustraciones de Elvira Gascón.
Uno de cada tres y *El centenario*, Colección Los Presentes, México, 1953.
Mr. Taylor, Plaza y Valdés Ediciones, Colección El Cuento Largo, México, 1994.

Obras completas (y otros cuentos)
Universidad Nacional Autónoma de México, México, 1959.
Joaquín Mortiz, México, 1971.
Seix Barral, Biblioteca Breve, Barcelona, 1981.
Seix Barral, Biblioteca Breve, México, 1985.
Secretaría de Educación Pública, Lecturas Mexicanas, segunda serie, número 32, México, 1986.
Ediciones ERA, México, 1990.
Editorial Anagrama, Barcelona, 1990.
Editorial Norma, Colección Cara y Cruz, Bogotá, 1994.

La oveja negra y demás fábulas
Joaquín Mortiz, México, 1969.
Seix Barral, Biblioteca Breve, Barcelona, 1981.
Seix Barral, Biblioteca de Bolsillo, Barcelona, 1983.
Seix Barral, Biblioteca de Bolsillo, México, 1985.
Martín Casillas Editores, edición de lujo, ilustrada, México, 1981.
Editorial Nueva Nicaragua, edición de lujo, ilustrada, Managua, 1982.
Casa de las Américas, edición ilustrada, La Habana, 1985.
Alfaguara, edición juvenil, ilustrada, Madrid, 1986.
Secretaría de Educación Pública, Lecturas Mexicanas, segunda serie, número 32, México, 1986.

* Sólo primeras ediciones.

Seix Barral, Biblioteca de Bolsillo, edición conmemorativa, México, 1989.

Ediciones ERA, México, 1990.

Editorial Anagrama, Barcelona, 1991.

Fondo de Cultura Económica, edición conmemorativa, México, 1991.

Alfaguara Juvenil, Bogotá, 1992.

Periolibros, UNESCO/FCE, octubre de 1993. *Diarios asociados en donde aparece:* Página/12, *Argentina;* Presencia, *Bolivia;* O Globo, *Brasil;* Sport&Show, *Canadá;* La Nación, *Chile;* El Espectador, *Colombia;* La Nación, *Costa Rica;* Juventud Rebelde, *Cuba;* Hoy, *Ecuador;* La Prensa Gráfica, *El Salvador;* ABC, *España;* La Opinión, *Los Angeles, Estados Unidos;* El Periódico USA, *Texas, Estados Unidos;* Siglo Veintiuno, *Guatemala;* La Prensa, *Honduras;* Aurora, *Israel;* Organización Editorial Mexicana, *México;* La Prensa, *Nicaragua;* La Estrella de Panamá, *Panamá;* Hoy, *Paraguay;* La República, *Perú;* Diário de Noticias, *Portugal;* Diálogo, *Puerto Rico;* Listín Diario, *República Dominicana;* La República, *Uruguay;* El Nacional, *Venezuela.*

Número de ejemplares: 3.5 millones en una sola ocasión.

Ilustraciones: Francisco Toledo.

Idiomas en que aparece: castellano, portugués, inglés y francés.

Autores que participan en el proyecto: Jorge Amado, M. A. Asturias, J. L. Borges, Alfredo Bryce, Alejo Carpentier, J. Cortázar, Rubén Darío, Carlos Fuentes, Rómulo Gallegos, G. García Márquez, Jorge Icaza, Gabriela Mistral, Augusto Monterroso, Pablo Neruda, Octavio Paz, Fernando Pessoa, Horacio Quiroga, Alfonso Reyes, Augusto Roa Bastos, Juan Rulfo, Fernando Savater, Manuel Scorza, César Vallejo, Mario Vargas Llosa.

RBA Editores, Narrativa Actual: Autores de Lengua Española, Barcelona, 1994.

Alfaguara y Editorial Piedra Santa, Colección Juvenil Alfaguara, Guatemala, 1994.

Ediciones ERA y Secretaría de Educación Pública, Correo del Libro Mexicano, edición de 30 000 ejemplares fuera de comercio destinada a bibliotecas de las secundarias públicas del país, México, 1994.

Movimiento perpetuo
Joaquín Mortiz, México, 1972.
Seix Barral, Biblioteca Breve, Barcelona, 1981.
Seix Barral, Biblioteca Breve, México, 1985.
Editorial Anagrama, Barcelona, 1990.
Ediciones ERA, México, 1991.

Lo demás es silencio (La vida y la obra de Eduardo Torres)
Joaquín Mortiz, México, 1978.
Seix Barral, Biblioteca Breve, Barcelona, 1982.
Plaza y Janés, Biblioteca del Exilio, Barcelona, 1985.
Cátedra, edición anotada por Jorge Ruffinelli, Madrid, 1986.
Red Editorial Iberoamericana (REI), edición anotada por Jorge Ruffinelli, México, 1987.
Editorial Anagrama, Barcelona, 1991.
Ediciones ERA, México, 1991.

Viaje al centro de la fábula
Universidad Nacional Autónoma de México, postfacio de Wilfrido H. Corral, México, 1981.
Martín Casillas Editores, edición aumentada, México, 1982.
Ediciones ERA, presentación de Jorge von Ziegler, México, 1989.
Muchnik Editores, Barcelona, 1990.
Anagrama, Barcelona, 1992.

La palabra mágica
Ediciones ERA, edición especial ilustrada, México, 1983.
Muchnik Editores, edición ilustrada, Barcelona, 1984.
Anagrama, primera edición sin ilustraciones, Barcelona, 1995.

La letra e (Fragmentos de un diario)
Ediciones ERA, México, 1987.
Alianza Editorial, Alianza Tres, Madrid, 1987.

Esa fauna (dibujos)
Ediciones ERA, México, 1992.

Los buscadores de oro
Editorial Anagrama, Barcelona, 1993.

Editorial Santillana (Aguilar, Altea, Taurus, Alfaguara), México, Montevideo, Buenos Aires, Bogotá, Santiago, Lima, Caracas, 1993.

Editorial Piedra Santa, en coedición con Alfaguara, Guatemala, 1993.

Vintage/Random House, en coedición con Alfaguara, México, 1995 (distribución/venta en los Estados Unidos de América).

ÍNDICE

LA PALABRA MÁGICA

LA LETRA E
(Fragmentos de un Diario)

Este libro se terminó de imprimir y encuadernar en el mes de julio de 1996 en Impresora y Encuadernadora Progreso, S. A. de C. V. (IEPSA), Calz. de San Lorenzo, 244; 09830 México, D. F. Se tiraron 3 000 ejemplares.

Miró Quesada, Francisco. *Proyecto y realización del filosofar latino-americano.*

Morín, Claude. *Michoacán en la Nueva España del siglo XVIII.*

Mutis, Álvaro. *Caravansary.*

Mutis, Álvaro. *Los emisarios.*

Neale-Silva, Eduardo. *Horizonte humano. Vida de José Eustasio Rivera.*

Nuño, Juan A. *La filosofía de Borges.*

O'Gorman, Edmundo. *La incógnita de la llamada "Historia de los indios de la Nueva España", atribuida a fray Toribio Motolinía.*

O'Gorman, Edmundo. *La invención de América. Investigación acerca de la estructura histórica del Nuevo Mundo y del sentido de su devenir.*

Orozco, Olga. *La noche a la deriva.*

Ortega, Julio. *La cultura peruana. Experiencia y conciencia.*

Ortega y Medina, Juan A. *La evangelización puritana en Norteamérica.*

Padilla Bendezú, Abraham. *Huamán Poma, el indio cronista dibujante.*

Pasos, Joaquín. *Poemas de un joven.*

Rodríguez-Luis, Julio. *Hermenéutica y praxis del indigenismo. La novela indigenista, de Clorinda Matto a José María Arguedas.*

Roig, Arturo Andrés. *Teoría y crítica del pensamiento latinoamericano.*

Rojas, Gonzalo. *Del relámpago.*

Ronfeldt, David. *Atencingo. La política de la lucha agraria en un ejido mexicano.*

Silva Castro, Raúl. *Estampas y ensayos.*

Skirius, John. *El ensayo hispanoamericano del siglo XX.*

Sucre, Guillermo. *La máscara, la transparencia. Ensayos sobre poesía hispanoamericana.*

Tangol, Nicasio. *Leyendas de Karukinká. Folklore Ona-Tierra del Fuego.*

Tovar, Antonio. *Lo medieval en la Conquista y otros ensayos americanos.*

Valcárcel, Carlos Daniel. *Rebeliones coloniales sudamericanas.*

Varela, Blanca. *Canto villano. Poesía reunida, 1949-1983.*

Villanueva, Tino. *Chicanos.*

Westphalen, Emilio Adolfo. *Otra imagen deleznable.*

Zavala, Silvio. *Filosofía de la Conquista. La filosofía política en la conquista de América.*

Zea, Leopoldo. *Filosofía de la historia americana.*